À vous d'écrire

À vous d'écrire

Atelier de français

Gisèle Loriot-Raymer
Northern Kentucky University

Michèle E. Vialet
University of Cincinnati

Judith A. Muyskens
University of Cincinnati

Boston, Massachusetts   Burr Ridge, Illinois
Dubuque, Iowa   Madison, Wisconsin   New York, New York
San Francisco, California   St. Louis, Missouri

This is an ⌐B⌐ book.

McGraw-Hill

A Division of The McGraw·Hill Companies

À vous d'écrire
Atelier de français

8 9 BKM BKM 0987654

ISBN 0-07-044242-8

This book was set in Stone Serif and Stone Sans Bold by Clarinda Typesetting.
The editors were Leslie Berriman, Eileen LeVan, and Richard Mason.
The production supervisor was Diane Renda.
The text and cover designer was Juan Vargas.
The map illustrations were by Anne Eldredge.
The photo researcher was Stephen Forsling.

Library of Congress Cataloging-in-Publication Data

Loriot-Raymer, Gisèle
    À vous d'écrire: atelier de français/Gisèle
    Loriot-Raymer, Michèle Vialet, Judith A. Muyskens.
        p.   cm.
    French and English.
    ISBN 0-07-044242-8
    1. French language—Composition and exercises.   2. French
language—Textbooks for foreign speakers—English.
I. Loriot-Raymer, Gisèle.   II. Vialet, Michèle.   III. Title.
PC2420.M89   1995
448.2'421—dc20   95-25959
                                                    CIP

Grateful acknowledgment is made for use of the following photographs:
Page 1 © Stock, Boston; *9* © George Gardner/The Image Works; *18* © Ulrike Welsch; *22* © M.
Western/Comstock; *29* © Ken Stratton/First Light; *36* © Owen Franken/Stock, Boston; *39* ©
Jean-Luc Barde/Scope; *44* © Peter Menzel/Stock, Boston; *47* © J. J. Gonzales/The Image Works;
51 © André Perlstein/Tony Stone Images; *53* © Dominique Aubert/Sygma; *67* © B. De
Hogues/Sygma; *79* © Vic Bider/PhotoEdit; *92* © F. Darmigny/Sygma; *93* © Roger-Viollet, Paris;
95 (left) © Alain Benainous/Gamma-Liaison; *95 (right)* © Tavernier/Sipa Press; *96* © A. Duclos,
R. Gaillarde/Gamma-Liaison; *103* © David R. Frazier; *109* © Vic Bider/PhotoEdit;

(continued on page 265)

Table des matières

Preface

À vous d'écrire: Atelier de français is an advanced text intended for college or university students in their third or fourth year of French study. Influenced by current thinking about "writing as process," the book helps students develop concrete writing skills for a variety of writing tasks. The writing strategies aim to teach students not just to write correct French sentences and paragraphs but to read and think critically, and write convincingly, in French.

The chapter topics generally reflect the essay types required of French majors and minors—including the **compte rendu critique**, the **essai argumentatif**, and the **explication de texte**. Chapters 1 and 2 present the seldom taught skills of note-taking and summarizing to help students recognize the structure of a text and analyze the presentation of ideas. We hope that *À vous d'écrire* will help students make the transition from intermediate language courses, which generally concentrate on the four skills, to advanced courses that call for more sophisticated writing skills.

À vous d'écrire provides step-by-step guidance with each stage in creating an essay, from blank page or computer screen to final draft. Specifically, it includes:

- techniques and tasks for getting started, such as brainstorming, free writing, and sharing ideas with others
- frequent short writing tasks (in **Mise en application** sections) that practice writing strategies presented in the chapter
- models for writing (in **Observation**) taken from both literary and non-literary sources
- help with all levels of writing, from organization of ideas to details of word choice and sentence structure
- group activities and peer editing, to teach students how to anticipate readers' reactions and to make writing a less solitary act
- an emphasis on rewriting and revising, with detailed guidelines
- a culminating writing project (**À vous d'écrire!**) at the end of each chapter
- a grammar review section, **Rappels grammaticaux**, that presents grammar points relevant to each chapter's writing project. These topics were chosen based on their appropriateness for review at the third- or fourth-year level.

Organization of the Book

À vous d'écrire consists of nine chapters preceded by a preliminary one. The preliminary chapter introduces basic tools necessary to all types of writing. The nine chapters are loosely organized in groupings of three.

- The first three chapters deal with expository texts. Chapters 1 and 2 teach students to identify the structure of a text, take notes, and summarize main ideas. In Chapter 3, students write an expository essay.
- Chapters 4 through 6, on description and narration, sharpen students' skills at creating lively, varied, and vivid prose as they look at the characteristics of these two forms.
- Chapters 7 through 9 present the more specialized writing that students may be asked to do in their coursework. The chapter on **Explication de texte** makes this uniquely French writing framework accessible to students. Chapter 8 on the **Compte rendu critique** leads students to expand the summarizing skills they learned in Chapter 2 into a full and convincing written critical appreciation of a work. Chapter 9, **L'essai argumentatif**, builds on Chapter 3, **Le texte d'information**, leading to a full-fledged argumentative essay.

À vous d'écrire may be used as the sole text in composition courses or in combination with another text (grammar, conversation, and/or reader) in multi-skill courses. It can be used in either one-term or one-year courses. We encourage instructors to be selective, in response to their students' needs and the time available, and to cover chapters out of sequence, as needed; for example, you may wish to present Chapter 8 after Chapters 2 or 3, or choose between Chapters 4 and 5.

Chapter Organization

Each chapter from 1–9 is organized in the following way:

Introduction
Préludes
Atelier d'écriture
    Stratégies et modèles 1
        Observation
    Stratégies et modèles 2
        Observation

Stratégies et modèles 3 (in some chapters)
    Observation
À vous d'écrire!

Each chapter also includes one or more vocabulary sections, **Expressions utiles**, related to the writing task, and **À noter** hint boxes that include information related to the model texts and writing activities.

Préludes

Pre-writing activities prepare students for the main work of the chapter. Most are pair or group tasks. (Interactive activities are marked with a marginal icon throughout the book.) The pre-writing activities include brainstorming and freewriting activities as well as lexical and semantic preparation. Their goal is to prompt students to generate ideas and start to develop them.

Atelier d'écriture

Stratégies et modèles sections appear under the **Atelier d'écriture** part of the chapter. They are the core of the chapter and introduce the main strategies needed for each type of writing. These sections include model texts, in **Observation**, with follow-up questions to direct students' attention to the writer's craft. Students observe the qualities of a clear introduction in an essay or the use of imagery in a description. Each **Stratégies et modèles** section concludes with **Mise en application** consisting of brief writing tasks—sometimes interactive—asking students to apply the writing strategies.

À vous d'écrire!

This concluding section guides students carefully through the planning and writing process that culminates in their final composition. It recalls the writing strategies of the chapter and contains checklists that will challenge students to scan, revise, adjust, make ongoing decisions, and polish their finished piece of writing. Specific ideas for self-editing and peer-editing are proposed.

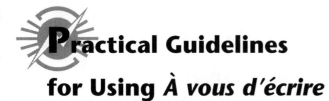

Practical Guidelines
for Using *À vous d'écrire*

At the beginning of each chapter, briefly discuss with students the goals of the chapter as stated in the introduction and present the writing tasks that will be expected of them in the concluding section, **À vous d'écrire!** Encourage students to select their topic (for Chapters 3–9) for the **À vous d'écrire!** section and to start writing as early as possible in the chapter. The interactive pre-writing activities of **Préludes** in the text help students to brainstorm potential topics. **Mise en application** activities in the **Atelier d'écriture** section often give them opportunities to work on their chosen topic. It is important that students approach writing as a multiple-draft process rather than as a "one shot" effort. Encourage students to write on computer to facilitate revision of their drafts.

Competence in writing stems in part from reading authentic texts that serve as illustrations of various types of writing. Reading selections in the **Observation** sections have been carefully chosen to illustrate various types of writing and the writer's craft. To avoid frustrating students, point out to them that they are not expected to write at the same level as these "professional" writers.

The primary goal of this text is to teach writing as a communicative skill. The text coaches students through the writing process and encourages them to communicate ideas that are interesting and relevant to them and to their readers. Thus, grammar is incorporated as a reference tool—in the **Rappels grammaticaux** appendix—rather than as a main feature of the text. Remind students to check their own grammar during the editing process outlined in **À vous d'écrire!** It is strongly recommended that students keep track of their recurring mistakes. A section for such personal corrections is provided in the workbook. This self-checking will yield better results than extensive red-pen corrections. If you have the time, you may want to spend a few moments at the end of a chapter discussing a challenging grammar point. You may also assign, to the whole class or to individual students, grammar exercises coordinated with the **Rappels grammaticaux** in the workbook.

For further teaching suggestions, please see the Instructor's Manual that accompanies this text.

Supplements

Cahier d'exercices

Each of the nine chapters is divided into three parts:

Remue-méninges   This brief activity previews chapter contents and lets students explore potential topics for their final compositions. It could usefully be assigned as homework before the start of each chapter.

Les mots pour le dire   This section is designed to help students build a richer repertoire of lexical, stylistic, and syntactic tools. The activities complement those of the main text, practicing important skills and introducing related writing techniques. In Chapter 4 (on description), for example, the *Cahier* provides practice in:

- selecting precise and vivid descriptive words
- using imagistic language
- varying sentence structure and length.

Les outils de la grammaire   This section provides practice with the grammar material presented in the **Rappels grammaticaux** appendix corresponding to Chapters 1–9.

Instructor's Manual

A brief Instructor's Manual provides general suggestions for teaching with *À vous d'écrire* as well as specific suggestions for teaching individual chapters.

Acknowledgments

The following instructors read parts of the manuscript during manuscript development. Their comments were indispensable to writing this book. (The appearance of their names here does not necessarily constitute an endorsement of the book or its methodology.)

Louis E. Auld, Central Connecticut State University
Margaret Broom, University of Nevada, Las Vegas
Sally Sieloff Magnan, University of Wisconsin
Jean Marie Schultz, University of California, Berkeley
Jack Yeager, University of New Hampshire

We would like to acknowledge in particular Marva Barnett (University of Virginia), Robert Di Donato (Miami University of Ohio), and Geneviève Noiray (Collège Jules Romains, Paris 7e), whose careful reading of parts of the manuscript in development was extremely useful.

Numerous people were involved in transforming *À vous d'écrire* from a manuscript into the book you have in your hands. Gilles Carjuzaa, Nicole Dicop-Hineline, and Claire Maniez read the manuscript for linguistic and cultural accuracy. Timothy J. Rogus made many helpful comments on Chapters 4, 5, and 7. Thank you to Karen Judd, Francis Owens, and Diane Renda at McGraw-Hill, and, especially, to Richard Mason for his skillful direction of a complicated editorial and production process. Marie Deer's queries often led us to look again at a table or a turn of phrase. Stephen Forsling's photo research enriched the book.

We especially want to thank Thalia Dorwick and Leslie Berriman for their strong support of this project. Thanks to Margaret Metz for her creative marketing efforts.

We are grateful to our students for their reactions to individual chapters. Many thanks to Nicole M. Fandel, who made significant contributions to the book. Also essential in the final stages of the project was the support of our families, especially John and Nathalie Raymer, and Mel Cohen.

Finally, we want to express our many and sincere thanks to Eileen LeVan, our development editor. Her thoughtful encouragement, open-ended questions, and constructive suggestions provided us with inspiration to see our project to term.

Chapitre préliminaire

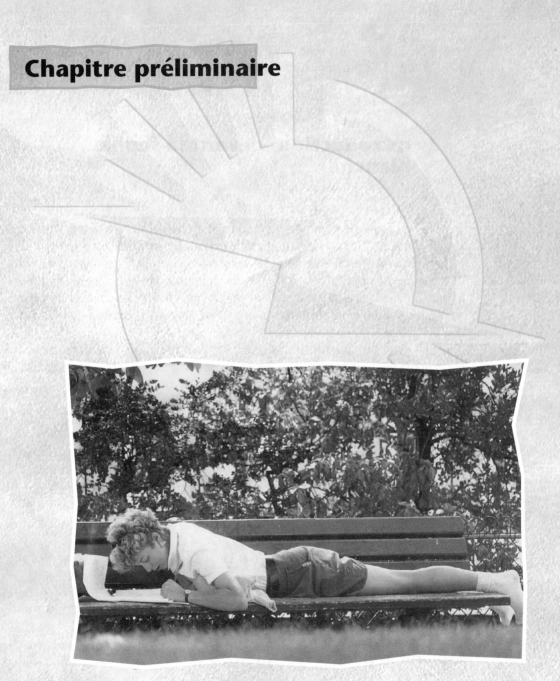

Sur un banc du Jardin du Luxembourg à Paris

Bien écrire, c'est tout à la fois bien penser, bien sentir et bien
rendre; c'est avoir en même temps de l'esprit, de l'âme et du goût.

Buffon *Discours sur le style* (1753)

Introduction: devant la feuille blanche

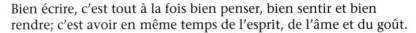

e besoin de communiquer avec les autres est naturel à tout être humain. Que l'on s'exprime verbalement ou par écrit, il est important de
clarifier ses idées et de travailler son langage pour que le message soit
bien compris. A l'oral, on peut faciliter la compréhension de l'auditeur
à l'aide d'inflexions et de gestes. A l'écrit, devant la feuille blanche, le problème
peut parfois sembler insurmontable, que ce soit dans sa propre langue ou dans
une deuxième... ou une troisième.

Ecrire peut être une torture ou un plaisir. Pour minimiser la torture et maxi-
miser le plaisir, il y a plusieurs façons de procéder.

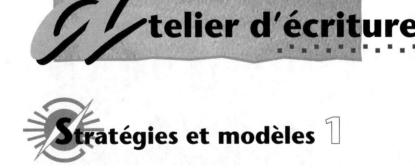

telier d'écriture

Stratégies et modèles 1

Explorer le sujet et rassembler des idées

Evitez la panique devant la feuille blanche. Pour cela, commencez par cou-
vrir une page de toutes les idées qui vous passent par la tête sur un sujet
donné ou choisi. Ne vous censurez pas. Au début, toutes les idées peuvent
être utiles: vous choisirez les meilleures par la suite. Essayez chacune des
méthodes illustrées ici et choisissez la plus efficace pour vous: la liste (1), le

diagramme (2), le tout en vrac (3) ou (dans une situation où il y aurait à contraster) la page divisée en deux (4). Cette première étape peut être réalisée en solitaire ou effectuée en groupe.

1.

Fumer

la santé	*détente*
les poumons	*plaisir*
c'est laid	*l'accoutumance*
c'est «cool»	*économie des états*
cowboy	*producteurs de tabac*
autres	*terrorisme des «bien-pensants»*
saleté	*incendies*
odeur	*la liberté*
habitude	

2. *Fumer*

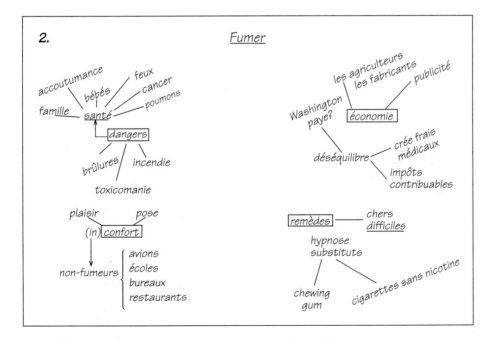

3. _Fumer_

mauvaise habitude   incendies

un vice cher

liberté de choix

saleté   cancer

haleine
odeurs   accoutumance

impôts?   danger
                                                          pour les autres

Virginia Slims ≠ Gauloises
Marlboro man   Gitanes

bébés/maladies   économie
                        usine de cigarettes
                        plantations de tabac
                        économie régionale: jobs

---

4.   _Fumer_

Pour   _Contre_
c'est «cool»
    sophistiqué   c'est laid
plaisir   ça sent mauvais

image de ⎧ macho   jouet   ⎫
         ⎨ femme libérée   victime   ⎬ des médias
         ⎩ moderne   ⎭

c'est mon droit   la fumée des fumeurs
c'est mon choix   nuit aux non-fumeurs
je suis modéré   Il n'y a pas de choix: on
1/2 paquet par jour   est toxicomane
je suis prudent/intelligent   dangers: _maladies_
oh! ce goût piquant   incendie
détente   cancer
                                                   toux
                                         augmente les frais
                                             médicaux
                                         les jeunes victimes

Vous pouvez aussi essayer le système de l'écriture automatique: écrivez pendant dix à quinze minutes toutes vos idées telles qu'elles vous viennent, sans vous arrêter, sans réfléchir. Pas de dictionnaire, pas de ponctuation, pas d'interruptions. A ce stade, ce qui importe, c'est de ne pas vous critiquer et de continuer à écrire en laissant libre cours à votre imagination.

Fumer　une sale habitude qui sent mauvais　Difficile de s'arrêter　Du café　des cigarettes des amis　Commence à la fin du lycée　Le look «cool»　Le cancer du poumon

Mise en application

Explorez un des sujets 1 à 7. Pour cela, essayez une ou deux méthodes de production d'idées illustrées ci-dessus.

1. les sports dangereux
2. l'Asie du Sud-Est et l'économie mondiale
3. la génération X
4. la mode à l'université
5. le/la camarade de chambre idéal(e)
6.

AVEC VOUS

POUR LA DEMOCRATIE
CONTRE LES EXCLUSIONS

BRUXELLES 22 MARS
MANIFESTATION NATIONALE, GARE DU NORD, 14H

Organisation des Travailleurs, de la Paix, du Tiers-Monde, des Immigrés, de l'Environnement, des Femmes, des Seniors et des partis démocratiques
Si vous voulez commander du matériel, veuillez téléphoner au n° 02/511 36 99

7.

Après avoir abandonné
la peinture sur soie, mon analyse,
le riz complet, Heidegger,
la pilule et les régimes dissociés,
je me sens mieux.

Lee Cooper

On finit toujours par se trouver.

Organiser les idées

Une fois votre page remplie (d'idées, d'exemples, de mots et de schémas, pourquoi pas?), examinez ces notes à l'état brut. Qu'est-ce qui ressort de vos notes? Qu'est-ce qui vous frappe? Y a-t-il une idée, une émotion qui revient fréquemment?

C'est le moment de réfléchir aux questions suivantes.

1. Quel est le but de votre écrit? Qu'est-ce que vous voulez communiquer?
2. A qui est-ce que vous voulez adresser votre écrit? Qui va le lire?

Reprenez vos notes et, en fonction de votre but et de vos lecteurs:

- éliminez ce qui est inutile
- mettez un cercle autour de ce qui vous paraît important et mérite d'être développé

- reliez par un trait (–) ou des flèches (→) ce qui devrait être regroupé
- ajoutez d'autres choses qui vous sont venues à l'esprit
- enfin numérotez les différents éléments dans l'ordre qui vous semble le plus approprié.

Ce travail de sélection et d'organisation vous permet d'établir un plan général de votre devoir. Vous pourrez bien sûr modifier ce plan par la suite.

Rédiger au brouillon

Ecrivez au milieu de la page, avec des marges généreuses à gauche et à droite qui vous permettront de changer votre texte plus facilement. (La correction de la langue, à ce stade, est secondaire. Vous la ferez au moment des révisions.) Ce brouillon sert surtout à clarifier vos idées, à définir la progression de votre texte et à choisir le ton. Ce ton dépendra du sujet que vous traitez et du type de lecteur à qui vous vous adressez.

Relire et améliorer votre brouillon

Tout d'abord relisez votre texte vous-même. C'est le moment de vous interroger sur la clarté du message, de retravailler une phrase nébuleuse, de jouer au lecteur qui ne comprend pas et qui vous pose la question: «Qu'est-ce que vous voulez dire?» Reformulez votre idée et récrivez les phrases maladroites. Certaines fautes vous sauteront aux yeux d'elles-mêmes: corrigez-les tout de suite. D'autres fautes, par contre, passeront inaperçues. C'est là que vos camarades vous viendront en aide.

Mise en application

A Développez le sujet que vous avez choisi dans la première **Mise en application**. D'abord, éliminez ou ajoutez quelques idées et soulignez celles qui sont intéressantes. Puis, écrivez des phrases qui présentent un point de vue. Un ou deux paragraphes suffisent.

B Vous devez aussi adapter le ton de votre texte aux lecteurs auxquels vous vous adressez et au point de vue que vous présentez. Pour convaincre, il faut trouver le mot juste et ajuster la tournure des phrases.

En utilisant le sujet sur le tabac (pages 3–4), choisissez deux situations parmi les quatre possibilités dans la liste suivante. Ecrivez rapidement quelques phrases, puis comparez-les avec celles d'un(e) camarade de classe.

1. une lettre à votre sœur pour essayer de la convaincre de ne pas imiter ses copines qui fument

2. un exposé objectif présentant les arguments respectifs des fumeurs et des non-fumeurs

3. un article stimulant la controverse dans une revue d'opinion

4. une brochure anti-tabac que fait l'association des étudiants en médecine

C Ecrivez pendant dix minutes, sans vous arrêter, sur un des sujets suivants. Lisez le résultat, soulignez ce qui vous paraît le plus utile et copiez-le sur une nouvelle feuille. Continuez votre écriture automatique pendant dix minutes. Puis relisez les deux feuilles, choisissez les meilleurs extraits des deux pages et composez un paragraphe bien structuré et bien écrit.

1. L'amitié, c'est l'amour sans les ennuis.

2. Si les êtres humains marchaient à quatre pattes...

3. L'université serait un paradis si...

4. On peut très bien s'instruire sans école.

5. Une chambre en ordre est une chambre sans âme.

6. Les progrès technologiques améliorent la vie.

Stratégies et modèles 2

Consulter de bons dictionnaires

Que ce soit pour lire (travail de compréhension) ou écrire (travail de communication), que vous cherchiez la signification d'un mot en anglais ou en français, votre meilleur ami sera le dictionnaire; utilisez-le avec patience et intelligence.

La plupart du temps, il vous faudra vous servir de deux dictionnaires.

1. un dictionnaire français-anglais / anglais-français tel que le *Collins-Robert,* ou le *Harrap's* (plutôt britannique)
2. un dictionnaire de la langue française tel que le *Petit Robert 1* ou le *Petit Larousse Illustré*

Dans certains cas, vous aurez aussi besoin de consulter un troisième dictionnaire, plus gros ou plus spécialisé, à la bibliothèque universitaire. Le *Oxford-Duden Pictorial French-English Dictionary,* par exemple, est très utile pour les termes spécialisés ou techniques.

Les traducteurs, amateurs ou professionnels, ont tous plusieurs dictionnaires chez eux, y compris un bon dictionnaire d'anglais, et deux ou trois livres de référence en grammaire (dont Maurice Grevisse, *Le Bon Usage*).

Trouver le mot juste

Trouver le mot juste qui traduit au mieux votre pensée est parfois un processus instantané, mais bien souvent, c'est un travail de détective qui nécessite une recherche systématique et une bonne intelligence du contexte du mot employé.

Alerte aux faux amis!

Beaucoup de mots se ressemblent en français et en anglais. Dérivés de la même racine, ils ont souvent le même sens. Mais vous savez aussi qu'il y a toute une série de mots semblables qui ont un sens différent: on les appelle des faux amis.

actuellement	*now*	en fait	*actually*
éventuellement	*possibly*	finalement	*eventually*
la lecture	*reading*	une conférence	*a lecture*
une phrase	*a sentence*	une expression	*a phrase*
sensible	*sensitive*	sensé	*sensible*

La passion des mots: A la base de grandes découvertes, on trouve souvent les dictionnaires Le Robert.

Alerte aux traductions littérales!

A la recherche d'un équivalent pour l'expression *talk show host,* un étudiant pressé l'a traduite en français par «parler montrer recevoir»! Amusant? Oui! Compréhensible? Pas du tout. Il s'agit d'une personne, et non pas d'une suite de consignes à l'infinitif. Les expressions relativement récentes en anglais, telles que *talk show host,* n'apparaissent pas immédiatement en français dans les dictionnaires ou les magazines. Quand vous cherchez à exprimer un tel mot en français, contournez le problème. La circonlocution (ou périphrase), ou bien l'équivalent le plus proche, sera la meilleure solution. Choisissez «le présentateur», «l'animatrice» ou «le journaliste».

Observation

Vous êtes en train de rédiger un devoir et vous avez besoin de l'équivalent français du mot anglais *issue* pour terminer cette phrase.

> *(The issue)* sur lequel/laquelle nous allons nous concentrer maintenant est le/la plus intéressant(e).

Vous cherchez le mot dans le dictionnaire anglais-français.

Extrait de dictionnaire anglais-français

issue ['ɪʃuː] **1** n **a** (*matter, question*) question *f*, sujet *m*, problème *m*. **it is a very difficult ~** c'est une question *or* un sujet *or* un problème très complexe, c'est un point très délicat; **he raised several new ~s** il a soulevé plusieurs points nouveaux; **the ~ is whether ...** la question consiste à savoir si ...; **the main ~ is to discover if ...** la question centrale est de découvrir si ...; **that's the main ~** voilà la question *or* le problème principal(e); **it's not a political ~** ce n'est pas un problème politique; **to cloud** *or* **confuse** *or* **obscure the ~** brouiller les cartes; **to face the ~** regarder le problème en face; **to force the ~** forcer une décision; **to evade** *or* **avoid the ~** prendre la tangente, s'échapper par la tangente; **to make an ~ of sth** faire de qch un sujet de controverse, faire un problème de qch, monter qch en épingle; **he makes an ~ of every tiny detail** il fait une montagne du moindre détail; **I don't want to make an ~ of it but ...** je ne veux pas trop insister là-dessus mais ...; **the matter/factors at ~** l'affaire/les facteurs en jeu; **the point at ~** le point controversé, la question en litige *or* qui pose un problème; **his integrity is not at ~** son intégrité n'est pas (mise) en doute *or* en cause; **his political future is at ~** son avenir politique est (mis) en question *or* en cause; **they were at ~ over ...** ils étaient en désaccord sur ...; **to take** *or* **join ~ with sb** engager une controverse avec qn; **I feel I must take ~ with you on this** je me permets de ne pas partager votre avis là-dessus; *see* **side**.

b (*outcome*) résultat *m*, .aboutissement *m*, issue *f*. **in the ~** en fin de compte, à la fin; **until the ~ is known** jusqu'à ce qu'on sache le résultat; **favourable ~** résultat heureux, heureuse issue; **we brought the matter to a successful ~** nous avons mené l'affaire à une heureuse conclusion.

c [*book*] publication *f*, parution *f*, sortie *f*; [*magazine, newspaper*] livraison *f*; [*goods, tickets*] distribution *f*; [*passport, document*] délivrance *f*; [*banknote, cheque, shares, stamp*] mise *f* en circulation; [*proclamation*] parution; (*Jur*) [*warrant, writ, summons*] lancement *m*. **there has been a new ~ of banknotes/stamps/shares** il y a eu une nouvelle émission de billets/de timbres/d'actions; **there were several ~s of clothing to refugees** il y a eu plusieurs distributions de vêtements aux réfugiés; **these coins are a new ~** ces pièces viennent d'être émises; *see also* **2**.

d (*copy*) [*newspaper, magazine*] numéro *m*. **in this ~** dans ce numéro; **back ~** vieux numéro.

e (*Med*) écoulement *m*.

f (*NonC: Jur: offspring*) descendance *f*, progéniture *f* (*liter*). **without ~** sans enfants, sans progéniture (*liter*), sans descendance; **X and his ~** X et sa descendance *or* ses descendants.

2 comp (*esp Mil*) *clothing etc* réglementaire, d'ordonnance ▶ **issue price** (*St Ex*) prix *m* *or* cours *m* d'émission.

3 vt *book* publier, faire paraître; *order* donner; *goods, tickets* distribuer; *passport, document* délivrer; *banknote, cheque, shares, stamps* émettre, mettre en circulation; *proclamation* faire; (*Jur*) *warrant, warning, writ* lancer; (*Jur*) *verdict* rendre. **to ~ a statement** publier une mise au point, faire une déclaration; (*Jur*) **to ~ a summons** lancer une assignation; (*Fin*) **~d to bearer** émis au porteur; **to ~ sth to sb, to ~ sb with sth** fournir *or* donner qch à qn; **the children were ~d with pencils** on distribua *or* fournit *or* donna des crayons aux enfants.

Collins-Robert French-English / English-French Dictionary, troisième édition

> Votre dictionnaire anglais-français indique
>
> ■ **la prononciation:** voir l'Alphabet phonétique international, souvent au début du dictionnaire
> ■ **la catégorie grammaticale:** 1 *n;* 2 *comp;* 3 *vt* (*n* = nom; *comp* = mot composé; *vt* = verbe transitif)
> ■ **le domaine d'usage:** *Mil; Jur; Fin; Med*
> ■ **les catégories de sens en anglais:** *(matter, . . .); [book]; (copy)*
> ■ **la traduction en français et le genre:** question *f;* sujet *m;* problème *m*
> ■ **les exemples traduits:** in this ~ dans ce numéro

Analyse

A Analysons les différentes parties des explications du mot *issue.* Repérez les sections numérotées 1, 2, 3: à quoi correspondent-elles? A l'intérieur de la section 1, à quoi correspondent les lettres (a), (b)... (f)?

B Familiarisez-vous avec les codes et les abréviations en cherchant ce que signifient les abréviations *(Med, Jur, Fin).* Pour cela reportez-vous aux premières pages de votre dictionnaire.

C En lisant les différents sens du mot *issue,* trouvez les équivalents français qui conviennent au contexte proposé: *(the issue)* sur (lequel/laquelle)...

D Pour vérifier que ces équivalents sont appropriés, cherchez-les dans un dictionnaire de français. Quelle est la meilleure traduction?

E Maintenant, votre travail est bien fait! Vous pouvez écrire avec confiance:

> **La question** sur laquelle (*ou* Le sujet/problème sur lequel) nous allons nous concentrer maintenant est la/le plus intéressant(e).

Vous n'avez pas manqué de remarquer que le mot **question** est féminin!

Mise en application

A Remplacez les tirets par la traduction du mot anglais *issue* qui convient le mieux.

1. Une _____ de timbres-poste représentant Elvis Presley a eu beaucoup de succès.

2. Ce n'est pas la _____! Nous ne parlons pas de l'économie du Brésil, mais plutôt de son écologie et des forêts vierges.

3. Son nom va disparaître: il est mort sans _____ .

4. Il a de mauvais résultats. L'avenir de sa carrière est en _____ .

5. Je cherche le _____ spécial de *L'Express* consacré aux jeunes.

6. On va _____ des médicaments aux victimes.

À noter

La plupart des mots peuvent s'employer dans des contextes très variés. Mais il existe aussi des mots ou des emplois de mots qui s'appliquent à des contextes particuliers, définis par l'usage. Certains de ces mots appartiennent au vocabulaire technique professionnel (français des affaires, termes nautiques, vocabulaire du droit, etc.) D'autres ont des connotations qui peuvent surprendre ou faire mauvaise impression. Les dictionnaires de français indiquent les usages particuliers, par exemple: argot, familier, populaire, vieux, vulgaire. Ne négligez pas de vérifier les mots que vous connaissez mal. Si vous ne comprenez pas l'abréviation, consultez la liste au début du dictionnaire.

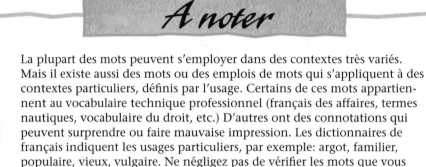

B En groupe de trois, choisissez chacun(e) un sens différent du mot anglais *issue* (par exemple: (b) **résultat, aboutissement, issue**). Ensuite, cherchez les mots français que vous avez choisis dans un dictionnaire de français. Composez une phrase qui illustre bien l'usage de chacun. Comparez vos résultats avec ceux de vos camarades de classe.

C Voici une série de mots anglais. Avant de compléter les phrases ci-dessous, écrivez à côté de chaque mot la première traduction française qui vous vient à l'esprit. (Pas de dictionnaire à ce stade. Devinez!)

1. issue *(n.)* _____

2. taxpayer _____

3. tax *(n.)* _____

4. (movie) star _____

5. to depict _____

6. character _____

7. background _____

8. room _____

9. play *(n.)* _____

Maintenant, en vérifiant vos choix dans le dictionnaire bilingue et dans le dictionnaire de français, trouvez la meilleure traduction de ces mots donnés entre parenthèses et complétez les phrases.

1. Dans *La Grande Illusion* du cinéaste Jean Renoir, il s'agit d' _____ *(an issue)* de classe. En effet, von Rauffenstein et de Boëldieu, aristocrates tous les deux, sont plus proches l'un de l'autre que de leurs compatriotes respectifs.
2. Les hommes et les femmes politiques doivent tenir compte des _____ *(taxpayers)* et promettre de limiter les _____ *(income taxes)* pour être élus.
3. Gérard Depardieu est devenu _____ *(a star)* international(e).
4. Cette scène _____ *(depicts)* la tension entre _____ *(the characters)* de _____ *(backgrounds)* différents, enfermés dans _____ *(a room),* ensemble, pour l'éternité.
5. Le titre de _____ *(this play)* de Jean-Paul Sartre est *Huis clos.* La traduction anglaise est *No Exit.* Mais la pancarte «*No exit*» qu'on trouve dans un couloir d'hôtel ou dans une petite rue se traduit en français par l'expression _____ .

D Comment traduiriez-vous ou contourneriez-vous ces expressions? Utilisez un bon dictionnaire bilingue.

1. talk show host
2. to fire someone
3. business lunch
4. meal ticket
5. slapstick comedy
6. to relax
7. tote bag
8. the Milky Way
9. a cover letter

E Dans le contexte choisi, les phrases suivantes ont chacune un mot incongru. Trouvez et soulignez le mot qui détonne, qui ne correspond pas au niveau de langue du reste de la phrase. Cherchez sa connotation dans le dictionnaire et remplacez-le par un mot plus approprié.

1. Dans une analyse de la pièce *Antigone:* Œdipe avait quatre gosses.
2. Dans un compte rendu musical: Ces enregistrements d'Hector Berlioz me plaisent énormément, la qualité en est terrible!
3. Dans une conversation avec un professeur: Je vous avoue que j'ai la frousse avant vos examens.

F Mise en commun. En travaillant avec d'autres étudiants, trouvez un contexte et faites une phrase où les mots incongrus de l'exercice E seront à leur place.

Stratégies et modèles 3

Les corrections réciproques

Il est difficile de prendre une distance objective par rapport à son propre travail et l'œil critique d'une autre personne est bien utile pour mieux «voir» ce que l'on a écrit. La section **À vous d'écrire!** qui conclut les chapitres 1 à 9 de ce livre vous encourage à faire un travail de corrections réciproques. Pour cela, vous lirez attentivement le brouillon de deux de vos camarades de classe et vous leur communiquerez vos réactions de lecteur/lectrice. Réciproquement, vos camarades liront et critiqueront de façon constructive votre devoir. Le but est de vous aider mutuellement, concrètement, à améliorer votre expression écrite avant de rédiger au net votre devoir (et de le remettre à votre professeur).

Les mots-clés pour le succès des corrections réciproques sont l'honnêteté et le tact. Il n'est jamais facile d'être critiqué. Pourtant, les réactions d'un premier lecteur sont précieuses pour l'auteur. Pour être constructif et éviter les commentaires négatifs, il suffira d'équilibrer critiques et compliments et de se mettre à la place de l'autre pour choisir un ton et une attitude qui ne blesseront pas.

Faites donc deux photocopies de votre travail et, en groupe de trois ou deux à deux, échangez vos brouillons et lisez-les, sans oublier de remarquer les points forts, de mentionner les mérites du texte et d'apprécier les trouvailles. La tâche sera facilitée si vous suivez les étapes du **Guide de corrections réciproques** en les adaptant, toutefois, aux textes à examiner.

GUIDE DE CORRECTIONS RECIPROQUES

1. **Premières impressions**

   a. Quel est le but de l'auteur?
   b. Quelle est son idée principale?
   c. Qu'est-ce qui est excellent?

2. **Les détails**

   a. Les informations sont-elles pertinentes?
   b. Faut-il plus de renseignements?
   c. Faut-il plus de détails?
   d. Les détails sont-ils répétitifs?
   >   peu intéressants?
   >   peu convaincants?
   >   particulièrement bien choisis?
   e. L'organisation est-elle claire?
   f. Le niveau de langue et le ton sont-ils adaptés au sujet du devoir et au lecteur?
   g. La langue est-elle incorrecte?
   >   difficile à comprendre?
   >   ambiguë ou obscure?
   >   répétitive?
   >   particulièrement intéressante?

3. **En résumé**

   a. Le texte atteint-il ses objectifs?
   b. Où les révisions sont-elles particulièrement nécessaires?
   c. Quelles suggestions avez-vous à ajouter?

Les corrections de langue

Les sections **À vous d'écrire!** qui concluent les chapitres 1 à 9 vous donnent des directives de correction spécifiques au type d'écrit que vous rédigez. Voici des conseils d'ordre général qui s'appliquent à tous vos écrits.

Soyez votre propre critique.

- Lisez attentivement les commentaires et les corrections des devoirs que votre professeur vous rend. Repérez, si nécessaire avec l'aide de votre professeur, les erreurs d'orthographe et/ou de grammaire que vous faites fréquemment.

- Notez ces difficultés dans un cahier afin de vous en souvenir et de les éviter dans un prochain devoir.

- Vérifiez systématiquement ces points problématiques dans chacun de vos écrits. Cette autocritique vous sera très profitable. Vous constaterez de nets progrès dans votre style écrit.

Et maintenant, armés de vos crayons et stylos (ou bien de votre ordinateur), de vos dictionnaires, de votre imagination et de votre enthousiasme, à vous d'écrire!

À noter

Pour corriger la langue, les correcteurs professionnels ne font pas attention au contenu: ils lisent en se concentrant exclusivement sur la forme grammaticale et l'orthographe.

GUIDE DE CORRECTIONS DE LANGUE

1. **L'orthographe**

   Consultez systématiquement un dictionnaire quand vous avez un doute sur l'orthographe ou le genre (masculin ou féminin) d'un mot. Vérifiez également les accents nécessaires.

2. **La grammaire**

   Vérifiez systématiquement:

   - L'accord du sujet et du verbe.

   Identifiez dans la phrase le sujet de chaque verbe conjugué. Le verbe doit s'accorder en nombre (singulier ou pluriel) et en personne avec son sujet.

EXEMPLE: **Paul, ma soeur et moi avons visité** Dakar.
Ils nous **attendent.**
On vend des **journaux** qui **viennent** de France.

■ L'accord du nom et de l'adjectif.

Demandez-vous à quel nom se rapporte l'adjectif. Les adjectifs doivent s'accorder en genre (masculin ou féminin) et en nombre (singulier ou pluriel) avec les noms auxquels ils se rapportent.

EXEMPLE: La **pièce** de théâtre que vous lisez est **passionnante.**
Vérifiez les **mots** et les **expressions inconnus.**
Voici une **revue publiée** au Québec.

■ L'accord du participe passé dans le cas des verbes conjugués avec l'auxiliaire **être** ou **avoir.**

EXEMPLE: Jane a obtenu de bonnes notes. (pas d'accord)
La **rédaction** que vous avez **écrite** est excellente.
Les **étudiants** sont **allés** au laboratoire de langues.

■ Le mode et le temps du verbe.

Vérifiez que le verbe est au mode (indicatif, subjonctif, conditionnel, infinitif, impératif) et au temps qui conviennent. Consultez une table de conjugaison (dans un dictionnaire ou dans un manuel de français) pour vous assurer de la forme des verbes.

3. **La structure de la phrase**

Vérifiez les différences suivantes entre le français et l'anglais:

■ L'emploi de l'article.

A part quelques exceptions, le français emploie systématiquement un article ou un déterminant devant le nom.

EXEMPLE: **Les** langues étrangères sont un avantage professionnel.

■ L'emploi des pronoms relatifs ou des conjonctions de subordination.

La proposition subordonnée en français est toujours introduite par une conjonction ou un pronom relatif (**que, qui,** etc.).

EXEMPLE: Le documentaire **que** nous avons vu a été filmé en Afrique.

■ L'emploi des prépositions.

De nombreux verbes sont suivis de prépositions qui introduisent le complément. Vérifiez dans un dictionnaire ou une grammaire la préposition requise par le verbe. Répétez la préposition devant chaque complément.

EXEMPLE: J'ai commencé **à** réfléchir et **à** prendre des notes.

4. La ponctuation

- A la différence de l'anglais, n'utilisez pas de virgule (,) avant **et** dans une énumération.

    EXEMPLE: N'oubliez pas les signes de ponctuation comme le point, la virgule et le point-virgule.

- Utilisez des guillemets (« ») pour indiquer le début et la fin d'une citation ou d'un dialogue.
- Soulignez les titres des œuvres littéraires, des journaux, des revues, des films: *Le Monde.*

5. La présentation de la rédaction

- Veillez à la présentation de la rédaction. Rendez un travail propre et sans rature.
- Laissez un double interligne et des marges de 2,5 cm (1 pouce) pour les commentaires de votre professeur.
- Indiquez le début de chaque paragraphe par un alinéa *(indentation).*

6. La vérification finale

Relisez une dernière fois votre travail.

- Lisez à haute voix.
- Lisez lentement.
- Lisez chaque mot d'un œil critique.

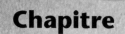

Chapitre 1

La prise de notes

Cours en amphithéâtre, Université d'Orléans

Introduction

rendre des notes, c'est jeter sur le papier, rapidement, des mots ou des abréviations qui permettront de se rappeler plus tard ce qu'on a lu, entendu, observé, fait ou décidé. Autrement dit, c'est constituer un aide-mémoire sur papier.

Prendre des notes est particulièrement important quand on apprend une langue étrangère, parce qu'il est plus difficile de se rappeler les idées écrites dans une autre langue que la sienne. Comme vous dépensez beaucoup d'énergie mentale pour comprendre chaque phrase, vous avez du mal à saisir l'unité du paragraphe ou du texte entier. En vous entraînant avec des passages assez courts, vous pourrez peu à peu obtenir les mêmes résultats en français que dans votre langue maternelle.

Enfin, en prenant des notes de lecture, vous jouez un rôle actif, personnel, dans vos études. En mettant par écrit ce que vous retenez du texte, vous revoyez, organisez et vous rappelez les points essentiels d'un texte. Vous améliorez aussi votre compréhension écrite et augmentez votre vocabulaire.

L'objectif de ce chapitre est donc de vous entraîner à prendre des notes sur des textes rédigés en français. Vous apprendrez à reconnaître différentes formes d'organisation et de présentation de données et d'idées. Vous apprendrez aussi à utiliser ces indices de structure pour retenir les idées importantes du texte. Au cours du chapitre, nous vous invitons à essayer différents styles de prise de notes: graphique ou écrit, détaillé ou schématique. Mais dans la dernière section, **À vous d'écrire!**, c'est vous qui choisirez les suggestions que vous avez trouvées les plus utiles. Le but est de prendre des notes que vous pourrez consulter, employer ou prêter, avec confiance, dans quelques semaines ou même dans six mois.

Préludes

A «Explique-moi où tu habites.» Vous allez avoir une petite fête chez vous. Pour aider vos amis, prenez une feuille de papier, notez votre adresse et indiquez rapidement comment ils peuvent aller chez vous.

Comparez votre présentation avec celle de deux camarades. Quel type de notes avez-vous choisi: une suite de consignes écrites? un plan schématique? un mélange des deux? Quel type de notes aimez-vous le mieux utiliser? Pourquoi?

B Notes illustrées et notes écrites. Observez les deux fiches de lecture suivantes, puis répondez aux questions.

1. Fiche illustrée

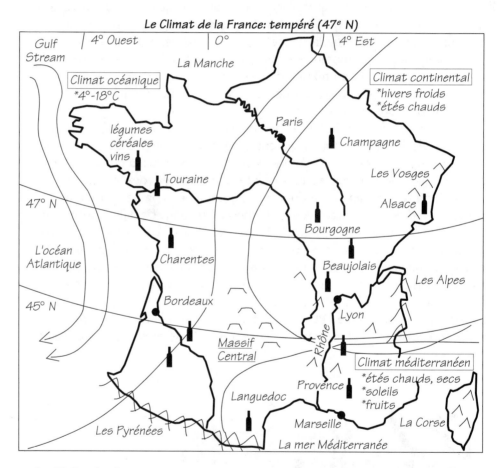

Le Climat de la France: tempéré (47e N)

2. Fiche écrite

CLIMAT DE LA FRANCE: TEMPÉRÉ, 47e PARALLÈLE NORD
MAIS 3 GRANDS ENSEMBLES:
1) climat océanique: côtes et plaines de l'ouest (influence du Gulf Stream dans la Manche et l'Atlantique)

—*températures douces: 4°–18°*
—*légumes, céréales et vins: Touraine, Charentes, Bordeaux*
2) *climat méditerranéen: Languedoc, Provence et Corse*
—*étés chauds et secs, soleil toute l'année*
—*fruits d'été, vins de table et vins excellents: Côtes du Rhône, Côtes de Provence, Châteauneuf-du-Pape*
3) *climat continental: reste de la France*
—*hivers froids, étés chauds et orageux, gelées de printemps et d'automne*
—*vignobles de réputation mondiale: Champagne, Alsace, Bourgogne, Beaujolais*

1. Selon ces deux fiches, quelle est la caractéristique principale du climat de la France? Où est-elle indiquée?
2. Comment sont présentées les grandes variantes régionales dans la fiche 1? dans la fiche 2?
3. Préférez-vous une fiche à l'autre? Si oui, laquelle et pourquoi?
4. Lisez le texte dont sont tirées les fiches que vous venez d'étudier. Soulignez les mots ou expressions qui sont repris dans les fiches 1 et 2. Est-ce que ce sont surtout des verbes, des noms, des adjectifs, des prépositions?

Pays au climat tempéré, de part et d'autre du 47e parallèle Nord, la France connaît cependant trois grands ensembles de conditions climatiques. Sous l'influence du Gulf Stream qui tempère les eaux de la Manche et de l'Océan Atlantique avant de se disperser dans le Golfe de Gascogne, les côtes et les plaines de l'ouest bénéficient d'un climat océanique. Les températures, douces, sont comprises entre 4°C (en janvier) et 18°C (en été). Il gèle rarement, ce qui permet de cultiver toutes sortes de légumes et de céréales et d'avoir des vignobles qui produisent des vins célèbres: vins de Touraine, vins de Charentes et Bordeaux. Au sud-est, le Languedoc, la Provence et la Corse jouissent d'un climat méditerranéen, chaud et sec pendant l'été, ensoleillé presque toute l'année. Cette région produit surtout des fruits d'été (pêches, abricots, melons, raisins) et des vins de table dont certains sont excellents (Côtes du Rhône, Côtes de Provence, Châteauneuf-du-Pape). Le reste de la France (l'Est, le Centre et les Alpes) connaît davantage un climat continental: hivers froids, étés chauds et orageux, risques de gelées tardives au printemps ou précoces en automne. C'est cependant dans ces régions que se situent les plus célèbres vignobles français. Exposés sur des coteaux ensoleillés, ils donnent des vins qui ont une réputation mondiale: Champagne, Alsace, Bourgogne, Beaujolais.

C Banc d'essai. Le texte qui suit se prête à des notes écrites comme à des notes illustrées. Pour vous aider, nous vous donnons deux ébauches de fiches. Lisez rapidement le texte et décidez quel type de notes vous préférez:

notes écrites _____   notes illustrées _____

Ensuite relisez le texte et terminez la fiche que vous avez choisie. Pensez à employer des abréviations quand c'est possible (inventez vos propres abréviations ou symboles).

Avec 551 000 km², la France est le plus grand pays d'Europe occidentale. Située de part et d'autre du 47ᵉ parallèle, elle occupe une des zones les plus tempérées, ce qui favorise une grande diversité d'activités humaines. Les plaines couvrent près de la moitié du pays. Elles prédominent au nord et à l'ouest. Elles sont plus rares et plus étroites à l'est et au sud. Ce sont des régions de faible altitude, au paysage légèrement vallonné.

Les plateaux et la moyenne montagne occupent le centre et l'est du pays. Le Massif central, qui est, comme son nom l'indique, au centre de la France, comporte des reliefs très variés au-dessus desquels culminent des volcans éteints depuis 3 000 ou 4 000 ans.

La France a aussi deux régions de haute montagne. Les Alpes, qui culminent à 4 807 m au Mont Blanc, séparent la France de l'Italie. Au sud, ce sont les Pyrénées qui culminent à 3 404 m au Pic d'Aneto et qui séparent la France de l'Espagne.

Un volcan éteint d'Auvergne: le Puy de Dôme, près de Clermont-Ferrand

1. Fiche écrite

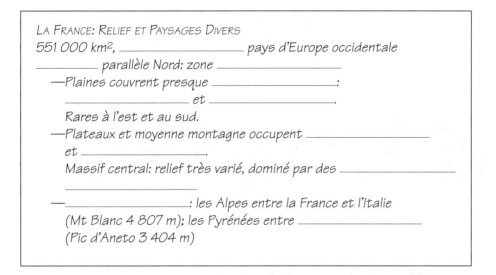

LA FRANCE: RELIEF ET PAYSAGES DIVERS

551 000 km², _____ pays d'Europe occidentale

_____ parallèle Nord: zone _____

—Plaines couvrent presque _____:

_____ et _____.

Rares à l'est et au sud.

—Plateaux et moyenne montagne occupent _____

et _____.

Massif central: relief très varié, dominé par des _____

_____

—_____: les Alpes entre la France et l'Italie

(Mt Blanc 4 807 m); les Pyrénées entre _____

(Pic d'Aneto 3 404 m)

2. Fiche illustrée

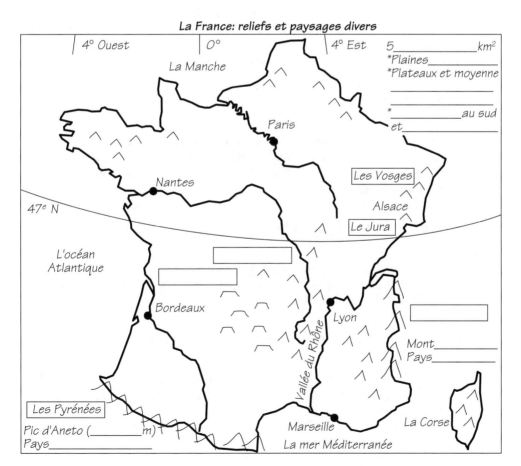

La France: reliefs et paysages divers

4° Ouest   0°   4° Est

La Manche

Paris

5_____km²
*Plaines_____
*Plateaux et moyenne
_____
_____
*_____au sud
et_____

Les Vosges

Alsace

Le Jura

47ᵉ N

Nantes

L'océan Atlantique

Bordeaux

Vallée du Rhône

Lyon

Mont_____
Pays_____

La Corse

Les Pyrénées

Pic d'Aneto (_____m)
Pays_____

Marseille

La mer Méditerranée

23

Mise en commun. Tournez-vous vers un(e) camarade et demandez-lui quel type de fiche il (ou elle) a choisi et pourquoi. Expliquez votre propre choix.

telier d'écriture

Stratégies et modèles 1

Pour vous entraîner, voyons d'abord comment prendre en note des passages courts que vous trouvez importants. D'abord, choisissez un texte. Trouvez votre texte dans un livre ou dans un article. Puis, prenez une feuille de papier, une fiche cartonnée *(index card)* ou, si vous préférez, installez-vous devant un terminal d'ordinateur.

Identifier l'auteur et les références du texte

Identifiez et copiez **le nom de l'auteur, le titre de l'article ou du livre** d'où le texte est extrait et **la page.** Sur la ligne suivante, notez **les références** qui permettent de retrouver facilement ce texte: **nom de la maison d'édition, lieu et date de publication.**

Donner un titre à la fiche

Adaptez le titre du texte aux besoins de votre fiche. Si le texte n'a pas de titre, relisez-le en soulignant les mots-clés. Identifiez le sujet et trouvez un titre qui le décrive ou le résume.

Annoter le texte pour repérer les idées à retenir

■ Relisez l'extrait et trouvez les phrases où l'auteur énonce des idées ou des renseignements que vous voulez retenir. Soulignez le mot ou les mots importants.

■ Assurez-vous que vous comprenez bien le passage entier et identifiez rapidement comment il est organisé.

Dans quelle(s) phrase(s) l'auteur présente-t-il sa thèse ou son idée principale?

Quelles idées secondaires, quelles données (renseignements) l'auteur utilise-t-il pour démontrer cette thèse?

■ Notez le plan du texte dans la marge en vous servant d'un code pour distinguer, au premier coup d'œil, les idées principales et les idées secondaires. Voici quelques exemples commodes.

THÈSE OU IDÉES PRINCIPALES	IDÉES OU DONNÉES SECONDAIRES
‖ deux barres verticales	
* ǀ un astérisque et une barre	ǀ une barre verticale
1, 2, 3... chiffres	a, b, c... lettres

Organiser les notes pour les comprendre plus tard

■ Décidez quelle quantité de renseignements vous voulez retenir. Ne prenez que les notes dont vous aurez besoin pour reconstituer le contenu du texte.

Dans certains cas, l'énoncé de l'idée principale vous suffit.
Dans d'autres cas (vous écrivez un devoir sur le sujet), vous avez besoin de l'idée principale et aussi des idées ou des données qui la confirment.
Parfois, vous voulez reprendre les mots exacts de l'auteur. Recopiez alors la citation avec soin entre guillemets et notez la page entre parenthèses. EXEMPLE: «En 1921, les citadins deviennent majoritaires» (68).

■ Choisissez une présentation claire et concise. Pensez à regrouper des renseignements parallèles par une accolade (}), comme ci-dessous. Rappelez-vous que:

■ des chiffres en colonne
■ des cercles divisés en sections
■ des lignes courbes
■ des séries de bâtonnets

remplacent des dizaines de mots.

Adoptez des abréviations qui soient claires pour vous:
EXEMPLE 1:   1921 citadins + 50%
EXEMPLE 2:   en 1921 les citad. devien. major.

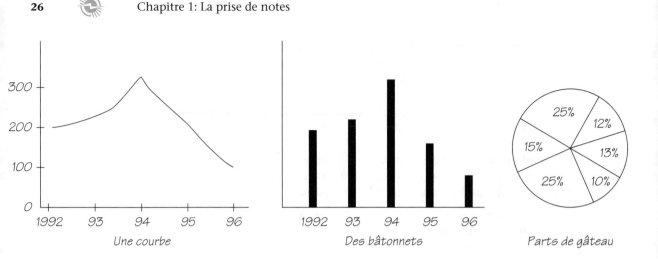

Une courbe   Des bâtonnets   Parts de gâteau

Pensez à prendre des notes illustrées quand le texte s'y prête (texte de géographie, description de monuments, étude d'un tableau célèbre). Esquissez les grands traits de façon schématique. Vous vous en souviendrez mieux.

Relisez le passage, puis vérifiez vos notes. Au besoin, ajoutez des mots de coordination qui éclaircissent le rapport entre deux idées (**et**, **mais**, **après**, **parce que**) ou des mots qui résument des idées.

Observation

Auteur du livre *Le Québec: un pays, une culture* (Montréal/Paris: Boréal/Seuil, 1990), Françoise Tétu de Labsade retrace l'urbanisation progressive du Québec. Elle accompagne son exposé (que nous adaptons ici) des deux illustrations qui suivent. Lisez l'extrait, remarquez les annotations, puis observez les deux fiches de notes proposées.

Une société qui s'urbanise

Urbanisation
1. a.
b.
c.
Citer?
d.
2. Evolution
a.

 n 1921, les citadins sont devenus majoritaires au QUEBEC. La crise de 1929–30 semble d'abord donner raison à ceux qui rêvent encore d'une société rurale mais la fin de la Seconde Guerre mondiale accélère le processus d'urbanisation. Cinq
5   Québécois sur six habitent maintenant la ville.

L'évolution a été progressive. En 1851, 80% de la population était rurale: huit Québécois sur dix vivaient à la campagne. Trente ans plus

tard, elle se montait encore à 75%. En 1901, elle avoisinait 62%. Dans
la décennie suivante, elle perd encore 7%, et arrive à (48% en 1921). Les

10 recensements de (1931, 1941 et 1951) reflètent un pourcentage assez
stable de 33%–35%. Mais en (1961), il ne reste plus qu'un quart des
Québécois en milieu rural. L'évolution continue à progresser: en 1981,
la population rurale est tombée à deux Québécois sur dix. Aujourd'hui,
elle est de un sur six.

b.

c.

d.

1851–1990

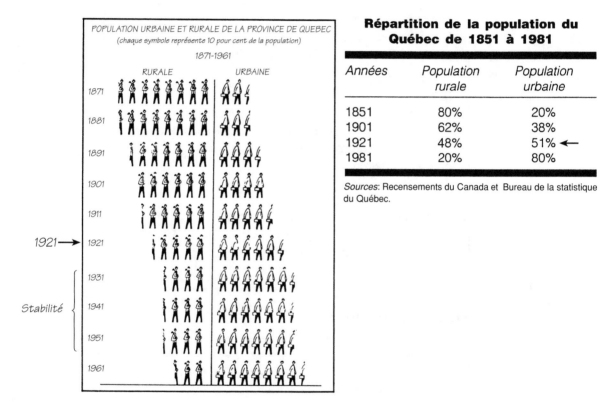

POPULATION URBAINE ET RURALE DE LA PROVINCE DE QUEBEC
(chaque symbole représente 10 pour cent de la population)
1871-1961

RURALE   URBAINE

1921 →
Stabilité

Répartition de la population du Québec de 1851 à 1981

Années	Population rurale	Population urbaine
1851	80%	20%
1901	62%	38%
1921	48%	51% ←
1981	20%	80%

Sources: Recensements du Canada et Bureau de la statistique du Québec.

Analyse

Annotation du texte.

1. **Sujet.** Quel mot-clé résume le mieux le sujet du texte? A quoi correspondent les dates 1851–1990 inscrites dans la marge? La date 1990
   paraît-elle dans le texte sous une forme différente?
2. **Repérage des idées principales et des données secondaires.** Qu'est-ce
   que le premier paragraphe met en relief? Quels signes la lectrice
   utilise-t-elle pour repérer visuellement l'idée principale et les données secondaires?

Qu'est-ce que le second paragraphe met en relief? A quoi corres-pondent en particulier les lettres a, b, c, d dans la marge du deu-xième paragraphe?

3. Dans le tableau de gauche, à quoi correspondent les figurines qui portent un sarcloir sur l'épaule? Et celles qui portent une serviette? Quelles années en particulier la lectrice met-elle en relief?

Deux fiches de notes

Fiche 1: notes écrites

Françoise Tétu de Labsade. *Le Québec: un pays, une culture.*
Montréal/Paris: Boréal/Seuil, 1990. 68–69

L'URBANISATION DU QUÉBEC DE 1851 À 1990
1) —1921: citadins majoritaires
    —crise de 1929–1930 arrête urbanisation
    —mais fin de Seconde Guerre mondiale accélère processus
    —1990: 5 Québécois sur 6 habitent ville
2) Evolution progressive
    —1851: 80% population rurale
    —1921: 48%   "   "
    —1931, 41 et 51: 33–35% (stabilité)
    [2 causes: Dépression et guerre de 1939–45?]
    —1961–1990 25% → 16,6%

Fiche 2: notes illustrées

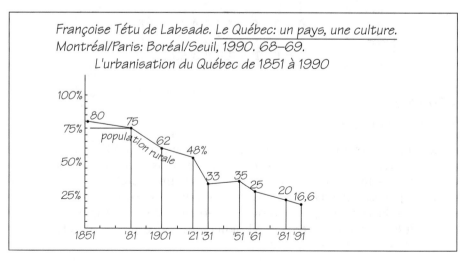

Françoise Tétu de Labsade. *Le Québec: un pays, une culture.*
Montréal/Paris: Boréal/Seuil, 1990. 68–69.
L'urbanisation du Québec de 1851 à 1990

Rue de Québec en automne

Analyse

Les fiches de lecture. Une bonne fiche de lecture doit vous permettre de retrouver sans problème le titre ou l'article d'origine. Ces fiches donnent-elles des références complètes?

1. Comparez le titre de l'extrait et le titre choisi pour les fiches. Pourquoi la lectrice a-t-elle choisi un titre légèrement différent?

2. Comparez les deux fiches proposées.

3. En ce qui concerne la fiche 2, le graphique de la lectrice est-il meilleur ou moins bon que les documents fournis par F. Tétu de Labsade? Pourquoi?

Mise en application

Le texte suivant analyse un aspect de la vie de famille en France. Annotez-le pour le prendre en note.

LA MAISON, REFLET DE SES OCCUPANTS
La maison remplit pour les Français une triple fonction. Elle est d'abord le lieu privilégié de la vie de la famille. Elle constitue ensuite

un cocon protecteur par rapport aux menaces extérieures. Les Français sont en effet de plus en plus sensibles aux risques et inconvénients liés à l'environnement de leur logement (bruit, voisinage difficile, cambriolage, etc.). Enfin, elle est un moyen d'expression de la personnalité de chacun. Le mobilier, la décoration, les objets, les équipements de toute nature sont une façon d'affirmer son identité et ses goûts. C'est pourquoi le pouvoir d'achat ne suffit plus pour prédire les attitudes à l'égard du logement.

D'après Gérard Mermet, *Francoscopie* (Paris: Larousse, 1993)

1. Identifiez l'idée principale du passage et faites un repère dans la marge. Quels mots du texte vous aident à trouver les idées secondaires? Entourez-les et dans la marge en face, codez les idées secondaires correspondantes.
2. Quel est le rôle des phrases 4 et 6? Est-ce qu'elles donnent des conséquences, des exemples, des causes?
3. Choisissez un type de fiche, et en trois minutes mettez vos notes par écrit. Relisez le texte et vérifiez vos notes.

4. Mise en commun (trois étudiants): comparez vos fiches. Puis ensemble faites une fiche qui reprend les meilleures idées.

xpressions utiles

Pour abréger des mots fréquents, on peut:

1. supprimer les voyelles

bcp	beaucoup
cf.	comparer, voir (ex.: cf. chapitre I, voyez le chapitre I)
NB	notez bien, faites attention
qd	quand, lorsque
qq'1	quelqu'un
qqch	quelque chose
qqx	quelquefois
svt	souvent
tj	toujours

2. garder la première syllabe ou les premières lettres d'un mot
[ATTENTION! Le contexte doit être clair.]

av.	avant (av. J.-C., avant Jésus-Christ)
ap.	après (ap. 2de G. mond., après la Seconde Guerre mondiale)
càd	c'est-à-dire, autrement dit, en d'autres termes
co	comme (comparaison ou cause)
concl.	conclusion

ex.	exemple
fe	femme
ho	homme
id.	idem, la même chose
intro.	introduction
p-ê	peut-être
la Fr.	la France
fr.	français
US	américain (l'industrie US = l'industrie américaine)
les USA	les Etats-Unis d'Amérique

3. remplacer un suffixe fréquent par une lettre ou un trait

     ^{t} <u>-ment</u>: tel^t = tellement

     t_   <u>-tion</u>: nat_ = nation; addit_ = addition

4. employer des signes conventionnels

c/o	chez, ou sous la responsabilité de (adresse)
"	mêmes mots que dans la ligne au-dessus; idem
+	plus, et (l'été + l'hiver; + grand)
−	moins, sans (− important; la Fr. − Paris)

Stratégies et modèles 2

Vous avez appris à identifier les idées principales et les idées secondaires dans des mini-développements. Quand vous voulez prendre en note un texte long, la compréhension de son organisation générale devient cruciale. Ce sont les grands mouvements d'idée, les divisions qui structurent les données qui vous importent, pas les détails. Comment les repérer?

Identifier les grands blocs de sens qui organisent le texte

En général, l'auteur a organisé et préparé son texte avec soin. Il s'est servi de structures et d'indices d'organisation que le lecteur peut reconnaître sans peine.

Dans un livre, consultez la table des matières. Vous verrez aussitôt le plan qu'a suivi l'auteur. Vous trouverez aussi dans quelle partie ou chapitre s'insèrent les pages que vous voulez prendre en note.

La grande majorité des textes se compose d'une **introduction, d'un développement** (la partie qui traite le sujet en profondeur et démontre la thèse annoncée dans l'introduction) et d'une **conclusion.**

Identifier l'organisation du développement

Bien que dans les développements plus longs et suivis, les possibilités d'organisation soient nombreuses, vous constaterez cependant que certains types d'organisation sont beaucoup plus fréquents que d'autres. On peut distinguer trois grands groupes.

1. La structure hiérarchique explicite numérotée ou typographique

Elle est typique des textes qui analysent ou défendent un point de vue (textes argumentatifs).

Indices de structure hiérarchique explicite

Introduction/préambule

Définition du problème, énoncé de la thèse ou de l'approche

Développement

I. Idée principale numéro 1
   A. Preuve; observation; argument en faveur de l'idée
   B. Autre preuve; observation; argument en faveur de l'idée
   C. 3e preuve; observation; argument en faveur de l'idée
      1. exemple 1
      2. exemple 2
         a. détail de l'exemple
         b. détail de l'exemple
         c. autre détail de l'exemple
      3. exemple 3
Transition annonçant la nécessité d'examiner l'idée principale 2

II. Idée principale numéro 2
   etc.

Conclusion

Résumé puis conclusion proposée par l'auteur

Dans une structure classique comme celle-ci, les blocs de sens sont clairement identifiés. Souvent, un titre descriptif annonce le sujet. Vos notes peuvent alors suivre la même forme: vous voyez tout de suite la hiérarchie des parties du sujet traité.

2. La structure hiérarchique implicite: les indices sont des mots-clés insérés dans le texte

Beaucoup d'auteurs suivent une structure classique, avec introduction, développement et conclusion. Mais ils omettent les mots **Introduction** et **Conclusion,** et ne donnent pas de sous-titres. Pour indiquer la structure de leur développement, ils choisissent des mots-clés qui signalent les étapes successives de leur raisonnement d'une façon plus subtile. En apprenant à repérer ces indices de structure, vous pouvez identifier les rapports logiques qu'ils introduisent. Beaucoup de ces indices vous sont familiers et vous les reconnaîtrez facilement.

Indices de structure hiérarchique implicite

Adverbes ou locutions d'ordre de présentation

>   d'abord, puis, ensuite, encore, enfin
>   en premier lieu, en deuxième lieu, en troisième lieu, pour
>   terminer
>   d'une part, d'autre part, par ailleurs, enfin
>   non seulement (ceci), mais aussi (cela)

Adjectifs ou pronoms permettant une énumération de catégories

>   le premier (jour, argument, problème), le deuxième..., un
>   autre..., un autre... encore, un dernier...
>   certains (pensent que), d'autres..., une minorité...
>   ceux qui..., ceux qui, au contraire,...; d'autres...

Divers adjectifs qualifiant un même nom (ou un synonyme) pour désigner des sous-catégories

>   les causes politiques, les causes sociales, les causes culturelles
>   les conséquences immédiates, les effets à long terme

---

3. Le développement libre: pas de mots-clés mais une articulation logique basée sur des rapports facilement reconnaissables

Les textes à développement libre sont caractérisés par une absence de repères d'organisation évidents (chiffres, lettres, titres et sous-titres, mots insérés). Ce sont les plus fréquents de tous les textes que nous lisons ou écoutons. Ils ne sont pas plus difficiles à comprendre que les autres parce qu'ils comportent presque toujours les trois blocs classiques: introduction, développement et conclusion.

Pour reconnaître l'organisation du développement, pensez aux divisions simples et fréquentes que vous percevez presque automatiquement dans votre langue maternelle. En voici plusieurs exemples.

Indices de structure logique dans un développement libre

Organisation sérielle

L'auteur présente, l'une après l'autre, les caractéristiques de son sujet.

> Sujet: L'agriculture. Ordre sériel: les cultures, l'élevage, la vigne, les fruits, les légumes, les fleurs.

Organisation temporelle

> L'auteur peut distinguer des périodes en employant des adverbes de temps (avant; de nos jours; à l'avenir); des notations de dates, de siècles, de périodes (au Moyen Age, sous Louis XIV, après la Révolution, avant la Première Guerre mondiale)

Organisation spatiale

> Des différences de lieu peuvent aussi structurer un développement: ici; ailleurs; en France; aux Etats-Unis

Organisation basée sur une suite logique

1. fait—analyse ou opinion

   > 75% des Français déjeunent à la maison. (FAIT)
   > Certains experts pensent que ce chiffre est plus élevé que la réalité. D'autres études pourtant confirment ces statistiques. (OPINION)

2. prévision—réalité (faits réels)

   > Il y a dix ans on prévoyait que 60% des Français déjeuneraient sur leur lieu de travail en l'an 2000. (PREVISION)
   > La réalité risque d'être différente si l'on s'appuie sur les statistiques récentes. (REALITE)

3. assertion générale (théorie)—exemples

   > Le déjeuner à la maison reste sacré en France. (ASSERTION GENERALE)
   > La plupart des femmes qui travaillent rentrent chez elles pour déjeuner et faire déjeuner leurs enfants. Tous les midis,

Caroline C. passe chercher ses filles à l'école et les ramène à 13h 30. (EXEMPLE)

4. exemples, observations—assertion générale

La plupart des femmes qui travaillent rentrent chez elles pour déjeuner et faire déjeuner leurs enfants. (EXEMPLE)
Le déjeuner à la maison reste sacré en France. (ASSERTION GENERALE)

5. hypothèse—expérience—résultat

Au départ, nous voulions vérifier la théorie proposée par X. (HYPOTHESE)
Les trois expériences que nous avons menées prouvent au contraire que le régime alimentaire des Français n'explique pas pourquoi ils souffrent moins souvent d'accidents cardiaques que les Américains. (EXPERIENCE)
L'argument central de la thèse de X est donc très affaibli, mais il reste à expliquer les faits. (RESULTAT)

Codifier les rapports logiques entre idées

Des symboles courants peuvent vous aider à indiquer de manière schématique des rapports logiques qui unissent ou distinguent des idées. Ils vous font économiser plusieurs mots de description et ils sont faciles à noter en marge d'un texte. Ils vous aideront aussi à identifier les articulations logiques des textes. En voici plusieurs exemples.

Symboles de rapports logiques

$\neq$ opposition (malgré, en dépit de, bien que)

// parallélisme, ressemblance

$\leftrightarrow$ correspondance

$\odot$ point de vue de telle ou telle personne

$\leftarrow$ idée d'une cause, d'une provenance

$\rightarrow$ idée d'une conséquence, d'un effet

$\nearrow$ en augmentation, en croissance, en progression

$\searrow$ en diminution, en perte de vitesse

Observation

Dans cet extrait de discours, Bernard Pons, député d'un parti politique français, le R.P.R. (Rassemblement Pour la République), décrit le soutien conditionnel («exigeant») que son parti allait donner au programme proposé par le premier ministre de l'époque, M. Edouard Balladur.

De la tribune, un député s'adresse à l'Assemblée nationale

ais notre soutien sera exigeant. Il le sera d'autant plus que ce qui est en jeu, ce n'est pas seulement le redressement économique et social du pays, mais notre conception de la démocratie, de l'Etat républicain, de la nation et de
5 l'Europe.

Il s'agit, d'abord, de notre conception de la démocratie. Une majorité introuvable[1] comme celle-là crée des droits et des devoirs. Nous aurons avec vous le devoir de prendre en charge les aspirations de celles et de ceux qui n'ont pas d'expression parlementaire, de respecter
10 scrupuleusement les minorités, politiques, économiques et sociales, et de faire preuve de[2] mesure et de tolérance, car nous souhaitons que notre démocratie soit un modèle en la matière.

Il s'agit aussi de notre conception de l'Etat républicain.

Les Français, écœurés[3] par le climat délétère[4] des affaires et par la
15 légèreté avec laquelle a été garantie la séparation des pouvoirs, souhaitent un Etat impartial, une séparation des pouvoirs, des hommes politiques honnêtes, une vraie transparence des décisions publiques, enfin, une redécouverte du «bien commun».

Il s'agit également de notre conception de la nation une et indivisi-
20 ble. Si nous sommes aussi attachés à la décentralisation, à la diffusion des responsabilités, à un équilibre du territoire, à un nouvel aménagement rural, à une nouvelle conception des villes grandes, petites et moyennes, c'est parce que nous pensons que l'unité nationale s'en-

Introduction

I.

II.

Développement
Conception A
1 & 2
     ↓
   a.
   b.
   c.

Conception B
1. déception

2. souhaits

Conception C
1. programme
   a. b. c. d. e.

2. cause

1. majorité... majorité extraordinaire et inespérée   2. faire... démontrer   3. dégoûtés   4. asphyxiant, nuisible

racinera grâce à la prise de responsabilité de chacune et de chacun
25 d'entre nous. Il convient d'organiser une diffusion des responsabilités
qui pourra ensuite se décliner à travers le respect de l'autre et la
garantie de l'égalité des chances.

Il s'agit (enfin) de notre conception de l'Europe. Nous voulons une
Europe communautaire. Nous ne voulons pas d'une Europe passoire,[5]
30 d'une Europe libre-échange, d'une Europe qui se laisse aller.[6] Nous
voulons une Europe généreuse, ouverte au monde et qui soit capable
d'avoir une influence sur la situation dans les pays de l'Est. Permettez-
moi d'avoir une pensée particulière pour les Bosniaques, qui habitent
ce pays de l'ex-Yougoslavie et qui, actuellement, ne font que constater
35 la lâcheté des grands pays du monde.

Oui, nous voulons une Europe généreuse et ouverte au monde, par
rapport à l'Afrique, ce continent qui est actuellement en déclin et qui
n'attend qu'une seule chose de nous: un geste non pas de générosité,
mais simplement d'amitié, compte tenu de notre histoire.

40 Nous voulons une Europe forte de nos valeurs et capable de les faire
rayonner, en affirmant en particulier la dignité de la personne.

Oui, monsieur le premier ministre, notre soutien sera (d'autant) plus
exigeant (que) nous n'avons pas le droit d'échouer.

Assemblée nationale, Compte-rendu de la séance du 8 avril 1993

5. percée de trous   6. qui... qui renonce à se diriger, qui se décourage

Conception D

oui	non
a.	a.
b.	b.
c.	c.
d.	

e.	

*Conclusion
citer?*

Fiche de notes

Discours de Bernard Pons, Ass. Nat. 8/4/93

Soutien «exigeant» du RPR au Premier Ministre

Intro. { *Soutien «exigeant» parce que sont en jeu:*
             I.   redressement économique & social de la France
             *II. conception de A, B, C, D. (= philosophie politique/
                   idéologie du RPR)*

Développement
A. conception de la démocratie
   1. «majorité introuvable» a des droits

2. + devoirs:
    a. prendre en charge les non-représentés
    b. respecter minorités politiques, économiques + sociales
    c. faire preuve de mesure et de tolérance: être modèle démocratique
B. conception de l'Etat républicain
    1. régime précédent:
        a. «climat délétère des affaires»
        b. légèreté de la garantie de séparation des pouvoirs
    2. désir d'un Etat impartial, séparation des pouvoirs, honnêteté des hommes politiques, transparence des décisions, redécouverte du «bien commun»
C. conception de la «nation une et indivisible»
    1. programme   2. cause
        a. décentralisation
        b. diffusion des responsabilités   unité nationale «grâce à la
        c. équilibre du territoire   prise de responsabilité de
        d. nouvel aménagement rural   chacune et de chacun»
        e. nouvelle conception des villes
D. conception de l'Europe
    a. communautaire   ≠   pas Europe passoire
                            pas Europe libre-échange
                            pas Europe qui se laisse aller
    b. généreuse
    c. ouverte
    d. avec influence   ≠ pas Europe lâche
        sur pays de l'Est   (ex.: Bosnie)
        sur Afrique (en difficulté)
    e. forte de valeurs («dignité humaine»)
Concl. Soutien exigeant parce que «nous n'avons pas le droit d'échouer».

Analyse

A Sujet et organisation du passage. En vous appuyant sur les annotations en marge, identifiez les trois grands blocs de sens du texte. Quelle est l'idée principale du discours de M. Pons? Où la présente-t-il?

B Organisation du développement. Le développement traite-t-il les deux raisons annoncées dans l'introduction?

En vous appuyant sur les mots soulignés ou entourés, dites si l'auteur a suivi une structure hiérarchique explicite, une structure hiérarchique implicite ou un développement libre.

C La fiche de notes.

1. Quelle technique de présentation la lectrice a-t-elle employée pour faire apparaître l'organisation du développement dans sa fiche de notes?
2. Sous la section D, la lectrice a regroupé trois paragraphes. A-t-elle raison?

Mise en application

A Lisez ce passage en repérant les grands blocs de sens: introduction, développement, conclusion. En marge du texte, écrivez ces mots et indiquez avec un trait horizontal la séparation de ces grands blocs.

La diversité du paysage français et des conditions climatiques variées mais très favorables donnent à la France une véritable vocation agricole. Les terres cultivables couvrent plus de 60% du territoire. Les céréales, la betterave à sucre, les fruits et légumes, et la vigne placent la France parmi les cinq plus grands producteurs du monde. Dans les régions de plateaux et de montagne, c'est l'élevage qui domine. Il représente 55% de la production agricole française (viande, lait, beurre, fromage, œufs). Pilier de son économie, «or vert» de la France, l'agriculture place la France au premier rang des pays producteurs de l'Union Européenne. Deuxième producteur mondial pour les vins et les fromages, et troisième pour le beurre, la France travaille dur pour mériter sa renommée gastronomique!

D'après Jean-Louis Mathieu et Alain Mesplier,
Géographie de la France

Région d'Agen (Aquitaine): la récolte des prunes

1. Le texte a-t-il une structure hiérarchique explicite? une structure hiérarchique implicite? Ou est-ce un texte à développement libre?
2. Combien d'idées principales sont traitées dans le développement? Quels sont les mots principaux que vous pouvez souligner?
3. Combien de renseignements comprend la conclusion ici?

B Prenez une feuille de papier et faites une fiche qui indique:

1. les grands blocs de sens
2. les idées principales du développement
3. les différents points de la conclusion

 C Mise en commun. Avec un(e) camarade, échangez vos fiches. Vérifiez si la fiche que vous avez reçue restitue toutes les idées principales du texte, d'une façon claire. Quelles bonnes idées trouvez-vous dans la présentation ou dans les abréviations? Faites un commentaire critique constructif (points forts, points faibles et conseils). Après avoir échangé vos réactions avec votre camarade, apportez les corrections nécessaires à votre fiche.

vous d'écrire!

Sujet

Vous trouvez le texte suivant riche en informations. Vous décidez de le prendre en note.

La diversité régionale

'unité précoce de la France et l'uniformisation des modes de vie, liée à l'urbanisation et aux progrès de la circulation, n'ont pas empêché le maintien d'une grande diversité régionale. Bien que la départementalisation[1] date de plus de
5   deux siècles, le souvenir des divisions administratives plus anciennes est toujours présent dans les mémoires: on se dit encore volontiers Rouergat, Berrichon ou Saintongeais.[2]

1. séparation du territoire français en divisions administratives créées en 1790   2. Rouergat... habitant du Rouergue, du Berry et de la Saintonge (régions)

10   La personnalité régionale se traduit d'abord par l'usage fréquent d'une langue, d'un dialecte ou d'un patois original. C'est notamment le cas dans les régions périphériques, telles que la Corse, l'Alsace, le Pays Basque, la Bretagne... C'est aussi le fait de la plupart des départements et territoires d'Outre-mer, comme le rappelle, par exemple, le
15   créole antillais.

La richesse du folklore est un autre élément de la personnalité des régions. Quelque peu malmené durant la seconde moitié du XIXe siècle et la première moitié du XXe, il revient à l'honneur à la faveur des fêtes locales, activement soutenues par les jeunes. Les costumes ré-
20   gionaux retrouvent alors leurs lettres de noblesse, à l'image de la coiffe alsacienne ou bretonne, cette dernière étant encore portée quotidiennement par un certain nombre de femmes dans le Finistère. Il en est de même des danses, comme la bourrée auvergnate ou la sardane catalane, des jeux et de certains sports: c'est ainsi que le tir à l'arc[3] et le jeu
25   de fléchettes[4] ont conservé de nombreux adeptes dans le Nord, alors que le rugby et la corrida restent l'apanage[5] des villes méridionales, de Dax à Arles, et la pétanque, le sport le plus pratiqué du Midi.

La diversité régionale se manifeste également dans l'art culinaire. Née de la richesse des terroirs et de l'imagination fertile des grands
30   chefs, la gastronomie est une composante essentielle de la personnalité des régions et les habitudes alimentaires demeurent encore imprégnées de traditions. Il y a une France de la bière au Nord et à l'Est et une France du cidre en Normandie. De même, alors que l'Ouest privilégie l'usage de la crème et du beurre, le Sud recourt plus fréquem-
35   ment à l'huile d'olive. Chaque région s'honore de posséder des plats typiques, telles la bouillabaisse provençale, la choucroute alsacienne ou encore la potée auvergnate.[6] Quelques-uns misent sur la renommée de leurs fromages ou de leurs vins pour séduire le gourmet, à l'image de la plantureuse Bourgogne.

40   Enfin, la diversité régionale est toujours présente dans les paysages eux-mêmes, qu'il s'agisse des campagnes secrètes des pays de bocage de l'Ouest, des vastes étendues céréalières de Beauce ou de Brie, des villages alsaciens tapis[7] derrière leurs vergers et leurs remparts ou encore des lourds mas cévenols,[8] couronnés de leurs toits de pierres.

Jean-Louis Mathieu et Alain Mesplier, *Géographie de la France*
(Paris: Hachette, 1986)

3. tir... sport où on tire des flèches avec un arc   4. jeu où on lance des petites flèches à la main
5. spécialité unique   6. potée... plat composé de viande et de légumes bouillis   7. cachés et peu visibles   8. mas... fermes, maisons typiques des Cévennes ou de Provence

➤ **RG** 1*
Voix active, passive et
pronominale

Etapes de la prise en note

L'annotation du texte

1. Déterminez le sujet du texte et choisissez un titre informatif.
2. L'identification des blocs de sens. Dans la marge, repérez l'introduction, le développement et la conclusion. (Rappelez-vous que certains extraits n'ont pas de conclusion.) S'il y a lieu, identifiez les idées principales de l'introduction et de la conclusion: soulignez les mots importants et numérotez les idées secondaires.
3. L'organisation du développement. Le texte présente-t-il une structure hiérarchique explicite, une structure hiérarchique implicite ou un développement libre? (Si vous hésitez, revoyez **Stratégies et modèles 2**.) S'il s'agit d'une structure explicite ou implicite, entourez les indices d'organisation. S'il s'agit d'un texte à développement libre, remarquez les oppositions, les parallélismes, les liens logiques explicites ou implicites et notez-les.
4. Choisissez un type de notes qui vous convienne (notes écrites ou illustrées).

La prise de notes proprement dite

1. Commencez votre fiche en notant les références précises du passage, puis votre titre.
2. Pour que cet exercice d'entraînement soit valable, prenez des notes complètes: thèse, idées principales, idées secondaires, exemples et détails. Employez des procédés typographiques, numériques, ou des mots pour restituer l'organisation du texte.

La révision personnelle

Relisez le texte pour vérifier que vos notes correspondent bien au sens du texte. Mettez en relief ce que le texte met lui-même en relief: pensez à employer des accolades, des symboles logiques, ou à souligner des termes parallèles ou importants. Faites les ajouts nécessaires. La vérification est une étape importante parce qu'elle permet de corriger une erreur qu'on a faite en allant trop vite ou en comprenant mal l'importance d'une idée.

Corrections réciproques

Faites deux photocopies de votre fiche de lecture et échangez-les contre la fiche de deux camarades. Comparez les deux fiches au texte que vous avez annoté, en mettant vos réactions par écrit (en style télégraphique).

---

*Le sigle RG renvoie à l'un des neuf rappels grammaticaux à la fin du livre.

1. Les références et le titre apparaissent-ils distinctement?
2. Les notes restituent-elles les renseignements importants du texte? Quelles idées manquent? N'hésitez pas à relire votre texte annoté.
3. Y a-t-il des endroits (identifications d'idées par exemple) où vos camarades ont fait des choix différents? Qu'est-ce que vous en pensez? Quelle interprétation est plus fidèle au texte?
4. En lisant la fiche, comprenez-vous les rapports entre les différents blocs de sens du texte? Est-il nécessaire de les rendre plus clairs? Quelle suggestion pouvez-vous faire?
5. En résumé, quels sont les points forts et les points faibles de chaque fiche?

Révision personnelle et rédaction finale des notes

Après avoir discuté de vos réactions respectives avec vos camarades, apportez les corrections nécessaires à votre fiche.

1. Vérifiez à nouveau la précision de vos notes.
2. Enfin, en vous reportant aux corrections de langue (**Chapitre préliminaire**), vérifiez la correction orthographique et grammaticale de votre fiche de notes.

Le résumé de texte

La voiture de demain? Le prototype Eole de Citroën

Introduction

■ ▪ ■ ▪ ■ ▪ ■ ▪ ■ ▪ ■ ▪ ■ ▪ ■

ésumer un article, un discours, un livre, un film, ou ce qu'on a fait pendant la journée, c'est formuler en peu de mots l'essentiel de ce qu'on a lu ou de ce qui s'est passé. Quand on fait un résumé, on fabrique donc un équivalent verbal, économique et objectif qu'on peut sub-stituer à l'expérience intégrale dans une conversation (résumé oral) ou dans un travail écrit (résumé écrit, précis*).

Comme la fiche de notes, le résumé est un aide-mémoire qui sert à nous rappeler une expérience, une lecture, un film. Mais plus souvent encore, c'est un outil d'information et de sélection. Le résumé qui accompagne un article de journal, précède ou termine un chapitre de livre, ou bien paraît sur l'écran de l'ordinateur, nous informe de ce que traite le texte en question. Grâce à quelques mots, nous pouvons choisir de le lire ou de ne pas le lire en entier. Contrairement au compte rendu critique ou à l'essai personnel, le résumé reste purement informatif: on y évite soigneusement toute opinion personnelle ou appréciation critique.

Ce qui fait l'utilité et la valeur d'un résumé, c'est sa capacité à restituer le contenu essentiel de l'original qu'il résume. Dans le chapitre précédent, vous avez appris à repérer et à extraire les idées principales d'un texte. Vous allez maintenant vous entraîner à restituer ces idées sous une forme condensée qui reproduit le texte en abrégé.

*P*réludes

■ ▪ ■ ▪ ■ ▪ ■ ▪ ■ ▪ ■ ▪ ■ ▪ ■

A Association d'idées: termes spécifiques et termes englobants. Quand on fait un résumé, on essaie de regrouper les idées, les faits ou les exemples particuliers qui se rapportent au même sujet. On appelle **termes en-**

---

*précis: résumé d'un article ou d'une conférence, en un nombre limité de mots; *abstract*

globants les mots qui caractérisent et englobent plusieurs idées ou exemples spécifiques. Le mot **siège**, par exemple, caractérise et englobe les mots **chaise** et **fauteuil** qui sont plus spécifiques.

TERME ENGLOBANT

siège

EXEMPLES SPECIFIQUES

banc d'école
canapé
chaise
fauteuil
pouf
tabouret

Avec un(e) camarade, trouvez le plus rapidement possible des exemples pour les termes englobants suivants.

TERME ENGLOBANT

EXEMPLES SPECIFIQUES

les panneaux publicitaires

1. les médias

_____

_____

_____

la ponctualité

2. les qualités humaines

_____

_____

_____

la fondation d'une famille

3. les étapes de la vie

_____

_____

_____

réduire les impôts

4. les promesses électorales

_____

_____

_____

Mise en commun. Dès que deux groupes ont terminé, les quatre participants comparent leurs résultats. Les groupes restants se réunissent aussi à quatre et comparent leurs listes.

B Reconnaître un terme englobant. Souvent, lorsqu'un auteur énumère des cas particuliers, il emploie un terme englobant avant ou après la liste qu'il fait.

Dans les extraits suivants, pouvez-vous identifier et souligner quel mot ou quelle expression l'auteur a employé(e) pour remplacer l'énumération indiquée? Pouvez-vous proposer un synonyme ou une autre façon de communiquer la même idée?

1. Les vitrines de Noël? Un casse-tête pour les grands magasins qui démarre dès le mois de février, après le Salon du jouet de Nuremberg. Un an pour choisir produits et thèmes, puis les différents intervenants: maquettistes, décorateurs, menuisiers, peintres, électriciens, étalagistes. C'est le grand déploiement d'énergie... pour les créations originales.

David Dufresne, *Libération*, 22 décembre 1994

2. Jean-Claude Dehix est parfait. Parfait dans son rôle de marionnettiste, dans son allure savamment négligée (jean délavé, pull, veste bleue, front dégagé, sourire en suspens), avec ses outils de travail qu'il range dans sa poche revolver (bobines de fil Nylon, aiguilles, ciseaux) ou sa mallette (pinces, tournevis, colle). Parfait dans son rôle de perfectionniste. A 45 ans, Jean-Claude Dehix est le roi des vitrines animées des Grands Magasins parisiens.

David Dufresne, *Libération*, 22 décembre 1994

Décoration de vitrine aux Galeries Lafayette

3. La lutte contre l'exclusion—sous toutes ses formes: par le chômage, la maladie, le handicap, l'âge, l'absence de diplôme, la drogue, l'alcoolisme, etc.—doit devenir, réellement, une priorité nationale.

Franck Nouchi, *Le Monde*, 22 décembre 1994

C Trouver soi-même des termes englobants. D'abord, regardez l'exemple suivant qui regroupe des mots selon un point commun.

EXEMPLE:

simultané contemporain postérieur une époque révolue un anachronisme la futurologie	Ce sont des mots qui situent le temps de quelque chose par rapport à autre chose dans le passé, le présent ou l'avenir. Point commun: rapports de temps
une heure un siècle une année-lumière une seconde une décennie un mois	Ce sont des termes qui identifient des mesures de temps. Point commun: unités de mesure du temps

Maintenant, regroupez les mots de la liste ci-dessous et à la page 49 en quatre ensembles. Définissez chaque ensemble par un point commun.

1. Essayez d'abord, pendant trois minutes, en cachant les suggestions proposées dans la colonne de droite. Si vous avez trouvé un ou deux groupes, continuez avec le cache: vous êtes sur la bonne voie.
2. Si vous hésitez, regardez les cinq premières suggestions de droite et essayez à nouveau.

MOTS A REGROUPER	POINTS COMMUNS SUGGERES
ailleurs	a. le monde de l'édition
«Bouillon de culture»*	b. des outils
au bout du monde	c. la presse écrite
une bûche de Noël	d. les effets d'une récession
un chômeur	e. des indications de lieu
un compte rendu	f. des professions nouvelles
la crise de l'emploi	g. la rentrée scolaire
une dinde aux marrons	h. des spécialités traditionnelles des
un emploi à temps partiel	Fêtes
un écrivain	
ici et là	
un magazine littéraire	
des mandarines	

*une émission littéraire le vendredi soir, à la télé

une maison d'édition
une nouvelle
nulle part
partout
des salaires en baisse
des sans-abri*
des truffes en chocolat

D Rédiger en économisant des mots. Pouvez-vous remplacer les groupes de mots soulignés par un ou deux mots? Attention, la transformation entraîne parfois des modifications d'articles, de place des mots. Comptez le nombre de mots économisés.

MODELE: Le fait que vous soyez timide va vous gêner dans votre profession. →Votre timidité (2 mots au lieu de 6)

1. Il connaît peu de gens qui suivent des cours à la Faculté de médecine.
2. L'homme qui conduisait l'automobile est sain et sauf.
3. Mes parents, ma soeur, mes deux frères et moi habitons dans un petit appartement.
4. Il était difficile de faire un choix satisfaisant.
5. Elle a fait une longue énumération des qualités de ce jouet.
6. Ceux qui ne savent pas l'alphabet ne peuvent pas lire ni écrire.

telier d'écriture

Dans cet atelier, nous nous fixons comme objectif de résumer un texte au quart (¼) de sa longueur. Qu'il s'agisse de textes d'entraînement ou de textes beaucoup plus longs, les mêmes stratégies s'appliquent: comprendre, sélectionner ce qui est essentiel et rédiger de façon concise.

Stratégies et modèles 1

Cette première étape consiste à comprendre un texte et à en faire le plan d'ensemble.

---

*des personnes qui n'ont pas d'abri ou de logement

Comprendre le texte et en repérer les articulations principales

Lisez le texte en l'annotant. Dégagez rapidement:

■ le sujet et la thèse. Soulignez les mots importants et notez dans la marge ceux qui désignent le mieux le sujet.

■ les grandes parties. Soulignez les mots-clés. Dans la marge, faites le plan schématique des idées principales et secondaires.

■ les articulations logiques et les liens entre les parties. Notez les oppositions, les changements, les paradoxes, etc. (Revoyez au besoin les indices d'organisation du développement libre dans le chapitre précédent.)

Résoudre les difficultés rencontrées

Elucidez les difficultés de compréhension que vous avez rencontrées en travaillant chaque partie.

■ Expressions ou mots inconnus. Elucidez le sens des mots ou des expressions dont le sens ne vous semble pas clair.

EXEMPLE: **l'accroissement.** Réfléchissez, trouvez la racine probable du mot (**accroître**), pensez à des mots de la même famille que vous connaissez (**croissance économique**). Utilisez le contexte. Vérifiez le mot dans le dictionnaire.

■ Syntaxe difficile. Repérez les énumérations. Pensez qu'un verbe peut avoir plusieurs sujets différents (par exemple, a, b, c et d ont confirmé...). Remettez dans l'ordre habituel les phrases où le sujet et le verbe sont inversés. Vérifiez le sens d'une forme peu familière. (Par exemple, **tout en étant surprise** signifie **bien qu'elle soit surprise; Qu'on le veuille ou non** indique que tout le monde n'est pas satisfait par l'observation qui suit.)

■ Idée difficile. Quand l'auteur ne donne pas d'exemple d'une idée importante mais peu claire ou trop abstraite, imaginez vous-même un exemple pour bien comprendre le point de vue de l'auteur.

Faire le plan d'ensemble du texte

1. Sur une feuille de brouillon, notez en résumé chaque niveau d'argument que vous avez dégagé en annotant le texte.
2. Concentrez-vous, successivement, sur chaque grande partie du texte. À l'aide de vos annotations, résumez les idées essentielles. Faites des phrases simples et claires; servez-vous de vos propres mots.

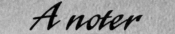
A noter

Ne confondez pas l'idée essentielle et le développement de cette idée!
D'ordinaire, dans un paragraphe bien organisé, la présentation de l'idée
principale s'accompagne d'un développement. Retenez l'idée mais éliminez la reprise de l'idée chaque fois qu'aucune information importante ne
la qualifie.

EXEMPLE

On constate paradoxalement que le bonheur
d'être Français est mieux apprécié à l'étranger
qu'en France. Les Français ne sont pas toujours
conscients de l'attirance qu'exercent leur pays
et leurs modes de vie sur beaucoup d'étrangers,
comme en témoigne ce dicton allemand qui dit
d'un homme comblé[1] qu'il est «heureux
comme Dieu en France».

Gérard Mermet, *Francoscopie 1993*

RESUME SUR FEUILLE
DE BROUILLON

*Paradoxe: Les
étrangers
apprécient mieux
la chance d'être
Français que les
Français.*

[1]très satisfait

Les petits bonheurs de la vie en France

3. Selon le cas, éliminez ou résumez les détails illustratifs et les exemples:

■ Si les détails et les exemples illustrent mais n'apportent rien de plus aux idées, éliminez-les.

■ S'ils complètent les idées ou s'ils remplacent l'énoncé explicite d'une idée, vous devez résumer leur apport. Ainsi, certains exemples ajoutent quelque chose à une idée exprimée: des valeurs positives ou négatives, un sens de l'histoire du problème ou de son urgence, etc. Identifiez ce quelque chose et qualifiez l'idée avec un adjectif approprié.

4. Vous pouvez aussi noter des réflexions ou des questions que vous avez. Pensez à les coder de façon particulière (entre crochets [ ], avec un gros point d'interrogation, en changeant de crayon). Posez vos questions au professeur avant de faire votre résumé.

Observation

Lisez le texte puis comparez-le au plan d'ensemble qui le suit.

L'image de la France

I. Aspects négatifs

   1. orgueil, élitisme

   2. climat politique actuel

   3. presse

II. Aspects favorables

   1. Réussite économique, capacité technologique

Pour beaucoup d'étrangers, l'image de la France reste marquée par des stéréotypes: un orgueil national démesuré; un peuple élitiste et râleur;[1] un Etat plus intéressé par la culture que par l'économie (hors le vin, la haute couture et les parfums). La montée de l'extrême-droite, la succession des «affaires»,[2] l'accroissement des inégalités et les attitudes parfois déroutantes dans la politique extérieure les ont confirmés dans l'image d'un pays où il fait encore bon vivre mais où il est difficile de séjourner. La presse britannique et, plus récemment, allemande, ne perdent d'ailleurs pas une occasion de dénoncer les errements[3] et les contradictions d'un voisin qu'ils jugent difficile.

Mais l'image comporte d'autres facettes, plus favorables. La communauté internationale décerne dans son ensemble un brevet de bonne gestion[4] à la gauche, tout en étant surprise que ce soit elle[5] qui ait inscrit la France dans la compétition capitaliste internationale. Certains, comme les Italiens, envient la capacité française à mettre en œu-

---

[1]mécontent, qui se plaint *(fam.)* [2]scandales politiques ou financiers [3]ici, hésitations (errer: avancer sans direction ni but) [4]brevet... des compliments pour sa politique économique [5]tout... la communauté internationale est surprise que ce soit la gauche

vre des grands projets <u>technologiques</u> comme le TGV, Ariane, le Minitel ou même les centrales nucléaires.

20   Qu'on le veuille ou non, «l'exception française» existe toujours; elle peut se résumer par une prétention à l'universalité. Impression entretenue par certains <u>intellectuels</u> (Serres, Baudrillard, Lévy, Girard...), qui refont leur apparition après une période d'éclipse, ou les «<u>French Doctors</u>» (Médecins sans frontières, Médecins du 25 monde), qui ont réussi à imposer le débat sur un droit d'ingérence humanitaire.[6]

Enfin, le succès reconnu des grandes <u>manifestations</u> comme le bicentenaire de la Révolution de 1789 ou les Jeux Olympiques d'Albertville montre que la France peut être à la fois fidèle à ses <u>traditions</u> et <u>moderne</u> dans ses réalisations. (285 mots)

Gérard Mermet, *Francoscopie 1993*

[6]ingérence... intervention dans d'autres pays, non sollicitée, pour des raisons humanitaires

2. présence intellectuelle et médicale

3. manifesta- tions cultu- relles

Tradition et futurisme: la cérémonie d'ouverture des Jeux Olympiques d'hiver à Albertville, 1992

Plan d'ensemble du texte

Sujet: Image de la France à l'étranger

I. *Aspects négatifs*

1. *Beaucoup d'étrangers ont des stéréotypes négatifs, traditionnels de la France.*

2. *Le nouveau climat politique et social confirme qu'il «fait encore bon vivre» en France (si on est Français) mais qu'il est difficile d'y rester à long terme si on est étranger. [Peur de l'extrême-droite? peur de révoltes sociales? Pas clair.]*

3. *La presse britannique et la presse allemande dénoncent le manque de cohérence de ce voisin «difficile». [Implication: la France irrite ses partenaires politiques.]*

II. *Aspects favorables*

1. *La communauté internationale reconnaît:*

    a. *la bonne gestion économique de la gauche; mais elle est surprise*

    b. *sa compétitivité internationale (la réussite de grands projets technologiques)*

2. *«L'exception française» continue: «prétention à l'universalité». [Idée abstraite: les exemples suggèrent que les intellectuels et les médecins analysent des problèmes importants, universels: idées philosophiques; questions humanitaires.]*

3. *La France est fidèle à ses traditions culturelles (Révolution, Jeux Olympiques) mais elle les célèbre avec des moyens modernes.*

Analyse

A Identification du sujet et plan du texte. Sur quels mots du texte le lecteur s'est-il appuyé pour formuler le sujet? Etes-vous d'accord avec sa division du texte en deux parties (partie I = premier paragraphe; partie II = les trois autres paragraphes)?

B Plan de chaque partie. Expliquez les titres que le lecteur a donnés à chaque partie.

La partie I: Combien d'idées le lecteur a-t-il retenues? Comparez son plan au premier paragraphe du texte original.

1. Qu'est-ce qu'il a éliminé dans son résumé de la première phrase? A votre avis, pourquoi a-t-il utilisé les adjectifs **négatifs** et **traditionnels**?

2. Quels mots le lecteur a-t-il choisis pour résumer les quatre sujets du verbe «ont confirmés»? Pouvez-vous proposer d'autres choix possibles?

La partie II. Combien d'aspects favorables le lecteur a-t-il retenus?

1. Quelles informations le lecteur a-t-il éliminées en résumant le paragraphe qui commence par «Mais l'image... »? Approuvez-vous ses choix?

2. Diriez-vous plutôt que l'exemple des intellectuels et des médecins illustre l'idée d'«exception française» ou qu'il permet au lecteur de réfléchir et de trouver l'idée implicite?

3. Comparez la phrase II.3 du plan au texte original. Le lecteur a-t-il gardé ou éliminé les exemples? A-t-il raison ou tort de mettre entre parenthèses les mots «Révolution, Jeux Olympiques»?

C En conclusion, après une relecture du plan d'ensemble, trouvez-vous qu'il restitue bien ou mal, ou d'une façon médiocre, l'essentiel du texte de Gérard Mermet? Expliquez votre opinion.

Mise en application

A Lisez et annotez ce texte pour en faire le plan.

Après avoir été longtemps «centripète» (elle tendait naturellement à ramener en son centre l'ensemble de ses membres), la société française est aujourd'hui «centrifuge». Elle tend au contraire à rejeter ceux qui ne peuvent se maintenir, par manque de formation, de santé ou de combativité. Beaucoup de Français se sentent personnellement menacés par ce risque de marginalisation. (58 mots)

Gérard Mermet, *Francoscopie 1993*

B Compréhension des idées essentielles.

1. Quelle phrase résume le mieux l'idée présentée par le paragraphe?
   a. La société française est devenue centrifuge.
   b. Aujourd'hui, les Français ont peur d'être marginalisés.

2. Faut-il ou non garder la définition du mot **centripète**? Pour traduire l'évolution, quels verbes pourrait-on substituer à **est aujourd'hui: sembler, devenir, commencer à être**?

3. Est-ce que le texte emploie une expression englobante pour désigner ceux qui manquent «de formation, de santé ou de combativité»? Cherchez vous-même plusieurs mots englobants appropriés.

C Elucidation des difficultés.

1. Comprenez-vous le sens du mot **centrifuge?** Quelle racine commune trouve-t-on dans les mots suivants: **fugitif, fuir, fugace, fébrifuge?** Définissez le mot **centrifuge** en vous servant des deux racines qui le composent.

2. Le mot **marginalisation** se rattache-t-il à la tendance centripète ou centrifuge de la société française? Expliquez.

D Plan d'ensemble. Faites par écrit le plan du passage. Trouvez l'idée principale et résumez-la. Décidez s'il faut résumer des renseignements supplémentaires.

E Mise en commun. Comparez votre plan avec celui d'un(e) camarade. Ensemble, proposez le plan que vous jugez le meilleur.

Stratégies et modèles 2

Au cours de la rédaction de votre résumé, deux principes doivent vous guider: la concision et l'objectivité.

Choisir la longueur du résumé

■ Calculez le nombre de mots autorisés. Pour résumer un texte au quart de sa longueur, comme convenu dans cet **Atelier d'écriture**, divisez le nombre de mots du texte par quatre. Ajoutez et soustrayez 10% à ce nombre idéal pour obtenir la fourchette acceptable.

EXEMPLE: Pour un texte de 300 mots, le résumé idéal aura 75 mots (300/4 = 75). Avec une marge de tolérance de ± 10%, la fourchette acceptable est de 68 à 82 mots.*

■ Respectez les proportions du texte. Afin de donner une image fidèle du texte, répartissez le nombre de mots autorisés en tenant compte de la longueur de chaque partie.

EXEMPLE: Introduction, 10 mots; Développement, 55 mots; Conclusion, 12 mots.

Donner un résumé fidèle du texte

Pour faire un résumé objectif, respectez l'ordre des parties et donnez une image directe du texte. Autrement dit, reproduisez le système d'énonciation du texte. Employez:

■ la même personne grammaticale que le texte original (Ainsi pour résumer un texte à la troisième personne, reprenez le sujet du texte. Par contre pour un texte à la première personne, employez le «je» de l'auteur.)

---

*Un mot est défini comme une lettre ou une suite de lettres séparées de la suivante par un blanc, par un signe de ponctuation (, ; . ! ?), par un trait d'union (ex: pense-bête = 2 mots) ou par une apostrophe (ex: l'hôtel = 2 mots). Selon cette convention, «c'est-à-dire» = 4 mots; «l'» = 1 mot.

- les mêmes temps pour les verbes et les mêmes références temporelles
- le même niveau de langue, le même ton et le même style.

N'ajoutez rien au texte: n'ajoutez ni verbes d'énonciation (par exemple: L'auteur déclare que..., montre que...), ni commentaire personnel sur le texte. Vous ne devez inclure aucun jugement sur les idées du texte, aucune appréciation critique de quelque sorte qu'elle soit. Utilisez tous les mots dont vous disposez pour restituer un équivalent objectif, en miniature, du texte.

EXEMPLE: Texte: «Cette liberté, je l'ai cherchée bien loin; elle était si proche que je ne pouvais pas la voir, que je ne peux pas la toucher, elle n'était que moi. Je suis ma liberté.»—Jean-Paul Sartre, *Le Sursis*

Résumé fidèle: Cette liberté, trop proche pour être visible ou tangible, c'était moi.

Résumé insatisfaisant: L'auteur comprend que sa liberté est en lui.

Rédiger une ébauche complète

L'art du résumé consiste à restituer les idées en les condensant.

- Pour vous entraîner, reprenez votre plan du texte et traitez chaque partie comme une unité de sens. Soulignez les mots les plus importants de chaque partie et mettez entre parenthèses ce qui doit être éliminé.

- Mentalement, faites plusieurs essais de phrases résumantes par partie. Notez les meilleures phrases et passez aux parties suivantes.

- S'il y a des idées qui peuvent être regroupées, trouvez le point commun qui les caractérise. Cherchez des noms englobants, des adjectifs, des verbes, qui permettent de combiner plusieurs exemples.

EXEMPLES

1. Les Français aiment bien vivre, manger, boire, prendre un verre avec des amis à la terrasse d'un café. →

MOTS ENGLOBANTS ET SYNONYMES: «bons vivants», «épicuriens»

2. Les Français ont un orgueil démesuré, ils sont élitistes, râleurs, ils sont fiers de leurs produits de luxe et se jugent supérieurs. →

MOTS ENGLOBANTS ET SYNONYMES: «les défauts stéréotypés» des Français, leur «fameuse suffisance»; «l'élitisme culturel» ou «la culture élitiste»

3. La montée de l'extrême-droite, la succession des «affaires», l'accroissement des inégalités →

MOTS ENGLOBANTS ET SYNONYMES: «le nouveau climat politique», «la crise politico-sociale actuelle», «les risques de fragmentation sociale», «l'érosion morale d'une société de droit», etc.

- Relisez les phrases résumantes que vous avez notées. Soulignez en couleur celles qui résument le mieux chaque partie. Votre première ébauche est complète.

Reformuler en condensant

■ Remplacez une expression à plusieurs mots par un signe de ponctuation.

Les deux points (:) remplacent des locutions comme «c'est-à-dire, en d'autres termes, autrement dit». Les deux points remplacent aussi l'expression de la cause.

La presse est critique: c'est son rôle.

Le point d'interrogation. Posez directement une question au lieu d'employer le discours indirect.

Ils se demandent s'ils seront marginalisés. (discours indirect) → Seront-ils marginalisés? (question directe)

■ Remplacez les noms composés, les locutions verbales, les conjonctions ou les prépositions en plusieurs mots par des synonymes plus courts:

avoir peur de qqch.   →   craindre qqch.
s'inquiéter de qqch.   →   appréhender qqch.

■ Choisissez un adverbe au lieu d'un complément avec préposition (si vous hésitez, vérifiez le mot dans le dictionnaire):

d'une façon méthodique → méthodiquement
Du début du XVIIe siècle à la fin de la Première Guerre mondiale → autrefois; jusqu'en 1918; pendant trois siècles

■ Remplacez une négation par une affirmation:

Il ne faut plus nourrir d'espoirs inutiles. → Il faut cesser d'espérer.
Le renard ne fait pas confiance au petit prince. → Le renard se méfie du petit prince.

➢ **RG 1**
Verbes: voix active, passive et pronominale

■ Transformez le passif en actif:

L'impression est entretenue par certains intellectuels. → Certains intellectuels entretiennent cette impression.

Préparer la version finale

■ Vérifiez l'objectivité de vos ébauches en les relisant et en les comparant au texte et à votre plan d'ensemble.

➢ **RG 2**
L'infinitif

■ En combinant les meilleurs choix de rédaction que vous avez, ou en trouvant, si nécessaire, une formulation préférable, rédigez la version finale de votre résumé.

■ Comptez les mots que vous avez employés et comparez le résultat au nombre autorisé. Si vous avez trop de mots, cherchez quels mots vous pouvez éliminer ou trouvez une autre façon de traduire l'idée en moins de mots. Si vous n'avez pas atteint le nombre idéal, restituez un complément d'information qui importe.

■ Vérifiez votre résumé en rendant un lien logique plus clair, en éliminant les mots inutiles et en remplaçant un mot peu informatif par un synonyme plus approprié.

Observation

Voici deux résumés de l'extrait sur l'image de la France (page 52).

Deux résumés de texte

Résumé 1

Beaucoup d'étrangers ont des stéréotypes traditionnels négatifs de la France. De plus, le nouveau climat politique et social confirme la difficulté d'y séjourner. La presse britannique et allemande dénonce régulièrement ce voisin difficile. (35 mots)

Une image plus favorable existe aussi. La communauté internationale reconnaît la bonne gestion du pays et sa compétitivité technologique. La France réussit aussi par son influence intellectuelle et humanitaire universelle. Enfin elle célèbre avec modernité ses traditions culturelles. (38 mots)

Résumé 2

L'image de la France souffre de stéréotypes traditionnels que confirme le nouveau climat politique et social, défavorable aux étrangers en séjour prolongé. La presse britannique et allemande dénonce constamment les contradictions de ce voisin difficile. (36 mots)

Du côté positif, la communauté internationale reconnaît la réussite économique et technologique de la France, l'importance de ses intellectuels et de ses médecins à l'échelle mondiale, et sa capacité à organiser des manifestations culturelles modernes. (37 mots)

À noter

Dans certains cas, vos professeurs peuvent exiger que vous remplaciez aussi souvent que possible les mots du texte original par des mots de votre propre choix. Il faut alors systématiquement chercher des synonymes.

Analyse

A Longueur et fidélité du résumé.

1. Selon une réduction au quart de l'original, le résumé doit avoir environ soixante et onze mots (285/4 = 71,2), ± 3. Les deux ébauches suivent-elles la consigne? La répartition des mots correspond-elle à l'importance relative des parties du texte?

2. L'ordre des parties et le système d'énonciation du texte sont-ils respectés dans les deux résumés proposés? Est-ce que le choix de la troisième personne du singulier du présent est justifié? Le lecteur a-t-il ajouté des verbes d'énonciation ou un jugement personnel?

B Rédaction du résumé. Comparez le premier paragraphe des deux résumés.

1. Comment les aspects négatifs de l'image de la France sont-ils résumés? Quels mots en particulier traduisent cette idée?

2. Comment est traitée la difficulté pour les étrangers de séjourner en France? Dans le résumé 2, le lecteur met en apposition au nom **climat** la qualification: «défavorable aux étrangers en séjour prolongé». Expliquez en quoi cette qualification est nécessaire.

3. Quels adverbes le lecteur a-t-il trouvés pour caractériser les dénonciations fréquentes de la presse britannique et allemande? Quels mots du texte original sont repris ainsi?

C Comparez le deuxième paragraphe des deux résumés. Quel verbe permet dans le résumé 2 de regrouper les trois aspects favorables de l'image de la France?

D Relisez les deux résumés et dites lequel vous préférez. Expliquez pourquoi. Pourriez-vous l'améliorer? Comment?

Mise en application

A Lisez ce passage, puis soulignez-en les mots importants et mettez entre parenthèses les informations redondantes.

Le bonheur est souvent approché et mesuré par le biais du bien-être économique, qui ne saurait pourtant être confondu avec lui. L'argent ne fait pas le bonheur, dit le proverbe, mais il semble bien qu'il y contribue largement. Ainsi, lorsqu'on compare l'indice de satisfaction des Européens avec leur degré de développement économique (qui conditionne le pouvoir d'achat), on observe une assez forte corrélation entre les deux indicateurs.

Gérard Mermet, *Francoscopie 1993*

1. En relisant les mots que vous avez soulignés, faites une phrase (de 10 à 20 mots) pour restituer le sens de ce passage.
2. Comparez votre phrase aux deux résumés suivants.

Résumé 1: Pour les Européens, le bonheur est fortement lié au développement économique. (11 mots)
Résumé 2: Bien que les Européens distinguent le bonheur du bien-être économique, leur pouvoir d'achat reflète leur satisfaction. (18 mots)

Quelles différences et quelles ressemblances observez-vous?

1950-1980 : le pouvoir d'achat doublé

Evolution des salaires nets annuels moyens (en francs courants) et de leur pouvoir d'achat (en %, calculé à partir de francs constants) :

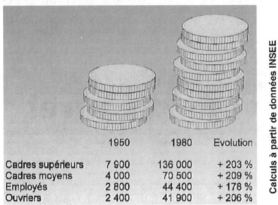

	1950	1980	Evolution
Cadres supérieurs	7 900	136 000	+ 203 %
Cadres moyens	4 000	70 500	+ 209 %
Employés	2 800	44 400	+ 178 %
Ouvriers	2 400	41 900	+ 206 %

Calculs à partir de données INSEE

Source: *Francoscopie 1995*

B Lisez le passage suivant, puis trouvez-en l'idée principale.

Molière n'a pas été seulement un homme de théâtre, un homme de combat, l'époux d'une actrice qui a trop fait parler d'elle, le plus grand des écrivains du XVIIe siècle en France. A tous ces titres il a été abondamment, admirablement, décisivement commenté. Il a été, encore et surtout, poète comique.

Marcel Gutwirth, *Molière* (1966)

1. Quel mot englobant récapitule, dans le passage, les différents rôles de Molière?
2. Faites une phrase qui résume ce passage.
3. Mise en commun. Comparez votre résumé avec celui d'un(e) camarade.

C Rédigez le résumé du texte sur la France centrifuge (page 55).

1. Relisez le texte et reprenez votre plan d'ensemble et votre première ébauche.

2. Déterminez la longueur désirée. Le texte comporte 58 mots. Avec une réduction au quart, combien de mots le résumé idéal aura-t-il: 20, 14 ou 7 mots?

3. Reformulez de façon concise. En vous appuyant sur votre ébauche, rédigez en condensant l'information que vous avez retenue. Eliminez les mots inutiles.

4. Vérifiez l'objectivité de votre résumé en relisant le texte original. Rédigez votre version finale.

5. Comptez le nombre de mots et faites les améliorations nécessaires.

6. Mise en commun. Tournez-vous vers un(e) camarade et échangez vos brouillons. Notez vos réactions à son brouillon. Discutez vos réactions respectives et utilisez-les, si nécessaire, pour corriger votre résumé.

vous d'écrire!

Sujet

Dans votre cours de civilisation, le professeur vous a demandé de faire un rapport de lecture où vous résumez trois articles sur la société française. Parmi vos choix se trouve l'étude suivante sur l'espérance de vie (± 450 mots). Faites-en le résumé en suivant la consigne de réduction au quart (± 10%) à laquelle vous vous êtes entraîné(e).

L'espérance de vie des Français

e «sexe faible» est en fait celui qui vit le plus longtemps. Plus de trois quarts des personnes âgées de plus de 85 ans sont des femmes. Avec un peu plus de 8 ans de vie supplémentaire par rapport aux hommes, les Françaises sont

5   d'ailleurs les championnes d'Europe (l'écart est de 6 ans en moyenne pour les pays de la Communauté européenne).

Les raisons de la plus grande longévité des femmes sont difficiles à cerner avec précision. Elles tiennent pour une part à un risque inférieur de mourir d'un accident (au travail, sur la route, en pratiquant un sport, etc.), du fait d'une vie plus sédentaire, de métiers présentant moins de risques et d'activités de loisirs moins dangereuses. Entre 15 et 35 ans, 80 % des victimes de la route sont des hommes. Les femmes sont en outre trois fois moins touchées par le suicide que les hommes. Elles sont peut-être aussi plus résistantes dès les premières années de la vie, on constate que les filles sont moins fragiles que les garçons (leur mortalité infantile est d'ailleurs inférieure).

Mais l'une des causes essentielles semble être une moindre consommation d'alcool et de tabac que les hommes. Les femmes sont beaucoup moins nombreuses, en proportion, à mourir d'une cirrhose du foie (2 916 contre 6 725 en 1990) ou d'un cancer du poumon (2 812 contre 18 805). Les tumeurs liées au tabagisme et à l'alcoolisme provoquent neuf décès d'hommes pour un décès de femme.

Enfin, on constate que les femmes sont mieux suivies médicalement que les hommes (par le biais de la contraception et des maternités) et qu'elles ont mieux profité des progrès sanitaires.

Plus on est âgé et plus on a de chances de vivre longtemps. De toutes les inégalités, celle-ci est sans doute la moins choquante. Le bon sens incite à penser que les risques de décès à 20 ans (accident, maladie, guerre, etc.) sont plus élevés que ceux que l'on court à 60 ans, après avoir traversé sans encombre 40 années supplémentaires. Il est donc logique que l'âge moyen probable de décès des personnes âgées soit plus élevé que celui des jeunes.

L'accroissement de l'espérance de vie a moins profité aux hommes de 25 à 35 ans, qui sont davantage concernés par les accidents de la circulation, les suicides et le sida. Les hommes âgés de 55 à 65 ans ont été également plus touchés par les cancers.

Aujourd'hui, un nouveau-né de sexe masculin a une chance sur cinq de fêter son 85e anniversaire et le double s'il est de sexe féminin.

Parmi les hommes actifs, les plus favorisés sont les enseignants, les professions littéraires ou scientifiques et les ingénieurs ; entre 35 et 75 ans, leur mortalité est deux fois plus faible que celle de l'ensemble des hommes. A l'opposé, celle des manœuvres est double de la moyenne. Entre ces catégories extrêmes, la hiérarchie des longévités reproduit celle des professions (laquelle est fortement corrélée aux diplômes).

45 Les écarts s'expliquent par des facteurs de risque différents entre les catégories professionnelles. Les membres des professions manuelles sont beaucoup plus souvent victimes d'accidents du travail que les autres. Ils ont aussi plus fréquemment des modes de vie pouvant entraîner des décès prématurés. Enfin, la surveillance médicale et les ef-
50 forts de prévention sont moins développés dans ces catégories sociales.

En dehors des risques spécifiques, ce n'est pas le fait d'exercer un certain métier qui explique une espérance de vie plus ou moins longue, mais l'ensemble des répercussions que ce métier implique sur le style de vie en général: consommation de tabac et d'alcool, qualité de l'ali-
55 mentation, poids, sédentarité, fatigue, etc.

Gérard Mermet, *Francoscopie 1993*

Etapes de la rédaction

Annotation du texte et plan d'ensemble

1. Repérez les articulations principales du texte pour bien le comprendre.

   - Quel est le sujet de cet extrait? Est-ce que l'auteur développe une thèse particulière?
   - Combien de grandes parties distinguez-vous? Notez-les dans la marge.
   - Quels liens opposent ou rapprochent les différentes parties?

2. Relisez chaque partie pour trouver quels renseignements il faut retenir, et quels renseignements vous devez éliminer.

   - Quel est le sujet principal de chaque partie? Quelles sont les idées secondaires et quels rapports ont-elles avec l'idée principale? Résumez chaque idée en une phrase. Notez les différentes idées, puis trouvez des termes englobants ou des synonymes.

3. Eliminez les exemples qui n'apportent rien en les mettant entre parenthèses. S'il y a des exemples qui complètent une idée ou en remplacent l'énoncé, notez leur apport en choisissant plusieurs mots qui conviendraient pour en tenir compte.

4. Résolvez les difficultés de compréhension que vous avez rencontrées.

   ■ Quels mots ou quelles structures gênent votre compréhension?
   Le contexte permet-il de les résoudre? Vérifiez le sens des mots
   dans le dictionnaire, la structure dans une grammaire.

   ■ Y a-t-il des passages peu clairs, des idées abstraites mal expli-
   quées? Essayez de les élucider.

5. Faites le plan d'ensemble du texte, à partir du plan que vous avez
   noté dans la marge, et résumez chaque niveau d'arguments.

Rédaction du résumé

1. Longueur et fidélité du résumé. Calculez le nombre de mots autorisés: divisez le nombre total de mots du texte par quatre.

   ■ Répartissez le nombre de mots disponibles en fonction du
   nombre de parties tout en tenant compte des proportions du
   texte.

   ■ Suivez l'ordre du texte et le système d'énonciation. Quelle
   personne grammaticale et quel temps verbal allez-vous
   employer?

> **RG 1**
Verbes: voix active, pas-
sive et pronominale

2. Rédaction du premier brouillon

   ■ Faites des phrases qui regroupent les idées en fonction du nombre de mots que vous avez à votre disposition.

   ■ Pensez à employer des termes englobants, des synonymes infor-
   matifs.

   ■ Choisissez et soulignez les phrases qui forment le meilleur
   brouillon.

> **RG 2**
L'infinitif

3. Rédaction du résumé et révisions personnelles

   ■ Vérifiez l'objectivité de votre brouillon en le comparant au texte
   original.

   ■ Comptez les mots et faites les corrections nécessaires.

   ■ Vérifiez la correction orthographique et grammaticale de votre
   résumé en vous servant du **Guide de correction de langue**.

Corrections réciproques

Faites deux photocopies de votre résumé et échangez-les contre les résumés
de deux camarades. Comparez leur résumé respectif au texte original et à
votre plan d'ensemble. Notez par écrit (en style télégraphique) vos réactions aux questions suivantes.

- Le résumé est-il objectif dans sa forme? Autrement dit, les proportions et le système d'énonciation du texte y sont-ils respectés?

- Le résumé restitue-t-il objectivement le sens du texte? Autrement dit, restitue-t-il toutes les idées principales ou remarquez-vous un oubli important?

- L'expression est-elle concise et informative? Quelle formulation trouvez-vous particulièrement:
  réussie?
  peu claire, ambiguë, prêtant à confusion?
  peu informative?
  peu économique, trop longue?

- En résumé, quels sont les points forts et les points faibles de chacun des deux résumés?

Voir le **Guide de corrections réciproques** (Chapitre préliminaire).

Rédaction finale du résumé

- Après avoir discuté de vos réactions respectives avec vos camarades, apportez les corrections nécessaires à votre résumé.

- Vérifiez à nouveau l'objectivité et la longueur de votre résumé.

Enfin, en vous reportant au **Guide de corrections de langue** (Chapitre préliminaire), vérifiez à nouveau la correction orthographique et grammaticale de votre résumé.

Chapitre 3

Le texte d'information

Acheteurs se documentant avant une vente
aux enchères à Drouot Montaigne

67

Introduction

O n appelle textes d'information les textes qu'on écrit pour présenter, de façon objective, un sujet (intéressant, important, d'actualité, amusant, etc.) qu'on croit peu ou mal connu. L'auteur nomme et définit le sujet en cause; il en expose et circonscrit les aspects importants, met en lumière les avantages, les limites ou les risques que le lecteur peut y trouver; il donne le bilan et conclut en suggérant à quel avenir le sujet semble promis.

A la différence des textes écrits pour persuader (par exemple, les textes qui expriment des opinions, les textes de propagande, la publicité), le texte d'information s'apparente plutôt aux entrées d'encyclopédie, aux pages d'un manuel ou aux articles d'information d'un journal. L'auteur y a pour but de présenter de manière aussi objective et complète que possible les connaissances qui correspondent aux besoins ou à la curiosité de son lecteur.

Techniques, historiques, scientifiques, artistiques, sociaux, tous les sujets se prêtent à des exposés de type informatif: le mode d'emploi d'un Cuisinart, un nouveau virus, l'art préhistorique des grottes du Sahara, la peinture sur soie, un village de pêcheurs du Sénégal, les élections en Côte-d'Ivoire, les règles du baseball.

*P*réludes

A Flash d'information.

1. Pensez à deux sujets que vous connaissez bien, qui vous intéressent et qui pourraient intéresser vos camarades de classe. Ce peut être une forme de loisirs, un nouveau produit, une question d'actualité, un problème de société. Sur une feuille de production d'idées, réfléchissez à la manière d'intéresser quelqu'un qui ne connaît rien au sujet: quelles informations faut-il lui donner? Quel aspect va attirer son attention, stimuler son intérêt? Prenez des notes autour du mot, et préparez-vous à faire une présentation d'une minute. Le but

est d'intéresser votre partenaire à un sujet qu'il ou elle connaît moins bien que vous. Il ne s'agit pas de le/la persuader de vos opinions, mais simplement de transmettre des informations.

2. En groupe de deux, choisissez le sujet de votre partenaire que vous connaissez le moins et demandez-lui de vous le présenter. A la fin de sa présentation, posez-lui quelques questions. Ensuite renversez les rôles.

B Puzzle verbal: le marché d'Aligre le dimanche. Voici neuf extraits, donnés dans le désordre, d'un article sur le marché d'Aligre. Lisez-les en cherchant un ordre logique pour les organiser.

1. Prêts à faire le ménage, deux camions-poubelles *(garbage trucks)* attendent, pour avancer, que les premières tables soient enlevées. De part et d'autre, en uniforme vert, les éboueurs ramassent les cartons vides.

2. Dès 7 heures du matin, la fièvre s'empare de la rue, de la place et du petit marché couvert d'Aligre.

3. Quand arrive midi, il ne reste que quelques étalages *(displays)* vides que les commerçants se hâtent de ranger en servant les derniers clients.

4. Parmi les saluts amicaux et les ordres lancés dans toutes les langues du bassin méditerranéen, les garçons-livreurs *(delivery boys)* déchargent les cartons de salades, d'oranges, de bananes.

5. Peu à peu, les enfants du quartier réapparaissent. Une partie de football commence à un bout de la rue. D'autres font des tours en bicyclette. Des mamans promènent leur bébé, surveillant de l'œil les jeunes cyclistes.

6. Il n'y a pas moins de monde dans les crémeries, devant les étalages de poisson, dans les boucheries françaises, arabes ou kascher, ou dans les drogueries qui bordent les trottoirs.

7. Impatients de vendre, les marchands appellent les clients vers leurs étalages savants de fruits et de légumes. «Mangez, mangez des mandarines! Dix francs les trois kilos!» «Allez, Monsieur, goûtez!» «Elles ont tout le soleil de la Corse!»

8. A 10 heures, la foule est à son comble. Les ménagères se fraient *(clear)* difficilement un chemin en poussant avec leurs chariots et leurs cabas les touristes aux yeux incrédules.

9. En fin de parcours, le personnel de nettoyage inspecte le travail, ramasse le dernier fruit écrasé.

En vous servant des numéros, indiquez dans quel ordre vous arrangeriez ces extraits pour avoir un texte bien organisé.

ORDRE DES EXTRAITS: *2* _____

Mise en commun. En groupe de deux, comparez vos résultats et expliquez-les. Décidez ensemble quels passages vous pourriez regrouper en un paragraphe (entourez les numéros des passages que vous regrouperiez). Combien de paragraphes auriez-vous en tout?

Le texte original comporte les cinq extraits supplémentaires qui suivent. Lisez-les et, à deux, trouvez après quel passage ils devraient logiquement être insérés. Indiquez l'ordre de toutes les phrases (1-14).

ORDRE DES EXTRAITS: _____

10. La rue leur appartient. En attendant l'arrivée des premières livraisons à l'aube de mardi, c'est leur terrain de jeux, leur lieu de promenade, leur espace à eux.

11. «Où est-ce que je mets les pommes, Ahmed?» «Quatorze caisses de pommes de terre! La plus belle de Bretagne!» «Et les fraises, Mario? Tu les veux à côté des carottes?»

12. Deux voitures de lavage, elles aussi d'un vert pimpant, aspergent d'eau la rue et les trottoirs, chassant les détritus devant elles.

13. Mission terminée: les services de propreté s'en vont, la rue retrouve son calme.

14. Etabli depuis des siècles, entre la place de la Bastille et celle de la Nation, c'est le marché le plus pittoresque et le moins cher de Paris.

C Le jeu des définitions (en groupes de trois). Chacun à leur tour, les joueurs définissent quelque chose que les autres doivent identifier. Le but est de faire identifier le plus de mots possibles en un temps donné (cinq minutes). Le gagnant est celui dont les définitions auront obtenu le plus d'identifications (une identification = 1 point). A vous donc de définir vos mots de façon claire et concise! Pour avoir une partie complète, faites trois tours de table. Si un joueur propose un mot déjà suggéré, il est pénalisé de deux points.

Pensez à des objets ou à des activités connus et définissez-les de façon claire et concise pour que vos partenaires les reconnaissent très vite.

MODELE: C'est un accessoire, composé d'un manche et de cordes très dures, avec lequel on lance et on renvoie la balle dans certains sports. → une raquette (de tennis ou de squash)

Pour démarrer, voici quelques idées: le basketball, des chaussures, le coton, un porte-mine, un dictionnaire, un modem, des skis.

xpressions utiles

Pour définir des objets

un accessoire avec lequel on *(+ verbe)*
un appareil qui permet de *(+ infinitif)*
un article de (sport, voyage, toilette, bureau)

un instrument qui sert à *(+ infinitif)*
un objet (usuel, rare)
un outil dont on se sert pour *(+ infinitif)*
un ustensile (de cuisine) avec lequel on *(+ verbe)*
un vêtement qui protège *(+ nom)*
un objet en (bois, en métal, en tissu, en cuir, en métal précieux)
une sorte de (planche, balle, etc.)
c'est un... composé de ...
c'est un... qui se compose de ...

Pour définir des activités

une activité de loisir
une danse
un passe-temps
un sport
un métier manuel, traditionnel, un nouveau métier
une profession juridique, artistique, etc.
une sorte de...

telier d'écriture

Stratégies et modèles 1

Choisir et explorer un sujet

Trouvez une question qui vous intéresse vraiment, que vous connaissez bien, et à laquelle vous souhaitez intéresser un public particulier (vos camarades de classe, des étudiants français qui vous ont invité[e] à présenter une communication, les lecteurs du journal de l'université, les habitants de votre région).

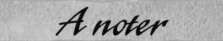

Rappelez-vous que pour être intéressant, un texte d'information doit présenter soit des informations qui méritent d'être connues parce qu'elles sont nouvelles, soit des informations qui valent la peine d'être rappelées— à l'occasion d'un changement imminent, d'une rétrospective, de l'anniversaire d'un événement important (les premiers pas sur la lune, le film *2001 Odyssée de l'espace*).

Pour démarrer, pensez à de grands domaines dans lesquels vous pouvez choisir des sujets spécifiques:

- Des aspects de la vie que vous connaissez ou observez autour de vous.

  EXEMPLE: vivre seul

- Des questions politiques, artistiques, littéraires qui méritent d'être examinées.

  EXEMPLE: le cinéma afro-américain depuis 1980

- Des domaines de recherche ou des formes de loisirs.

  EXEMPLE: les nouvelles fibres textiles

Ensuite, limitez votre sujet. Remplacez une approche globale ou générale, «vivre seul», par des spécifications précises (temporelles, géographiques, aspect d'un problème): «les personnes vivant seules en France aujourd'hui». Faites naître vos idées en écrivant spontanément tout ce que le sujet en question évoque pour vous ou pour d'autres.

Systématisez ensuite cette recherche. Pensez à diviser le sujet en parties, à poser des questions, à vous demander ce qui est intéressant, nouveau, positif, négatif.

Formuler une thèse préliminaire

Réfléchissez aux idées que vous avez notées au cours de la recherche systématique d'idées. Pensez surtout à la question «Qu'est-ce qui est intéressant?». Choisissez des aspects du sujet que vous pouvez relier de façon intéressante. Ordonnez-les et faites une phrase qui vous servira d'hypothèse de départ. Cette phrase ou thèse préliminaire est avant tout un instrument de travail—vous pourrez la garder ou la modifier plus tard. Pour le moment, son utilité est double: vous donner un principe d'organisation et guider votre recherche en la limitant à trois ou quatre aspects du sujet. En effet, il ne s'agit pas de traiter un sujet dans toutes ses dimensions: ce serait un projet trop vaste pour un exposé de quelques pages.

Observation

Voici un exemple de recherche systématique d'idées suivi de l'énoncé de deux thèses préliminaires. Le sujet choisi est les gens qui vivent seuls en France aujourd'hui. Observez les rubriques que l'auteur a retenues pour explorer différents aspects de son sujet et préparer ses recherches. Voyez comment l'auteur réutilise plusieurs de ces rubriques pour formuler des exemples de thèse préliminaire.

Vivre seul

Les faits

combien?

qui?

quel âge?

où? (villes, campagne, Paris?)

quelle situation de famille? (divorcé?)

quelle sorte de logement? (studio?)

depuis quand?

Illustration

exemples? (situation et âge différents)

Les causes

traditionnelles?

nouvelles?

Les effets

plan social: nombre de logements, prix des
   loyers?

plan médical: coût des soins
   (physiques, psychologiques)?

plan économique: plus grande richesse/
   pauvreté des personnes seules?

consommation accrue: quels domaines?

Comparaison et contraste

phénomène semblable partout?

pour tous?

différences?

pourquoi?

Les sources possibles d'info

recensements de la population

statistiques de l'INSEE*

le journal, des revues

Qu'est-ce qui est intéressant?

changement à observer? (augmentation,
   diminution, persistance?)

des conséquences à considérer?

des décisions à prendre?

des besoins nouveaux?

Analyse

Les gens vivant seuls sont-ils
   heureux/malheureux?

Cela produit-il une autre sorte de ville?

Comment réagissent les urbanistes?

---

*L'Institut national de la statistique et des études économiques (INSEE) publie beaucoup d'études qu'on peut trouver en bibliothèque.

➤ **RG** 3
Les participes

Thèses préliminaires possibles

1. Reflétant la montée de l'individualisme, l'augmentation rapide du nombre de personnes vivant seules en France crée un problème de logement que les urbanistes n'ont pas prévu.
2. Loin en tête de la France, la moitié des Parisiens vivent seuls mais ce mode de vie, autrefois causé par la mort d'un époux, devient de plus en plus fréquent dans l'ensemble du pays.

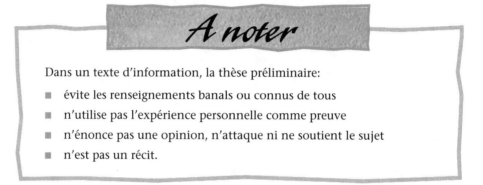

À noter

Dans un texte d'information, la thèse préliminaire:

■ évite les renseignements banals ou connus de tous

■ n'utilise pas l'expérience personnelle comme preuve

■ n'énonce pas une opinion, n'attaque ni ne soutient le sujet

■ n'est pas un récit.

Analyse

A La recherche d'idées. Sous quelles rubriques générales l'auteur a-t-elle regroupé ses questions? Quelle progression logique pouvez-vous reconnaître dans les rubriques de gauche? Qu'est-ce que l'auteur a réservé pour la colonne de droite? Expliquez l'importance des rubriques: «Qu'est-ce qui est intéressant?» et «Analyse».

B La thèse préliminaire

1. Quel problème nouveau la thèse 1 met-elle en valeur? Quelle est la cause suggérée? Sur quel aspect du sujet la thèse 2 se concentre-t-elle? Quels sont les deux changements que l'auteur retient ici?

2. En travaillant la rédaction de sa thèse principale, l'auteur a rejeté ces deux autres possibilités. Pouvez-vous expliquer pourquoi?

   a. «Le dernier recensement montre qu'il y a des personnes qui vivent seules à Paris et à la campagne.»
   b. «Dans l'ensemble je crois que les personnes qui vivent seules font marcher l'économie: ma grand-mère et ses amies possèdent presque toutes des appareils ménagers (réfrigérateurs, machines à laver) et des voitures particulières.»

Mise en application

A En dix minutes, individuellement, trouvez le plus d'idées possibles sur un des thèmes suivants. Pour systématiser votre recherche d'idées, créez des rubriques dans lesquelles vous pouvez regrouper vos questions.

1. les repas surgelés prêts à manger
2. le basket ou le football au lycée (aux Etats-Unis)
3. l'amitié
4. les parcs, ou un parc, de votre région
5. (un sujet de votre choix)

➤ **RG** 3
Les participes

B En groupe de deux, mettez vos idées en commun et proposez deux thèses préliminaires intéressantes pour chaque sujet.

C Décidez quelle est la thèse la plus intéressante pour chaque sujet. Communiquez vos résultats à la classe.

Stratégies et modèles 2

Recenser ses connaissances et se documenter

Comme on en sait souvent plus sur un sujet qu'on ne croit, pensez d'abord à recenser vos connaissances en incluant toutes les sources que vous avez à votre disposition: notes de cours, lectures faites dans une autre matière, vidéo sur le sujet, expérience personnelle. Le plus rapide est de prendre vos notes à l'ordinateur et de les numéroter. Tapez avec soin les citations qui vous paraissent particulièrement riches en informations et notez soigneusement les références.

Discutez aussi de votre sujet avec vos amis et avec votre famille. En expliquant vos idées, vous verrez à quoi ils s'intéressent. Servez-vous des questions qu'ils vous poseront pour rendre vos idées plus claires et pour chercher des renseignements complémentaires nécessaires.

Complétez cette recherche d'idées et de données en consultant en bibliothèque ou «en ligne» les banques de données réputées, les revues spécialisées, les articles appropriés.

En faisant vos recherches, pensez à repérer quelques exemples particulièrement illustratifs. Prenez aussi soigneusement en note les données (les chiffres, les noms, les dates, etc.) qui vous aideront à documenter tel ou tel aspect de votre sujet.

Faire le plan schématique de l'exposé

Reprenez la phrase qui constituait votre thèse préliminaire. Comparez-la aux renseignements que vous avez rassemblés. Décidez si elle vous satisfait ou si vous devez la modifier. Ne perdez pas de vue, cependant, les idées que vous avez déjà mises en place: demandez-vous comment l'aspect nouveau s'intègre à votre projet, quelle modification en rendrait compte.

Commencez votre plan schématique en prenant votre thèse comme introduction. Puis organisez vos données. Reprenez l'exemple de recherche systématique: **Faits, Illustration, Causes, Effets, Comparaison et Contraste (Observation,** page 73). Ecrivez une ou deux phrases pour chaque idée ou donnée importante.

Choisissez les informations que vous retiendrez en tenant compte du destinataire: niveau culturel, besoins, âge, genre de la publication. Tenez aussi compte de la longueur désirable: vous donnerez beaucoup moins de détails dans un article de cinq cents mots que dans un exposé exhaustif de dix pages.

EXEMPLE: Pour la thèse préliminaire 1 du thème «les gens qui vivent seuls en France aujourd'hui», vous pourriez avoir le plan suivant.

> **Introduction** (= thèse préliminaire). Reflétant la montée de l'individualisme, l'augmentation rapide du nombre de personnes vivant seules en France crée un problème de logement que les urbanistes n'ont pas prévu.

I. **Faits.** Entre 1982 et 1990, le nombre de personnes vivant seules en France a augmenté de 21%. Plus d'un logement sur quatre est occupé par un seul résident. 5,8 millions de personnes vivent seules.

II. **Illustration.** Aline et Hervé, la trentaine, divorcés depuis cinq ans, ont chacun un appartement, elle à Grenoble, lui à Lyon. Nicole M., sans enfants, vit le plus souvent seule à Paris; son mari, capitaine au long cours, ne passe que deux mois par an avec elle.

III. **Causes.** D'après les statistiques de l'INSEE, les enquêtes des sociologues et le sentiment général des psychologues, les Français sont plus individualistes aujourd'hui qu'il y a quinze ans.

IV. **Effets.** Il est presque impossible de trouver un logement à Paris, même en payant le prix fort: la moitié des logements sont occupés par des personnes vivant seules. On commence à observer le même phénomène au centre des grandes villes (Lyon, Marseille).

V. **Comparaison et contraste**. Le contraste principal est entre les centres urbains et les villes moyennes ou petites. Paradoxalement, les campagnes ont elles aussi beaucoup de personnes seules, mais la solitude y est le résultat de la mort d'un des époux. Le nombre d'hommes vivant seuls, traditionnellement plus faible que celui des femmes, est en augmentation.

VI. **Analyse.** En même temps que les logements deviennent plus rares et inabordables, la personnalité des grandes villes change. Comme il y a de moins en moins d'enfants, on a moins besoin d'écoles et de terrains de jeux. Les commerçants doivent aussi s'adapter. Vers quelle sorte de ville allons-nous? Faut-il réagir? Dans quel sens?

Décidez quelle idée peut vous servir pour la conclusion. Comme c'est votre dernière chance de persuader le lecteur que l'exposé méritait d'être présenté, choisissez un aspect qui fasse réfléchir le lecteur au présent et à l'avenir immédiat. De façon pratique, la section **Analyse** peut vous donner la matière de votre conclusion.

Observation

Depuis novembre 1994, le journal *Libération* comporte une section consacrée à la vie quotidienne, «Vous». L'article de Nicole Pénicaut est paru dans cette section.

La star polaire au firmament polyester

u départ elle était destinée au sport. C'était sa vocation. Puis, avec le temps, le prêt-à-porter s'y est intéressé. Du blouson au chausson,[1] en passant par le sweat-shirt, le pull-over à col roulé et même la robe, la fibre polaire a gagné du terrain
5   dans les penderies[2] en même temps qu'elle gagnait en légèreté, en imprimé[3] et en diversité. On ne bascule pas d'un coup des cimes,[4] où la portaient les alpinistes, à la rue, sans quelques ajustements, et cette fibre fait preuve d'une grande capacité d'adaptation.
      Son aspect moutonnant, voire légèrement frisotté, ne doit pas faire
10   illusion. La fibre polaire n'a pas été arrachée au[5] dos de quelques nordiques ovidés. Elle est née, il y a déjà plus d'une décennie, dans les laboratoires de Malden Mills, un groupe américain qui, avant de la vendre à Patagonia, Millet, Eider, Aigle ou l'Esquimau, s'était fait une réputation sur des culottes et des maillots de bain en laine. La seule parenté

[1]chaussure d'intérieur souple et chaude   [2]armoires, placards à vêtements   [3]motifs imprimés   [4]ne... ne tombe pas d'un sommet de montagne   [5]arrachée... tirée du, extraite du

15 qu'on pourrait lui concéder avec la laine de mouton est qu'elle tient chaud. C'est même sa caractéristique principale.

Ce n'est pourtant que du polyester, auquel on mélange parfois un peu de Lycra, de nylon ou de rayonne pour lui apporter une certaine élasticité.

20 Et le polyester n'est plus tout jeune. Avant de faire la gloire du tissu polaire, il a déjà fait celle des jupes plissées de pensionnaires[6] et des pantalons aux plis indéformables. Car sa qualité principale est d'être très discipliné. On lui donne une position, il n'en bouge pas. C'est la fibre qui reste dressée quand on la dresse. Le genre idéal pour obtenir le
25 gonflant[7] si caractéristique du tissu polaire qui va emmagasiner l'air— et donc la chaleur. Mais, comme le penchant naturel des fils,[8] quels qu'ils soient, est de rester couchés, la verticalité de la fibre polaire suppose de procéder à une série d'opérations de grattage et de rasage, qui distingueront une bonne laine polaire d'une mauvaise. De mouton-
30 nante, celle-ci peut en effet très vite devenir boulochante.[9] Mais il faudrait au client un œil d'expert pour pouvoir, au moment de l'achat, anticiper le pire. Si l'on en croit les fabricants, il n'y a pas d'autre solution pour s'assurer de la qualité de la maille polaire que de connaître par cœur le hit-parade des «bonnes maisons» et de s'assurer au revers
35 du produit que le nom de telle ou telle marque y figure. Tout un programme si l'on sait que l'invention de Malden a encouragé nombre de copieurs, des bons et des moins bons.

Une chose est commune en tout cas à l'ensemble des produits dits polaires, c'est leur hydrophobie. Contrairement au coton, le polyester
40 n'aime pas l'eau. Elle glisse sur lui. Si cela évite l'enchaînement mouillé-frissons[10] après l'effort et permet au vêtement de sécher rapidement, cela ne garantit pas contre les odeurs. Et, là aussi, tous les fabricants n'ont pas la délicatesse de prévoir le traitement antibactéries pour boulotter[11] les odeurs lorsque le tissu est porté à même la peau, ou en-
45 core la membrane spécifique qui permettra à la sueur de s'échapper vers l'extérieur, lorsque le tissu est un blouson ou quelque chose d'approchant.

Car la laine polaire se décline en autant de versions qu'il existe de couches et sous-couches de vêtements et donc d'utilisation. Ce
50 tissu polyvalent auquel rêvent les fabricants de fibres n'est pas encore

> **RG** 3
Les participes

---

[6]jupes... jupes à plis typiques des uniformes scolaires   [7]effet de volume, *fluffiness*   [8]*threads*   [9]qui fait des petites boules comme le fait la laine de mauvaise qualité   [10]enchaînement... réaction de transpiration (ou sueur) et de refroidissement causée par l'effort physique   [11]manger

pour demain. Même si Malden Mills, honneur à l'inventeur, annonce pour l'hiver prochain une nouvelle génération dont les propriétés seraient différentes sur le devant et sur le dos du tissu: la bipolaire. Encore plus chaude car elle captera plus d'air à l'intérieur. Encore
55 plus coupe-vent car elle sera tricotée plus serré, et, espérons-le, plus imperméable grâce à un traitement déperlant permanent[12] qui résisterait à plus de 30 lavages et sur lequel neige et pluie n'auront aucune prise.

L'objectif du fabricant est d'aller vers le toujours plus compact et
60 donc toujours plus léger tout en étant toujours plus chaud. Pour le sport bien sûr, cible privilégiée de la marque américaine, mais aussi pour le prêt-à-porter qui n'a pas fini de profiter des capacités de mémoire du polyester, en variant imprimés et coloris, et des facultés d'adaptation de la polaire. Pas difficile, celle-ci marie son polyester à
65 qui veut, fibres synthétiques ou naturelles. Les microfibres, qui donnent aux tissus la douceur de la soie, lui conviennent parfaitement. Ce sont elles qui donnent au polaire cet aspect «peau de chamois»[13] qu'on commence à trouver un peu partout.

Nicole Pénicaut, *Libération* (8 décembre 1994)

[12]traitement... traitement chimique durable   [13]aspect... lisse et velouté comme la soie ou comme la peau de chamois

Le coeur bien au chaud avec la fibre polaire

Analyse

A Le choix et l'intérêt du sujet pour le public

1. Quel est le sujet de cet exposé? A quelle sorte de public l'auteur s'adresse-t-elle?
2. Est-ce que l'article vous a intéressé(e)? Où, dans quels passages, avec quels mots, l'auteur réussit-elle à piquer votre curiosité?

B La formulation d'une thèse préliminaire

1. Pouvez-vous, à partir du texte, reconstituer certaines des questions que l'auteur s'est posées pour faire naître ses idées? Par exemple, à quelle question répond surtout le premier paragraphe: **qui? quoi?** ou **à quoi ça sert?**

2. En relisant le texte, finissez la phrase suivante pour avoir une approximation de la thèse préliminaire employée par l'auteur: «Autrefois réservée au sport, la fibre polaire a tant de qualités (chaude,...) que... »

C La documentation

1. En quoi consiste la documentation qui apparaît dans ce texte? Dans la marge de gauche du texte, écrivez la lettre D en face des passages qui documentent des connaissances précises. Comment, à votre avis, l'auteur s'est-elle renseignée?

2. Quelles sont les données qui sont particulièrement intéressantes dans le texte selon vous? Pourquoi?

D L'organisation du texte

1. Quelle progression caractérise le texte? Pouvez-vous rapidement en faire le plan dans la marge? Que remarquez-vous?

2. Comment l'auteur crée-t-elle un effet de suspense au début du texte? Que pensez-vous de ce genre d'introduction?

3. Quelles idées principales du développement l'auteur reprend-elle dans la conclusion? Sur quelle impression finale, à votre avis, veutelle laisser le lecteur? Comment réagissez-vous vous-même à cette conclusion?

Mise en application

A Le recensement des connaissances nécessaires pour votre thèse.

1. Avec votre partenaire précédent, recensez les connaissances que vous avez pour les deux thèses préliminaires que vous avez choisies à la fin de la **Mise en application** (page 75). Numérotez chaque idée ou renseignement.

2. Quand vous manquez d'information ou de précision pour une idée nécessaire, mettez un D (pour documentation) pour indiquer que vous devez vous renseigner à son sujet. Si vous n'êtes pas sûr(e) d'un renseignement, mettez aussi un D à côté: vous aurez à le vérifier.

B Le plan schématique

1. Choisissez chacun(e) un des sujets et faites-en le plan en prenant soin de regrouper les idées nécessaires pour chaque partie.

2. Décidez quelle idée apparaîtra en conclusion; écrivez un premier brouillon de votre conclusion.

Stratégies et modèles 3

Choisir un bon titre

Tous les choix sont permis. Vous pouvez choisir un titre simple, direct, informatif: «La fibre polaire», ou préférer un titre dans lequel vous jouez sur les mots, ou piquer la curiosité du lecteur en créant un suspense poétique: «La star polaire au firmament polyester». Vous pouvez aussi combiner les deux genres en ajoutant un sous-titre: «Nouveau tissu: la star polaire».

Rédiger l'introduction

Les bonnes introductions réussissent à concilier deux impératifs distincts:

1. définir immédiatement le genre d'information apporté au lecteur
2. piquer sa curiosité en lui donnant envie de lire l'article en entier.

On dit que c'est dans les deux premiers paragraphes qu'un auteur accroche ou perd son public. Imaginez ce qui retiendra le mieux l'attention du lecteur. Voici quelques procédés fréquents qui pourraient vous inspirer:

- **Des exemples ou une anecdote.** L'avantage d'un exemple ou d'une anecdote est de donner tout de suite aux lecteurs la dimension concrète ou pratique de votre sujet.

  TITRE: «COMMUNICATION: LA FOLIE INTERNET»

  Les distances n'existent plus. Vous visitez aussi aisément la Bibliothèque du Congrès à Washington que l'Université de Singapour. Sans bouger de votre bureau, vous commandez des fleurs (en visualisant le bouquet), retrouvez un article du magazine allemand *Der Spiegel* ou du quotidien français *Libération*. Vous ne rêvez pas: vous êtes face à votre ordinateur, vous êtes sur Internet, le réseau des réseaux informatiques, qui relie des millions d'utilisateurs dans le monde.

  adapté de Christophe Agnus, *L'Express* (6 octobre 1994)

- **Un jeu de questions-réponses.** La presse utilise souvent des petites scènes qui dramatisent un sujet.

  SUJET: LE FILM *JEFFERSON A PARIS*

  Thomas Jefferson a-t-il été conquis par notre pays? James Ivory, réalisateur du film *Jefferson à Paris,* suit les traces de l'ambassadeur des Etats-Unis à la cour de France de 1785 à 1789.

■ **Une citation.** Bien choisie, une citation peut à la fois présenter la complexité du sujet et évoquer un contexte culturel intéressant.

SUJET: L'EXPOSITION NICOLAS POUSSIN AU GRAND PALAIS

> «Les choses auxquelles il y a de la perfection ne se donnent pas à voir à la hâte mais avec temps, jugement et intelligence...» écrivait [le peintre] Nicolas Poussin à son ami Chantelou en 1642. Parlait-il de ses tableaux? Bien sûr.

Christiane Duparc, L'Express (6 octobre 1994)

■ **Une comparaison.** Vous ramenez le fait inconnu à un fait connu.

SUJET: ETRE BRANCHÉ SUR LES RÉSEAUX DU MONDE

> Ce n'est pas une secte, mais ses pratiquants sont prosélytes. Ils ont des tics de langage, fréquentent les mêmes «clubs» virtuels, lisent une revue culte qui s'appelle *Wired,* branché.

Michel Colonna d'Istria, Le Monde (20 juin 1994)

■ **Une définition.** Elle convient bien pour expliquer un mot, une idée, ou pour définir une situation. Elle permet au lecteur de se représenter mentalement la chose ou l'idée désignée. Mais elle peut aussi créer une impression ennuyeuse, scolaire. Il vous revient de la rendre intéressante en choisissant ou en combinant différentes techniques de définition. Voici les approches les plus utiles:

    a. l'inclusion: inclure le mot dans un ensemble, un genre, une catégorie.

EXEMPLE: La laine polaire est une fibre synthétique.

    b. la caractérisation: donner les caractéristiques principales de ce que le mot désigne et le distinguer d'autres objets du même genre.

EXEMPLE: La laine polaire tient chaud, est hydrophobe, ne s'écrase pas.

    c. l'utilité: dire à quoi sert cette chose ou cette idée.

EXEMPLE: La laine polaire était destinée aux vêtements de sports d'hiver. Mais on la voit de plus en plus dans les collections de prêt-à-porter.

    d. d'autres informations pertinentes: donner des informations utiles, comme l'origine du mot (étymologie ou premier emploi du mot), des exemples d'emploi, la traduction, etc.

Rédiger le développement

A l'aide de votre plan, rédigez la présentation de chaque idée. Pensez à organiser chaque paragraphe de façon logique:

■ Expliquez un effet (ou un paradoxe) par ses causes.

> Bien que la laine polaire ne soit pas de la laine, mais du polyester, elle tient chaud. C'est même sa qualité essentielle. [Effet, mais aussi paradoxe.] En effet, la fibre polaire est du polyester qui a été dressé à la verticale et qui reste gonflant. Elle peut alors emmagasiner de l'air, faire tampon avec l'air froid du dehors, et donc garder la chaleur naturelle du corps. [Cause]

> Remarquez les mots qui servent d'indices du rapport de cause à effet: **bien que, en effet, alors, et donc.**

■ Comparez et contrastez une partie de l'idée à une autre. En comparant, vous faites ressortir les qualités communes; en contrastant, vous mettez en évidence les différences.

> La fibre polaire est hydrophobe. Contrairement au coton, elle n'aime pas l'eau et sèche vite. Mais cette qualité a pour contrepartie un inconvénient si le tissu polaire n'est pas traité aux antibactéries. Porté à même la peau, il absorbe les odeurs du corps.

> Des indices comme **contrairement à** et **avoir pour contrepartie** aident le lecteur à percevoir le contraste qui oppose le coton à la fibre polaire.

■ Donnez des faits, des dates et des chiffres précis: ne dites pas «beaucoup de nouveaux tissus» si vous pouvez dire «trois nouveaux tissus synthétiques». Présentez une documentation sûre et identifiez-en la source. Des affirmations vagues ou trop générales ne convaincront pas vos lecteurs. Evitez aussi de répéter la même information plusieurs fois de suite, sous différentes formes; cherchez un autre fait pertinent ou passez à une autre idée. De même, ne donnez pas un exemple isolé pour prouver un fait quantifiable.

EXEMPLE A NE PAS SUIVRE:

> Depuis cinq ans, les banques de données informatiques se sont multipliées. Maintenant, il y en a un grand nombre. On peut le voir en utilisant le Dictionnaire Webster en ligne.

> CRITIQUE 1: La deuxième phrase répète l'information de la première phrase, sans rien y ajouter: «se sont multipliées» implique qu'il y en a beaucoup.
> CRITIQUE 2: Cet exemple ne prouve pas qu'il y a beaucoup de banques de données; il indique seulement que le Dictionnaire Webster est disponible en ligne.

■ Donnez des exemples bien choisis et courts si l'exposé d'une idée est trop abstrait ou trop difficile à comprendre pour un lecteur beaucoup moins informé que vous. Votre paragraphe y gagnera en clarté.

- Utilisez des mots de liaison qui indiquent la structure de votre développement. (Revoyez au besoin le **Chapitre 1.**)

Rédiger la conclusion

Rédigez la conclusion en récapitulant en quelques mots les points saillants de votre développement, puis terminez en revenant à un ou plusieurs aspects de votre sujet qui touchent directement vos lecteurs: nouveau produit, métier ou candidat à découvrir; précautions à prendre au travail, au point de vue santé; action à suivre; etc. Faites-en une priorité si votre développement est particulièrement technique, adressé surtout à des spécialistes ou à des «mordus» du sujet.

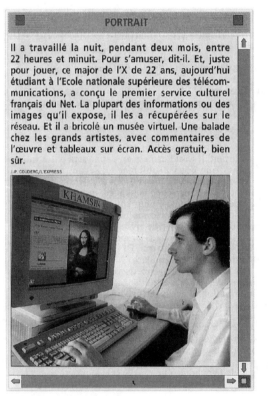

Nicolas Pioch, créateur du WebLouvre

Source: *L'Express,* octobre 1994

Observation

En 1981, le ministère français des Postes et Télécommunications a créé un énorme service de renseignements et de messageries électroniques accessibles par téléphone, le Minitel. Il a aussi fait installer, souvent gratuitement, un terminal (un poste Minitel) chez tous les Français qui le souhaitaient. En général, les Français se sont bien habitués aux renseignements télématiques (transférables d'un ordinateur à un autre par lignes téléphoniques). Ils utilisent le Minitel pour toutes sortes de choses: horaires des trains ou des avions, bulletin météorologique, spectacles, résultats d'examens, annuaires téléphoniques, annonces officielles, services privés, etc.

Dans l'extrait suivant, Michel Colonna d'Istria présente l'explosion de la communication électronique au début de l'année 1994 aux Etats-Unis et en Europe.

Le grand bazar des «branchés»

 e n'est pas une secte, mais ses pratiquants sont prosélytes. Ils ont des tics de langage, fréquentent les mêmes «clubs» virtuels, lisent une revue culte qui s'appelle *Wired,* branché. Ce qui unit un nombre croissant[1] d'individus sur toute la planète, c'est
5   d'être «branché» au sens propre, souvent plusieurs heures par jour, sur les réseaux[2] du monde. Du petit serveur bricolé[3] par un lycéen dans sa chambre au géant Internet, dont la croissance est exponentielle, une seule religion, la connexion.

    Téléphone plus ordinateur, à vrai dire l'équation n'est pas nouvelle.
10 Les premiers réseaux comme Arpanet sont nés il y a plus de vingt ans. Les transferts de fichiers[4] entre entreprises sont monnaie courante[5]— sans jeu de mots. La télématique en France est largement entrée dans les mœurs depuis ses débuts à Vélizy en 1981, avec aujourd'hui 6,5 millions de postes Minitel installés.

15   Et pourtant, il y a bien ces derniers mois une explosion de la communication électronique, permise par la technologie, encouragée par des symboles, alimentée par des désirs polymorphes.[6]

    La technologie: le micro-ordinateur n'a pas vingt ans. Mais la généralisation des modems (modulateur-démodulateur, appareil qui
20 permet de transmettre des informations sur une ligne téléphonique) le

➤ **RG** 3
Les participes

[1]en augmentation [2]systèmes de lignes [3]improvisé [4]documents [5]monnaie... de routine [6]qui prennent des formes différentes

rend communicant. La baisse des prix amène sa prolifération dans les salons et plus seulement dans les bureaux. La vitesse des modems s'accélère; avec elle, le volume augmente, et donc la capacité à transmettre, en sus des textes, des sons, voire des images.

25   Les symboles: l'administration Clinton-Gore n'en est pas avare,[7] elle qui a fait des «autoroutes de l'information» un des phares[8] de sa «vision»! Depuis 1993, il existe un «directeur du courrier électronique» à la Maison Blanche: on peut écrire au président Clinton depuis son clavier de micro-ordinateur. Et le 13 janvier dernier, après avoir dévoilé
30   son programme sur les «autoroutes électroniques», le vice-président Gore a même tenu sa première conférence de presse «on line».

Les désirs? Il ne faudrait pas confondre ceux des utilisateurs et l'appétit des industriels, qui voient déjà la monnaie électronique couler à flots[9] dans le grand bazar des réseaux. Même si l'alliance des libertaires
35   et des libéraux concourt[10] souvent aux mêmes objectifs.

Ce que demande d'abord[11] le «peuple» des réseaux, c'est la liberté. S'affranchir du temps, de la distance, des apparences, parfois de son identité, pour endosser de nouveaux habits de modernité, engranger[12] les savoirs ou des histoires et les échanger dans une nouvelle commu-
40   nauté virtuelle. On trouve de tout sur Internet, dans ces «forums» ou groupes de discussions auxquels ont accès la plupart des universités américaines, et de plus en plus d'entreprises et de particuliers.

Mais la rançon[13] de ce succès, c'est l'émergence de nouveaux problèmes, liés au volume comme au type de trafic. Appétits commer-
45   ciaux, risques déontologiques,[14] marais[15] juridique: malgré la convivialité des vétérans d'Internet, la communication électronique ne pourra pas faire l'impasse sur[16] ces questions dont certaines rappellent les débats suscités par la naissance de la télématique. [Comment répercuter les investissements financiers aux utilisateurs? Comment concilier les
50   libertés publiques et la morale, le droit au secret et la légalité? ...] Le débat sur les libertés publiques à l'heure des techniques numériques ne fait que commencer...

Michel Colonna d'Istria, *Le Monde* (20 juin 1994)

---

[7]économe   [8]points lumineux   [9]... abondamment   [10]aboutit, converge vers   [11]ici: avant tout   [12]stocker, accumuler   [13]le prix   [14]qui concernent les règles et les devoirs professionnels   [15]*marsh, bog*   [16]faire... ne pas étudier

Je ne peux plus me contenter de transmettre des documents rapidement quand je devrais les transmettre immédiatement.

France Telecom

● *Djinn et Télédisquette*

Finis les aller-retour entre votre micro-ordinateur, le fax et le Minitel. Avec Djinn, votre micro-ordinateur devient beaucoup plus qu'un simple micro. A la fois fax, Minitel et répondeur, il vous permet de communiquer aisément à partir d'un seul et même équipement. Télédisquette, conforme au standard européen de transfert de fichier sur le réseau Numéris, vous permet d'échanger des documents informatisés dans les meilleures conditions de qualité et de rapidité, quel que soit le matériel informatique de vos interlocuteurs.

Analyse

A L'introduction

1. Comment l'auteur introduit-il son sujet? Est-ce par un rapport cause-effet, par une comparaison, par une énigme? Réussit-il à piquer votre curiosité?
2. En relisant le deuxième et le troisième paragraphes de l'introduction, résumez le paradoxe qui justifie la rédaction de son article. Pouvez-vous reconstituer la thèse préliminaire que l'auteur a utilisée?
3. Expliquez en quoi le troisième paragraphe sert de guide pour lire le développement.

B L'organisation du développement

1. Le paragraphe consacré à la technologie présente un enchaînement de causes et d'effets. Identifiez-les.
2. Le paragraphe sur les symboles s'appuie-t-il sur des causes, des contrastes, des exemples?
3. En quoi les deux paragraphes sur les désirs développent-ils la notion de **désirs polymorphes** (ligne 17)?

C La conclusion de l'extrait

1. De quelle expression l'auteur se sert-il pour faire la transition entre son développement et sa conclusion?

2. Quel avenir l'auteur dépeint-il? Diriez-vous que les difficultés à venir résulteront plutôt de la capacité technologique accrue, de l'encouragement politique et symbolique, ou des désirs multiformes des utilisateurs? En tant que lecteurs, vous sentez-vous concernés? Par quoi et pourquoi?

3. Si on avait terminé le texte avant le dernier paragraphe, manquerait-il quelque chose à l'exposé? Expliquez votre opinion.

Mise en application

A L'introduction et la conclusion

1. A la bibliothèque et dans vos livres, cherchez deux textes d'information, en français, dont l'introduction vous plaît particulièrement. Photocopiez les deux textes. Assurez-vous de photocopier la conclusion de ces textes.

2. Identifiez les qualités des introductions et des conclusions sur une feuille de brouillon. Apportez les photocopies et vos remarques en classe.

3. En groupe de deux, discutez les critères qui caractérisent les introductions et les conclusions que vous avez choisies. Faites lire la meilleure à un autre groupe et commentez-la.

B La rédaction d'une introduction

1. Individuellement, rédigez au brouillon trois introductions différentes pour le sujet que vous avez choisi dans la **Mise en application** des **Stratégies** 1. Pour chaque introduction, employez une technique différente. Relisez-les: laquelle vous paraît la meilleure?

2. En groupe de deux, échangez vos brouillons et lisez les introductions de votre partenaire. Choisissez la meilleure et comparez votre choix au sien: discutez-en.

C La rédaction d'un paragraphe

1. Individuellement, reprenez le plan schématique de votre sujet et vos notes de production d'idées. Choisissez-en un aspect ou une idée. Développez cet aspect au brouillon. Relisez vos notes et mettez-les au propre en les ordonnant de façon à avoir un paragraphe clair et cohérent. Assurez-vous de bien énoncer l'idée directrice de ce paragraphe, de préférence au début.

2. En groupe de deux. Dans un texte d'information, la qualité la plus importante doit être la clarté de la présentation des idées. Echangez les paragraphes que vous venez d'écrire et répondez aux questions suivantes.

- Le paragraphe développe-t-il l'idée proposée?
- L'ordre de la présentation est-il basé sur un paradoxe? une com-

paraison/un contraste? un rapport de cause à effet? une progression chronologique ou logique?

- Y a-t-il des trous dans la logique de la présentation? Des passages ambigus?
- L'idée affirmée est-elle étayée par des informations précises?
- Y a-t-il des répétitions qui sont à éliminer? Récrivez le paragraphe de votre partenaire en remédiant aux faiblesses que vous avez remarquées.

xpressions utiles

Pour faire une comparaison

s'apparenter à
au contraire, par contre
bien que, quoique *(+ subjonctif)*
contrairement à, en contraste avec
la différence/ressemblance principale
différer de/ressembler à... sur tel point
être conçu d'une façon différente/semblable
être conçu sur le même modèle/plan que
être différent de
être pareil(le) à
faire penser à
ne pas être compatible avec
rappeler, évoquer

Pour indiquer un rapport de cause à effet

aboutir à, pousser à
amener, provoquer, causer, entraîner
en effet, or
il s'ensuit que
par conséquent, donc
produire, inciter, susciter
le résultat le plus clair est
résulter de

À vous d'écrire!

Sujet

Le département de français va publier dans son bulletin de fin d'année le meilleur texte d'information de chaque niveau de français. Cette année, le sujet est libre. Vous décidez de participer au concours en proposant votre propre sujet.

Etapes de la rédaction

Notes préliminaires

1. Choisissez un sujet en vous aidant des suggestions dans **Stratégies et modèles 1**, ou bien continue à traiter le sujet que vous avez choisi. Pour faire naître vos idées, pensez à diviser votre sujet en rubriques: qui? quoi? où? quand? comment? les aspects positifs/négatifs? un phénomène nouveau/ancien? Prenez aussi rendez-vous avec deux ou trois étudiants de votre classe pour trouver d'autres idées ensemble: passez cinq minutes sur chaque sujet.
2. Formulez une thèse préliminaire.
3. Recensez vos connaissances en prenant des notes. Complétez-les en faisant une recherche précise en bibliothèque ou en ligne.
4. Faites le plan schématique de votre exposé. Pensez à ordonner les rubriques de façon logique pour votre lecteur: du simple au complexe, du général au particulier, du début à la fin, etc.

Premier brouillon

1. Rédigez l'introduction. Cherchez une entrée en matière qui piquera la curiosité de vos lecteurs: exemple, anecdote, définition, paradoxe.
2. Rédigez le développement.
3. Rédigez la conclusion. Pensez particulièrement à vos lecteurs: ils retiendront ce que vous soulignez en conclusion.

➤ **RG** 3
Les participes

Deuxième brouillon

1. Eliminez le superflu et rendez votre exposé vivant. Relisez votre ébauche complète en faisant semblant de ne rien connaître du sujet. Imaginez que vous êtes Dominique Dupont (l'équivalent de John/Jane Doe) et répondez aux questions du **Guide de corrections réciproques (Chapitre préliminaire)**. Remédiez aux faiblesses que vous avez remarquées.
2. Faites les corrections de clarification ou de langue qui sont nécessaires. Servez-vous du **Guide de corrections de langue**.

Corrections réciproques

1. Lisez l'exposé d'un(e) camarade en jouant le rôle d'un lecteur critique à la fois honnête et compréhensif.
2. Reprenez les questions du **Guide de corrections réciproques (Chapitre préliminaire)**. Notez les passages où des révisions sont indispensables (RI), souhaitables (RS). Faites des suggestions. Notez toutes vos remarques par écrit (en style télégraphique).
3. Avec votre camarade, échangez vos réactions. Assurez-vous de bien comprendre ses remarques en posant des questions au besoin.

Rédaction finale

1. Réfléchissez aux corrections indiquées par votre partenaire et effectuez celles que vous jugez nécessaires.
2. Relisez votre exposé en vérifiant à nouveau la correction grammaticale et orthographique, en particulier pour les passages que vous avez retouchés.

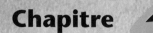
Le portrait

Bip, héros poétique et burlesque du mime Marcel Marceau

Introduction

▪ ▪ ▪ ▪ ▪ ▪ ▪ ▪ ▪ ▪ ▪ ▪ ▪ ▪ ▪ ▪ ▪

*A*rtistes et écrivains nous offrent, à travers les siècles, de multiples exemples de portraits. Ceux-ci s'insèrent dans des contextes divers: œuvres d'art, œuvres romanesques et poétiques, histoires, biographies et autobiographies, articles de presse.

Tout portrait reflète le point de vue de son auteur. C'est en effet le portraitiste qui choisit l'angle de représentation, les images, le ton du portrait selon l'aspect qu'il veut mettre en relief et l'effet qu'il veut créer. Un même sujet peut inspirer des portraits très différents qui varieront d'une représentation réaliste au tableau admiratif ou à la caricature. Certains portraits insistent sur l'aspect physique du sujet, d'autres visent davantage à traduire une dimension psychologique. Le plus souvent, le portrait combine les deux dimensions, physique et psychologique.

Dans ce chapitre vous serez amenés à lire différents modèles de portraits et à identifier et à appliquer les techniques descriptives qui les sous-tendent. Parallèlement vous élaborerez la rédaction d'un portrait d'une personne de votre choix.

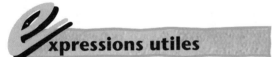

*E*xpressions utiles

La tête et les traits du visage

le visage (la figure): carré, rectangulaire, ovale, rond
les cheveux: courts, longs, mi-longs, raides *(straight)*, bouclés
   (curly), frisés *(frizzy),* fins, épais/touffus *(thick),* teints
   (dyed); en brosse *(with a Mohawk);* coupés à la garçonne; une queue
   de cheval *(ponytail),* un chignon; on peut aussi être chauve *(bald)*
   ou avoir le crâne rasé *(shaved head)*
le front: large, bombé *(domed),* fuyant *(receding),* dégagé *(bare)*
les sourcils: épais, fins, arqués *(arched)*
les yeux: grands, ronds, en amande, saillants *(bulging),* enfoncés
   (sunken), cernés (un cerne: *ring, shadow under the eye)*
les joues: creuses *(sunken),* rondes
les pommettes *(cheekbones):* hautes, saillantes *(prominent)*
les mâchoires *(jaws):* carrées, fortes, saillantes
le nez: droit *(straight),* fort, gros, long, en trompette *(turned up)*
les lèvres: fines, charnues *(fleshy),* sensuelles
le menton: rond, pointu, avancé, saillant, fuyant
la peau *(skin):* fine, épaisse, ridée *(wrinkled)*

La forme du corps

la stature, la hauteur du corps: de grande taille, de petite taille, de taille moyenne

la corpulence, la grosseur du corps: maigre *(skinny),* mince *(slim),* menu *(slender),* fort *(heavy),* musclé

Les caractéristiques physiques

le regard: direct, franc, candide, fuyant *(evasive),* doux, triste

la voix: douce, forte, puissante, tonnante *(thunderous),* aiguë *(high-pitched),* stridente, grave, profonde, caverneuse, rauque *(hoarse)*

l'expression du visage: souriant, rieur, gai, jovial; les sourcils froncés *(frowning);* les rides d'expression

les gestes: brusques, vifs *(brisk),* lents, calmes

la démarche *(gait, walk):* rapide, vive, lente, légère, lourde, assurée

la tenue: les vêtements/les habits; les bijoux; la coiffure

l'allure: jeune, guindée *(stiff),* décontractée, négligée

les cheveux *(m.)*

l'oreille *(f.)*

le visage
le menton

la poitrine
le bras
le ventre
le poignet

la main
le doigt

la hanche

la jambe

le genou

le pied

la tête
le front
le sourcil
l'oeil *(m.)*
la joue
le nez
la lèvre
le cou

Alfred de Musset de Deveria

*P*réludes

A Gros plans. Le gros plan qui attire l'attention sur un trait particulier du personnage est une technique descriptive souvent utilisée dans l'art du portrait.

Jeanne Moreau, vedette de cinéma

Yannick Noah, champion de tennis

1. L'aspect physique. Avec un(e) camarade de classe, regardez attentivement les deux photos ci-dessus et faites une liste des adjectifs et des mots descriptifs qui vous viennent à l'esprit pour chaque catégorie.

	PHOTO 1	PHOTO 2
Cheveux:	_____	_____
Forme du visage:	_____	_____
Yeux:	_____	_____
Expression du regard:	_____	_____
Nez:	_____	_____
Bouche/Lèvres:	_____	_____
Menton:	_____	_____
Signes particuliers:	_____	_____
Pose du personnage:	_____	_____
Vêtements:	_____	_____

2. La personnalité. La personnalité d'un individu transparaît souvent à travers son physique, sa pose, ses gestes, son environnement de prédilection. Les caractéristiques physiques que vous avez remarquées dans les portraits ci-dessus suggèrent-elles certains traits de caractère? Lesquels?

Photo 1: _____

_____

Photo 2: _____

_____

3. L'impression générale. Déterminez l'impression dominante qui caractérise chaque portrait et sélectionnez dans votre liste de caractéristiques physiques les détails particuliers qui contribuent à créer cette impression.

Mots utiles: le dynamisme, la fragilité, la mélancolie, la passion, la froideur, le raffinement, la sérénité, la solidité, l'enthousiasme, le sens de l'humour.

	Photo 1	Photo 2
Impression générale:	_____	_____
Détails particuliers:	_____	_____
	_____	_____
	_____	_____

B Jeu signalétique. Lisez la fiche signalétique de Monsieur Jacques Chirac.

Jacques Chirac, élu président de la République française en mai 1995

Physique. Homme de grande taille, bien proportionné, qui dégage une impression de vitalité et de puissance physique. Le visage à la fois carré et plein est caractérisé par une mâchoire forte, s'ouvrant sur une large bouche avec des lèvres relativement minces. Un front dégagé surplombe des yeux au regard franc et direct.

Traits de caractère. Il a le goût de l'action et du combat. C'est un battant courageux d'une grande puissance de travail et au cœur généreux. Cependant, impulsif, il a tendance à foncer* tête baissée et à trancher plutôt qu'à concilier.

1. Trouvez-vous que la description reflète bien le physique de M. Chirac? Auriez-vous ajouté d'autres détails? Lesquels?

2. A votre tour, en groupe de deux ou trois, choisissez une personne célèbre, connue de toute la classe (par exemple, une personnalité de la scène internationale, ou du monde artistique, sportif ou politique) et rédigez une fiche signalétique. Sélectionnez les traits qui caractérisent le mieux la personne en question. Ensuite lisez vos descriptions à toute la classe et discutez les traits particuliers que vous avez choisis.

C Portraits-types. En groupe de trois, faites le portrait de certains «types» de personnages: 1) un(e) philosophe; 2) un chanteur/une chanteuse d'opéra; 3) un homme (une femme) d'affaires. Quel trait de caractère allez-vous mettre en évidence pour chacun de ces personnages-types? Quels détails physiques spécifiques (traits de visage, regard, allure générale, vêtements...) pourraient être révélateurs du trait de caractère? Pouvez-vous imaginer un geste, une manie ou une parole qui serait typique du personnage en question? Dans quel décor (endroits, objets...) choisiriez-vous de le placer?

telier d'écriture

Le portrait est un art de la représentation. Un bon portrait réussit à évoquer chez le lecteur une image précise, concrète du sujet décrit. Grâce à la sélection et à la précision des détails, grâce au choix des images, le portraitiste individualise son sujet et lui donne vie dans l'imagination du lecteur.

*aller très vite

Stratégies et modèles 1

Observer attentivement le sujet

Pour faire un portrait, commencez par examiner ou rappeler à votre mémoire les traits caractéristiques de la personne que vous voulez décrire. Pensez à autant de détails possibles et faites une liste de ces caractéristiques.

Identifier l'impression dominante et sélectionner les détails

Relisez votre liste et déterminez l'impression dominante que vous voulez transmettre à votre lecteur et qui vous semble caractériser le mieux le sujet de votre portrait. Est-ce une impression de fragilité, de force, de droiture, de sournoiserie, de vitalité... ? Choisissez les détails qui sont les plus caractéristiques de la personne et qui contribuent à créer l'impression que vous voulez transmettre.

Observation

Lisez le portrait du docteur Rieux, personnage central du roman d'Albert Camus *La Peste*. Dans ce bref passage, Camus décrit l'apparence physique et les gestes caractéristiques du docteur Rieux. Remarquez la précision des adjectifs utilisés. Observez d'autre part comment les détails physiques choisis sont révélateurs de la personnalité du docteur Rieux.

Le docteur Rieux

araît trente-cinq ans. Taille moyenne. Les épaules fortes. Visage presque rectangulaire. Les yeux sombres et droits, mais les mâchoires saillantes. Le nez fort est régulier. Cheveux noirs coupés très court. La bouche est arquée
5   avec des lèvres pleines et presque toujours serrées. Il a un peu l'air d'un paysan sicilien avec sa peau cuite,[1] son poil noir et ses vêtements de

[1]brunie et durcie par le soleil

teintes toujours foncées mais qui lui vont bien. Il marche vite. Il descend les trottoirs sans changer son allure, mais deux fois sur trois remonte sur le trottoir opposé en faisant un léger saut.[2]

Albert Camus, *La Peste* (1947)

[2]léger... *slight hop*

Analyse

A L'observation du sujet. Etablissez une fiche de signalement du docteur Rieux composé des éléments suivants.

1. âge approximatif
2. stature
3. yeux
4. cheveux
5. peau

6. tenue
7. démarche
8. forme et traits caractéristiques du visage

B L'identification de l'impression dominante

1. Quelle impression se dégage du portrait: une impression de frivolité, de sérieux, de fragilité... ? Relevez dans le texte les expressions qui transmettent cette impression.
2. Remarquez que la description du docteur Rieux ne comporte pas de références directes à sa personnalité. Camus préfère nous montrer certains traits de caractère par des détails révélateurs. Retrouvez dans l'extrait les détails qui suggèrent les traits suivants:

    C'est un homme sérieux.
    C'est un homme fort, solide.
    C'est un homme énergique.

Mise en application

A votre tour, essayez de traduire une personnalité à travers une description de l'apparence physique. Sélectionnez un aspect physique particulier (par exemple, un regard, une voix, un style vestimentaire, une démarche, un sourire, un geste) qui puisse révéler les traits de personnalité suivants. Développez cet aspect en choisissant des mots descriptifs (adjectifs, verbes) précis.

MODELE: l'arrogance → Il marche la tête haute, les épaules redressées et la poitrine bombée.

1. la bonté
2. la timidité
3. la vanité
4. la gravité
5. la nervosité

Stratégies et modèles 2

Employer des images

Les images renforcent une description et la rendent plus vivante. Elles permettent à votre lecteur de mieux imaginer l'impression que vous voulez communiquer. Ainsi, la comparaison s'utilise fréquemment dans la description et n'a de limite que notre imagination.

Camus compare Rieux à un paysan sicilien. La personne que vous décrivez vous fait-elle penser à un certain type de femmes ou d'hommes, à un animal, à une couleur... ?

Choisir le ton

Considérez le ton que vous allez adopter dans votre portrait: sérieux; humoristique; admiratif; affectueux; ironique; satirique; neutre... ? Quelle réaction cherchez-vous à provoquer chez votre lecteur? Le ton d'un passage dépend des sentiments et du but de l'auteur par rapport à son sujet. Un ton neutre évite l'expression des opinions ou des sentiments personnels de l'auteur et cherche à informer plutôt qu'à émouvoir le lecteur. Ainsi le passage de Camus ci-dessus adopte principalement un ton neutre et un style direct qui donnent à son portrait un caractère objectif. Mais de nombreux portraits sont de nature plus subjective: le portraitiste transmet ses émotions et ses opinions et influence la réaction du lecteur en conséquence.

Observation

Lisez et comparez les deux portraits que font Roger Ikor et Gilbert Cesbron de leur ancien professeur de français, M. Minouflet. Les deux écrivains ont passé trois ans ensemble dans la classe de M. Minouflet. Remarquez dans les deux portraits l'emploi du style figuré qui sert à l'évocation de ce personnage. Notez comment les mots choisis établissent une différence de ton entre les deux portraits.

Portraits d'un professeur

*N*otre professeur de Lettres—il s'appelait Minouflet—était un maître hors de pair[1] à qui je dois beaucoup, mais aussi une brute qui nous terrorisait. Il ne nous a jamais touchés du bout du petit doigt; mais sa stature colossale, sa parole cinglante[2] et
5 son attitude impitoyable nous écrasaient.[3] Pourtant nous avions fini par l'adorer—je prends ce mot au sens religieux. Je l'ai eu trois ans de suite comme professeur, en 6e, 5e, 4e; je crois bien que je l'ai regretté en le quittant, non sans un certain soulagement, peut-être, mais avec une gratitude réelle: ce tyran s'était donné tout entier à nous.

Roger Ikor, *Le Cas de conscience du professeur* (1966)

[1]hors... sans égal, exceptionnel   [2]cruelle, blessante   [3]*crushed*

M. Minouflet, la barbe carrée, le lorgnon[1] orageux, Jupiter serein, distribuant, d'une main égale, ses largesses[2] et ses tonnerres, est assis au milieu de nous sur la photographie de fin d'année de la sixième A. Sur celle de l'année suivante, la barbe est plus courte; l'an d'après, elle a
5 disparu. Car M. Minouflet, contre tout règlement, a obtenu de suivre ses élèves [...] trois classes de suite; et, à mesure que nous grandissions, il rajeunissait, les photos l'attestent. C'est qu'il était heureux et nous aussi. M. Minouflet n'est pas devenu pour moi une silhouette grise, un profil perdu. Je l'ai revu, j'ai entendu de nouveau le tonnerre hautain et
10 tendre qui ne m'effrayait plus; j'ai appris sa maladie puis sa mort avec un serrement de cœur.[3]

Gilbert Cesbron, *Journal sans date* (1967)

[1] monocle, lentille correctrice   [2]dons généreux   [3]serrement... tristesse

➢ **RG** 4
L'adjectif qualificatif

Analyse

A L'apport des images

1. Dans le texte d'Ikor: Quelle image dominante ressort du portrait de M. Minouflet par Ikor? Soulignez les mots du texte (noms, adjectifs, verbes) qui développent cette image.

2. Dans le texte de Cesbron: A quel personnage mythologique est comparé M. Minouflet? Soulignez les mots du texte qui développent cette comparaison. Quelles images et quels traits de caractère évoque ce personnage pour vous?

   Quels aspects physiques sont retenus par Cesbron pour faire le portrait de son professeur? Comment ces aspects physiques sont-ils liés à l'image mythologique?

   Quels adjectifs du texte humanisent l'image du dieu mythologique et en donnent une image positive?

B Le choix du ton. Quel type de professeur les deux portraits cherchent-ils à évoquer? Quels sont les sentiments d'Ikor envers son professeur? Comment diffèrent-ils des sentiments de Cesbron? Quelle différence de ton voyez-vous entre les deux passages? Justifiez votre réponse avec des exemples du texte.

Mise en application

A Dans leurs portraits, Cesbron et Ikor utilisent respectivement l'image de Jupiter et celle d'un tyran brutal pour évoquer M. Minouflet. Ces images centrales sont développées et renforcées tout au long du portrait par un vocabulaire évocateur et soigneusement choisi. Quels mots pourriez-vous utiliser pour développer un portrait autour des images suivantes?

MODELES: Jupiter → barbe; orageux; tonnerre

brute → terroriser; colossal; cinglant; impitoyable; écraser; tyran

1. un ange
2. Socrate
3. un don Juan ou une femme fatale
4. un personnage de votre choix

➤ **RG** 4
L'adjectif qualificatif

B La comparaison rapproche deux éléments. Voici quelques mots qui servent à introduire une comparaison: **comme, pareil à, semblable à, tel,** ou des verbes comme **ressembler à, sembler, avoir l'air de.** Ou encore les deux termes peuvent être reliés par **de.**

MODELES: un teint frais **comme** une rose; un teint **de** rose

Il **a un peu l'air** d'un paysan sicilien avec sa peau cuite, son poil noir et ses vêtements de teintes toujours foncées.

Complétez les expressions suivantes en inventant vos propres comparaisons. Utilisez votre imagination et choisissez des personnes que vous connaissez.

1. ... ressemble à...

2. ... a des cheveux noirs (blonds) comme...

3. ... a un visage...

4. ... a un sourire...

5. ... a une démarche...

6. Le regard de...

7. Les yeux de...

8. (une comparaison de votre choix)

C Le choix du ton. Examinez la personne de la photo ci-contre. Quelle impression vous donne-t-elle? Sélectionnez au moins deux caractéristiques qui vous frappent particulièrement chez cette personne et composez un petit paragraphe descriptif qui relie l'aspect extérieur à une dimension intérieure. Quel effet vous fait cette photo? Essayez de communiquer votre point de vue personnel par le choix des mots descriptifs, des images ou du rythme que vous utilisez.

Un jeune *punk* à Paris

Comparez votre description avec celle d'un(e) camarade de classe et discutez des ressemblances et des différences de vos descriptions respectives. Quels traits avez-vous mis en valeur et pourquoi? Vos portraits expriment-ils un point de vue personnel? Lequel? Votre portrait a-t-il plutôt informé, amusé, ému votre partenaire? Comment?

Stratégies et modèles 3

Organiser les éléments descriptifs

Organisez votre portrait selon les caractéristiques que vous désirez mettre en relief et l'effet que vous cherchez à provoquer chez votre lecteur. Décidez si vous voulez mettre en valeur l'apparence physique, un geste, l'environnement ou autre chose. Vous pouvez, par exemple:

■ Donner une vue d'ensemble de la personne, puis faire des gros plans sur certains traits que vous voulez souligner. Ainsi Camus commence par donner une brève vue d'ensemble du docteur Rieux (âge, stature), puis il se concentre sur les traits de son visage et les couleurs caractéristiques de sa tenue.

- Commencer votre description par un détail frappant qui vous semble révélateur du personnage. Vous pourriez par exemple attirer l'attention sur l'intensité d'un regard (des yeux de feu) qui traduirait le caractère passionné d'un être ou bien la qualité d'une voix (une voix douce et mélodieuse) qui pourrait refléter la bonté d'une personne.

- Développer votre portrait à partir d'une image-clé qui capte un trait essentiel du personnage. Ainsi Cesbron et Ikor utilisent en introduction des images (Jupiter, brute) qui frappent le lecteur puis ils développent leur portrait à partir de ces images-clés.

- Situer le sujet de votre portrait dans un environnement qui souligne un aspect important de son identité. Remarquez comment le portrait qui suit révèle la danseuse Pietragalla à travers son lieu de travail, ses objets familiers et ses paroles.

Observation

Vous allez lire un article de la revue *Elle* qui fait le portrait de Marie-Claude Pietragalla, l'une des huit danseuses étoiles* de l'Opéra de Paris. Le style journalistique est différent du style littéraire que vous avez examiné chez Cesbron ou Ikor par exemple. Le style journalistique est elliptique et utilise souvent le discours direct. Ainsi, dans le portrait de la danseuse étoile, plusieurs phrases n'ont pas de verbes et les citations sont plus nombreuses.

Pietragalla: tutu et Perfecto[1]

n ascenseur poussiéreux, une porte grise, un sombre corridor. Au fond, à gauche, la loge[2] numéro 20. L'étoile est là, tout de noir vêtue. Au clou,[3] son Perfecto voisine avec les tutus vaporeux. Sa casquette de base-ball traîne près des chaussons de
5   satin rose. Marie-Claude Pietragalla, 28 ans, la dernière-née dans le ciel de l'Opéra, ne veut ressembler à personne. Surtout pas à une danseuse, mine éthérée, bandeau[4] et chignon bas. Peut-être a-t-elle payé sa différence d'une très longue attente. Il y a tout juste un an, Patrick Dupond la nommait étoile. Depuis longtemps son talent la désignait

> **RG** 4
> L'adjectif qualificatif

[1]marque de blousons de cuir   [2]petite pièce aménagée où les artistes se changent et se préparent   [3]ici, portemanteau pour suspendre les vêtements   [4]cheveux qui serrent le front, les tempes, dans une coiffure féminine à cheveux longs

*le plus haut titre dans la hiérarchie du corps de ballet de l'Opéra de Paris

10 pour ce titre. Mais Noureev, le précédent directeur de l'Opéra, n'aimait pas son tempérament. «Il estimait que je ne pouvais pas interpréter les grands rôles du répertoire. Comme Sylvie Guillem. J'ai fini par lui prouver qu'il se trompait... Je suis une bosseuse[5] et je fais mienne une devise de Napoléon:
15 «Quand on veut constamment, on réussit forcément.»

Pourtant, petite fille, Marie-Claude ne voulait pas danser. Turbulente, déchaînée, elle préfère le karaté et le judo au cours du 20e arrondissement de Paris où sa mère, passionnée de danse classique, l'a inscrite. Mais
20 c'est un feuilleton à la télévision, «L'Age heureux», qui décide de son destin. «Je suis tombée folle amoureuse de l'Opéra. A 9 ans, j'étais petit rat.[6] Tout était bien tel que je l'imaginais: discipline draconienne, engagement total. Mystère du lieu aussi: derrière une porte, il
25 y avait une autre porte sombre, intimidante. L'Opéra est devenu ma planète.»

Depuis qu'elle brille dans la galaxie restreinte des étoiles (huit femmes et six hommes), elle se sent libre enfin: «Je suis responsable de ma carrière. Je danse ce
30 que je veux, où je veux: à Paris, mais aussi à Berlin, à Londres, à Tokyo.» [...]

Diva,[7] Pietragalla? Non, têtue, solide et pas si loin du petit rat qui se perdait, il y a quelques années, dans les dédales[8] de la grande maison: «Il m'arrive encore de pousser une porte et de découvrir une autre porte, grise, hors du temps... »

Patricia Gandin, *Elle* (13 janvier 1992)

[5]personne qui travaille beaucoup   [6]petit... jeune élève qui étudie la danse à l'Opéra de Paris
[7]vedette capricieuse   [8]labyrinthes; ensemble compliqué de couloirs

Analyse

A L'organisation du portrait

1. Dans le titre de l'article, «Pietragalla: tutu et Perfecto», la journaliste réunit l'habit traditionnel d'une danseuse et le Perfecto qui est une

marque de blousons de cuir. Comment ce titre annonce-t-il au lecteur certains aspects de la personnalité de Marie-Claude Pietragalla? Trouvez-vous ce titre accrocheur? bien choisi?

2. Avant même de nommer Marie-Claude Pietragalla, la journaliste la présente indirectement à travers son lieu de travail et ses effets personnels. Quelle est votre première impression de «l'étoile»? Etes-vous intrigué(e) par cette entrée en matière?

3. Le portrait comporte quatre paragraphes. Identifiez en quelques mots l'impression dominante de chaque paragraphe.

B L'impression dominante

1. D'après l'article, quels sont les traits dominants du caractère de cette danseuse étoile? Identifiez les éléments du texte qui communiquent ces traits de caractère.

2. Relevez dans l'article les paroles de Marie-Claude Pietragalla qui vous paraissent les plus représentatives de sa personnalité.

C Le choix du ton. Quelle est l'attitude de la journaliste envers son sujet? Justifiez votre réponse en donnant des exemples précis du texte.

Mise en application

A L'article sur Marie-Claude Pietragalla choisit de révéler la personnalité de la danseuse étoile à travers l'évocation d'objets caractéristiques (le tutu et le Perfecto), la description de son lieu de travail habituel (l'Opéra) et la relation de certains faits et de certaines paroles. A votre tour, choisissez des objets, un lieu et des paroles caractéristiques pour deux des personnes suivantes.

1. un passionné de la musculation
2. un fan de Heavy Metal
3. un mordu d'Internet
4. un ami ou un parent

B Interviewez un(e) camarade de classe en lui posant diverses questions sur ses activités favorites, les lieux qu'il/elle aime fréquenter, les objets dont il/elle aime s'entourer, etc. Notez ses réponses en style télégraphique.

Ensuite, à partir des réponses obtenues, composez un portrait que vous présenterez oralement à la classe. Ne dites pas tout ce que vous avez appris sur votre camarade: sélectionnez une ou deux caractéristiques que vous désirez mettre en relief et organisez votre portrait en conséquence.

À vous d'écrire!

Sujet

Brossez le portrait d'une personne de votre choix: un membre de votre famille, un enfant, un(e) ami(e), un(e) collègue, un(e) artiste, un ancien professeur, une figure historique... Vous pouvez reprendre des éléments d'une description que vous avez esquissée au cours du chapitre.

Etapes de la rédaction

Notes préliminaires et premier brouillon

1. Choisissez le sujet de votre portrait et faites une liste des aspects qui le caractérisent. Notez immédiatement tout ce qui vous vient à l'esprit. Vous ferez par la suite et progressivement la sélection. Pensez aux traits physiques, mais aussi aux gestes, mimiques ou attitudes typiques de la personne, à des actions, à des propos ou à des événements révélateurs, à un lieu caractéristique.

2. Examinez votre liste.

   - Entourez les aspects que vous désirez mettre en relief.
   - Déterminez l'impression dominante que vous voulez communiquer à votre lecteur et notez-la en marge de la liste.
   - Soulignez les détails de votre liste qui renforcent l'impression dominante.
   - Choisissez l'angle de représentation qui sera le plus approprié au genre de portrait que vous voulez faire: axé sur le physique, axé sur le moral, axé sur des actions caractéristiques, axé sur l'environnement, ou une combinaison de plusieurs aspects?

3. Etablissez un plan préliminaire qui organise les divers éléments que vous voulez inclure dans votre portrait.

4. Composez un premier brouillon de votre portrait.

Révision personnelle et deuxième brouillon

1. Relisez votre brouillon en prenant pour guide les stratégies d'écriture relatives au portrait. Posez-vous les questions suivantes et notez dans les marges du brouillon les changements qui vous semblent nécessaires.

   a. Quels mots, images, détails de la description contribuent à créer l'impression dominante que vous voulez communiquer? Y a-t-il des détails à éliminer, détails superflus au genre de portrait que vous voulez faire?

b. Le portrait est-il suffisamment précis pour évoquer une image visuelle et/ou psychologique chez votre lecteur? Ce n'est pas l'accumulation des détails qui compte, c'est leur précision. Par exemple, les adjectifs sont-ils vagues ou au contraire évocateurs? Les exemples illustrant un trait de personnalité sont-ils appropriés?

c. La description comporte-t-elle une ou plusieurs images qui enrichissent votre portrait et le rendent plus révélateur?

d. Les divers éléments composant le portrait sont-ils présentés et liés entre eux de façon logique?

e. Quel ton adopte votre portrait? Quels sentiments ou quelles réactions votre portrait va-t-il provoquer chez votre lecteur? Sympathie, admiration, pitié, répugnance... ?

2. Ecrivez un deuxième brouillon en incorporant les changements que vous jugez utiles. Faites les corrections de langue qui sont nécessaires. Servez-vous du **Guide de corrections de langue (Chapitre préliminaire).**

3. Donnez un titre à votre portrait.

Corrections réciproques

1. Echangez votre deuxième brouillon avec les brouillons de deux de vos camarades de classe. Chacun(e) d'entre vous réagira aux portraits donnés en répondant aux questions suivantes. Notez vos réactions par écrit (en style télégraphique) car elles seront utiles à vos camarades.

a. Quels aspects (traits distinctifs, images...) du portrait vous ont frappé(e)?

b. Quel type de personne ce portrait évoque-t-il pour vous?

c. Quels sentiments ou quelles réactions a provoqués en vous ce portrait?

d. A votre avis, qu'est-ce qui pourrait être changé ou amélioré dans ce portrait?

2. Discutez avec vos camarades vos réactions respectives. Comparez leurs réactions avec les buts que vous désiriez atteindre (impression dominante; images révélatrices; effets du portrait sur le lecteur...). (Voir aussi le **Guide de corrections réciproques** dans le **Chapitre préliminaire**).

Rédaction finale

1. Effectuez les changements qu'ont pu vous inspirer les remarques de vos camarades.

2. Vérifiez l'orthographe et la correction grammaticale. Servez-vous encore du **Guide de corrections de langue.** Faites particulièrement attention à la forme, à la place et à l'accord des adjectifs.

3. Rédigez au net la version finale de votre portrait. Relisez votre travail.

Chapitre 5

La description des lieux

Mardi gras à La Nouvelle-Orléans

Introduction

a description des lieux apparaît dans des contextes très variés. Elle pré-domine bien sûr dans les écrits basés sur le genre descriptif, tels un manuel de géographie présentant la topographie d'une région, un récit de voyage évoquant les lieux visités, un guide touristique van-tant les charmes d'un site. La description s'insère également dans d'autres types d'écrits qu'elle sert à enrichir et à animer. Par exemple, elle met en valeur le dé-cor où se déroule l'action d'un roman; elle renforce, par des détails concrets, un essai dénonçant les méfaits de la pollution sur une côte ou dans une forêt.

L'apprentissage des techniques descriptives vous sera donc utile, d'une part pour enrichir vos propres écrits, d'autre part pour mieux apprécier et analyser le style d'auteurs que vous lisez. Vous avez déjà observé et utilisé des techniques descriptives dans le contexte du portrait. Dans ce chapitre, vous les dévelop-perez plus avant et apprendrez à aiguiser votre sens de l'observation, à choisir un langage précis et évocateur et à organiser un essai descriptif.

Préludes

A Votre campus. Choisissez un endroit que vous aimez sur le campus: la bibliothèque, la cafétéria, une salle de laboratoire (de langues, de chimie, d'informatique), la piscine, un endroit où vous aimez vous as-seoir dehors... Repérez dans la classe les étudiant(e)s qui ont choisi le même lieu que vous pour pouvoir ensuite comparer vos notes. Inscrivez le nom de ce lieu au centre du schéma ci-dessous. Puis, individuelle-ment, faites naître vos idées en vous aidant des exercices 1 et 2.

1. Inventaire objectif. En un premier temps, faites un inventaire des éléments qui caractérisent ce lieu. Notez-les dans l'une des cinq caté-gories sensorielles. Vous pouvez employer des noms, des adjectifs, des verbes ou d'autres expressions.

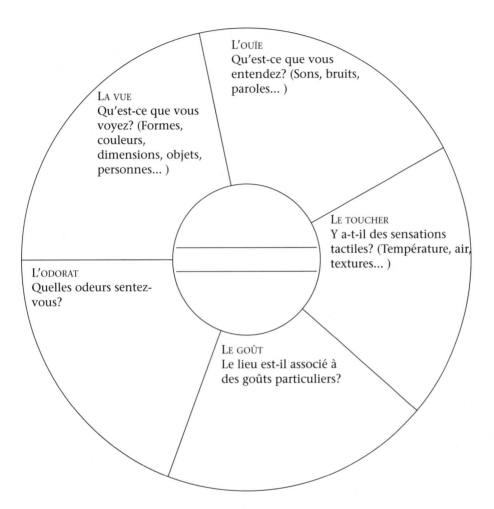

L'OUÏE
Qu'est-ce que vous entendez? (Sons, bruits, paroles...)

LA VUE
Qu'est-ce que vous voyez? (Formes, couleurs, dimensions, objets, personnes...)

LE TOUCHER
Y a-t-il des sensations tactiles? (Température, air, textures...)

L'ODORAT
Quelles odeurs sentez-vous?

LE GOÛT
Le lieu est-il associé à des goûts particuliers?

2. Eléments subjectifs. Maintenant ajoutez vos impressions person-nelles. Quel effet ce lieu a-t-il sur vous? Quelles réactions affectives est-ce que l'atmosphère déclenche en vous? Notez vos impressions soit dans le schéma, soit sur une feuille séparée.

3. Analyse de vos notes. Parmi tous les éléments descriptifs que vous avez notés, quels sont les plus caractéristiques de l'atmosphère du lieu? Encerclez-les.

Si vous écriviez un essai descriptif sur ce lieu, quelle impression dominante choisiriez-vous de mettre en valeur? Notez-la en quelques mots.

---

4. Mise en commun. Maintenant réunissez-vous avec les étudiant(e)s qui ont choisi le même lieu que vous. Chaque étudiant(e) va rapporter au groupe les éléments descriptifs les plus caractéristiques du lieu, ses réactions affectives, son impression dominante. Comparez et discutez les points communs et les différences de vos observations.

B Votre salle de classe

1. Lisez la description de la salle de classe où Marcel Pagnol (1895–1974) était élève au début du vingtième siècle. Remarquez comment les mots **sur la gauche, à droite, à partir de la porte, puis, au-dessus, enfin** nous aident à situer les éléments dans la salle de classe.

   > C'était une très grande salle. Le mur du fond était percé de quatre fenêtres, à travers lesquelles on voyait les feuillages des platanes[1] de l'internat.[2] Sur la gauche, de très longs pupitres[3] à sept ou huit places, étagés sur des gradins de bois.[4] A droite, à partir de la porte, un poêle,[5] puis un grand tableau noir au-dessus d'une plate-forme; enfin sur une estrade un peu plus élevée, une chaire, et dans la chaire, un professeur.

   > Marcel Pagnol, *Le Temps des secrets* (1960)

   [1] *plane trees*   [2]bâtiment où logent les élèves   [3]bureaux d'écoliers   [4]étagés... *on wooden tiers*   [5]appareil de chauffage

2. En groupe de trois, décrivez maintenant votre salle de classe. Chaque groupe va se placer à un endroit différent de la salle: à la porte d'entrée, près du bureau du professeur, au fond de la classe.

   Commencez par observer et par noter sur une feuille les éléments que vous voyez à partir de votre emplacement. Soyez aussi précis(e) que possible: par exemple, les bureaux sont-ils en bois, en métal, en plastique? de quelle couleur? Quelqu'un qui ne connaît pas votre salle de classe devrait pouvoir la dessiner à partir de votre description. Soyez attentifs aussi aux sons, au moment de la journée, et, selon votre emplacement, à la vue extérieure, à la qualité de la lumière.

   Ensuite, écrivez un petit paragraphe en donnant des points de repère comme «à droite», «devant», etc.

   Pour finir, chaque groupe lira sa description à haute voix et la classe discutera le choix du vocabulaire et les différents points de vue. De quel emplacement a-t-on une vue intéressante de la salle de classe?

C Votre ville ou votre région

1. Comparaisons. Lisez les deux descriptions de la ville de Cincinnati et comparez le vocabulaire, le style et le but respectif des deux textes.

TEXTE 1

Cincinnati: Ville des Etats-Unis, au sud-ouest de l'Ohio, près du Kentucky, sur la rive droite de l'Ohio. La ville est bâtie sur deux zones plates et plusieurs collines (zones plus résidentielles). Elle abrite de nombreuses industries, dont les machines-outils et les industries chimiques. Elle a plusieurs musées et un orchestre symphonique. Cincinnati est la patrie de W. H. Taft.

adapté du *Petit Robert 2*

TEXTE 2

CINCINNATI, U.S.A. NORTHERN KENTUCKY

Il faut tout voir !

Détendez-vous comme jamais !

Il n'y a pas de limite aux plaisirs qui vous attendent à Cincinnati/Northern Kentucky, U.S.A.

La vie trépidante et joyeuse dans notre grande métropole en plein essor est aussi brillante et sophistiquée que tout ce que vous avez rêvé de trouver.

Venez, à la fête d'Octobre déguster les saucisses brûlantes, ou, peut-être un chateaubriand dans un restaurant intime de cinq étoiles. Jazz en plein air ou concerts classiques. Le charme tranquille d'une agglomération fluviale ou l'éclat des néons d'une boîte de nuit au bord de l'eau.

Quels que soient vos goûts, venez donc! Vous trouverez tout cela à Cincinnati/Northern Kentucky, U.S.A.

Les églises majestueuses, les hôtels et les musées font de Cincinnati une mecque de l'architecture étonnante. Les toits très pointus, les faîtages métalliques, les sols de marbre et le plus grand vitrail d'église au monde résument quelques unes des plus belles réalisations mondiales. Appréciez les constructions d'hier pendant que nous bâtissons pour demain.

Notre steeple-chase et notre course de chevaux pur-sang rapides comme l'éclair vous remettra sûrement d'aplomb. Sur les deux principaux hippodromes, Turfway Park et River Downs, vous trouverez toute l'action qu'il faut pour accélérer vos battements de coeur. A une heure de route, au sud, par l'Interstate 75 il faut absolument voir The Kentucky Horse Park, véritable chef d'oeuvre de gazon bleuté. Une histoire vivante des chevaux pur-sang dont vous pouvez voir de près l'élégance dans un environnement d'une beauté à vous couper le souffle.

Une promenade en bateau sur l'Ohio vous conduira dans des endroits dont vous n'avez jamais rêvé. Emerveillez-vous devant la beauté d'une ville fluviale où le charme du passé rivalise avec les réalisations contemporaines. Sur le pont, tandis que vous voyagez sans fatigue, vous ne manquerez pas d'évoquer ce temps révolu où les bateaux à roues à aubes ouvraient la route vers l'Ouest.

Décidez à quel texte (1 ou 2) se rapportent les adjectifs et les verbes suivants:

attirer	informer	objectif
convaincre	manipulateur	séduire
direct	neutre	subjectif
expliquer		

Lequel des deux textes utilise fréquemment les formes suivantes: l'impératif, le superlatif, les adjectifs qualificatifs? Quel est l'effet de ces formes grammaticales?

Quel type d'écrit est le texte 1? le texte 2?

2. Trouvez un partenaire qui habite la même ville ou la même région que vous. Composez une brève description de cet endroit sur le modèle des deux textes précédents. D'abord écrivez trois ou quatre phrases à la manière d'une description de dictionnaire. Puis rédigez un paragraphe publicitaire pour vanter les attraits particuliers de votre ville ou votre région. Ne soyez pas timide! N'ayez pas peur d'utiliser des expressions superlatives!

Atelier d'écriture

Stratégies et modèles 1

Observer attentivement le lieu

Une bonne description s'appuie sur une observation attentive et patiente du lieu. Soyez conscient(e) des choses, des gens, des conversations, des bruits, des activités, du moment de la journée, de la lumière, des odeurs... Prêtez attention aux détails. Soyez réceptif (réceptive) aux différentes sensations. Notez immédiatement vos impressions.

Faire appel aux impressions sensorielles

Vous avez à l'esprit une image précise de l'endroit que vous voulez décrire, mais vos lecteurs ne connaissent pas ce lieu. Il faut donc les aider à l'imaginer. Il faut leur permettre de voir, d'entendre, de sentir les choses comme s'ils étaient dans ce lieu avec vous. Pour cela, la description fait appel aux impressions des cinq sens, évoquant les images visuelles, les odeurs, les sons, les textures, les goûts. Le sens le plus utilisé est la vue—l'auteur décrit les formes, les couleurs, la luminosité—mais les autres sens ne doivent pas être négligés, car ils contribuent aussi à donner l'illusion du réel.

Déterminer l'impression dominante et sélectionner les détails

Pour donner une unité et de l'originalité à votre description, identifiez une impression dominante que vous pourrez développer soit en employant plusieurs mots du même champ sémantique (EXEMPLE: **flamme, étincelant, brûler, feu, ardent, embraser** pour traduire l'intensité du soleil), soit en retenant des détails caractéristiques (EXEMPLE: la qualité du silence, l'isolement ou la pénombre d'un lieu pour mettre en valeur une impression de paix). Les mots et les détails descriptifs sont sélectionnés dans le but de renforcer l'impression dominante de l'essai.

Observation

Lisez l'extrait suivant tiré du recueil d'essais *L'Envers et l'Endroit* (1937) d'Albert Camus. L'auteur décrit un «café chantant» de Palma aux îles Baléares. Notez les diverses références sensorielles utilisées dans cette description.

'ai passé près d'une nuit dans l'un de ces cafés. C'était une petite salle très basse, rectangulaire, peinte en vert, décorée de guirlandes roses. Le plafond boisé était couvert de minuscules ampoules[1] rouges. Dans ce petit espace s'é-

5   taient miraculeusement casés[2] un orchestre, un bar aux bouteilles multicolores et le public, serré[3] à mourir, épaules contre épaules. Des hommes seulement. Au centre, deux mètres carrés d'espace libre. Des verres et des bouteilles en fusaient,[4] envoyés par le garçon aux quatre coins de la salle. Pas un être ici n'était conscient. Tous hurlaient.[5] Une

10 sorte d'officier de marine m'éructait dans la figure[6] des politesses chargées d'alcool. A ma table, un nain[7] sans âge me racontait sa vie. Mais j'étais trop tendu pour l'écouter. L'orchestre jouait sans arrêt des mélodies dont on ne saisissait que le rythme parce que tous les pieds en donnaient la mesure. Parfois la porte s'ouvrait. Au milieu des

15 hurlements, on encastrait[8] un nouvel arrivant entre deux chaises.

Albert Camus, *L'Envers et l'Endroit* (1937)

[1]*light bulbs*   [2]placés, insérés   [3]très proche   [4]partaient comme une fusée *(rocket)*   [5]criaient très fort   [6]m'éructait... me lançait au visage   [7]*dwarf*   [8]insérait

Analyse

A La description du lieu.

1. Quels détails spécifiques vous permettent d'imaginer visuellement ce café chantant?
2. Quels mots font appel à votre sens de l'ouïe?
3. Quelle expression fait appel à votre sens de l'odorat?

B L'impression dominante. Résumez en quelques mots l'impression dominante qui se dégage de cette description. Choisissez deux ou trois détails qui, à votre avis, illustrent le mieux cette impression dominante.

C L'effet du texte. A votre avis, Camus a-t-il autant aimé ce café chantant que les clients? Quel effet la description a-t-elle sur vous? Aimeriez-vous aller dans un café semblable? Pourquoi?

Mise en application

A Regardez les photos ci-dessous et notez rapidement les diverses impressions sensorielles qu'elles évoquent pour vous. Puis choisissez une des photos. Décidez quelle impression dominante vous voudriez communiquer à propos de ce lieu et sélectionnez deux ou trois détails descriptifs qui mettent en relief cette impression. Rédigez un petit paragraphe descriptif qui communique à votre lecteur ce que vous ressentez.

Une salle de jeux vidéo

Un marché de fruits et de légumes

B Individuellement, commencez à explorer le lieu que vous aimeriez décrire dans votre rédaction finale pour ce chapitre. Choisissez un lieu que vous connaissez bien. Ce peut être un lieu qui vous attire, que vous fréquentez souvent, qui évoque des souvenirs, qui provoque en vous certaines réactions. Voici quelques idées de lieux qui peuvent vous aider à démarrer.

une boîte de nuit	un jardin
une cérémonie de remise de diplômes	une pièce chez vous
	votre lieu de travail
une chambre d'hôpital	une piscine
un concert	un restaurant
un endroit à la campagne	une usine
une galerie marchande	une ville ou un quartier

➤ **RG** 4
L'adjectif qualificatif

Que voyez-vous? Qu'entendez-vous? Que sentez-vous? Concentrez-vous sur un sens à la fois. Quel effet ce lieu a-t-il sur vous? Quelle impression dominante voudriez-vous transmettre à vos lecteurs? Si possible, passez quelque temps dans ce lieu et observez-le attentivement avant la mise en forme de votre rédaction.

Stratégies et modèles 2

Utiliser un langage précis et évocateur

Ce sont les mots que vous choisissez qui vont éveiller (ou non!) l'imagination de vos lecteurs. Il faut donc choisir des mots qui évoquent de façon aussi vivante et précise que possible l'image que vous avez de ce lieu. Remarquez le vocabulaire choisi dans les modèles et au besoin servez-vous d'un bon dictionnaire.

■ Employez des mots concrets plutôt que des termes généraux ou vagues. Nommez les choses avec précision. Au lieu de **fleurs**, indiquez **des tulipes et des iris**; au lieu de **meuble**, précisez **un buffet en chêne**. Dans le texte de Camus le nom **ampoules** nous donne une indication beaucoup plus précise que le nom **lumières** par exemple.

■ Choisissez des adjectifs qui évoquent des caractéristiques spécifiques. **Basse, rectangulaire, boisé** dans le texte de Camus nous aident à imaginer le décor. Evitez les termes usés et les appréciations esthétiques communes, vagues comme **beau** et **joli**.

■ Employez des mots évocateurs qui transmettent des impressions sensorielles et permettent au lecteur de voir, d'entendre, de sentir, de goûter, de toucher ce qui est décrit. Notez par exemple dans le texte de Camus le pouvoir évocateur des verbes **fusaient, hurlaient, éructait**.

Utiliser un langage imagé

Les images enrichissent et renforcent la description. Les figures de style—par exemple, la comparaison, la métaphore, la personnification—sont particulièrement utiles dans la description. En voici des exemples, tirés d'œuvres de Guy de Maupassant.

La comparaison établit une analogie entre deux termes au moyen d'un mot comparatif (**comme, pareil à, ressembler à...**).

> L'abbaye [du Mont Saint-Michel se dresse] **comme un manoir fantastique**, stupéfiante **comme un palais de rêve**.

La métaphore est une comparaison sous-entendue qui n'utilise pas de mot comparatif.

> Je l'avais vu d'abord de Cancale, **ce château de fées** planté dans la mer.

La personnification prête des traits et des sentiments humains aux animaux ou aux choses.

> Puis le clocher *(bell tower)* de Vieuxvicq **s'écarta** *(stepped aside)*, **prit ses distances**, et les clochers de Martinville **restèrent seuls**.
> (Un clocher ne peut pas bouger et prendre ses distances).

À noter

Utilisez ces techniques pour préciser, nuancer votre description et la rendre plus vivante. Mais ne tombez pas dans un style artificiel, chargé d'ornements inutiles. Exprimez-vous dans un style personnel, naturel et clair.

xpressions utiles

Pour nuancer une couleur

Le bleu: bleu clair, bleu ciel, bleu pâle, bleu foncé, bleu indigo, bleu marine, bleu vif, bleu gris, bleu vert, bleu lavande, bleu pervenche, bleu turquoise, bleuâtre

Pour préciser un son

clapoter *(to lap, splash):* le clapotis de l'eau
crépiter *(to crackle):* le crépitement du feu de cheminée
gazouiller *(to twitter; to babble):* le gazouillis des oiseaux, de l'eau
grincer *(to creak):* le grincement d'une porte
siffler *(to whistle):* le sifflement du vent

Observation

La romancière Madeleine Chapsal passe régulièrement ses étés dans sa maison de l'île de Ré, sur le littoral atlantique. Lisez les deux descriptions de sa maison ci-dessous. La première est écrite par Madeleine Chapsal pour les lectrices du magazine *Madame Figaro*. La deuxième est écrite par la journaliste Patricia Boyer de Latour à l'occasion de sa rencontre avec l'écrivain.

Mon île de Ré

ès l'aube,[1] j'ouvre porte et fenêtres sur la cour où les plantes, ranimées par la rosée,[2] m'attendent: c'est le jasmin qui m'assaille le premier, ensuite les roses, les géraniums, tandis que s'envolent quelques gros merles[3] gorgés
5   par les baies sucrées du mûrier-platane.[4]

Bruit d'ailes,[5] premier roulis[6] des bicyclettes en quête de croissants chauds, puis l'odeur du café que je bois seule—je le suis—assise sur le muret de notre placette commune, à contempler mon domaine.

Que tout est beau!
10   Cette résidence paraît dessinée par et pour des enfants, maisons basses ornées de roses trémières jusqu'aux tuiles[7] roses, murs blancs, volets verts.

La tranquillité des lieux rend tout facile.

Mes gestes se simplifient. Si vous venez, vous verrez, il n'y a ici
15   «rien à faire». Un T-shirt, un short suffisent. La couette[8] se rabat[9] d'une main, le poisson pêché de la nuit attend l'heure de la faim, la salade aussi.

On se sent tout à soi, c'est-à-dire à l'été.

Madeleine Chapsal, *Madame Figaro* (23 juillet 1994)

[1]le matin, de très bonne heure [2]fines gouttes d'eau [3]oiseaux noirs [4]type d'arbre [5]*wings*
[6]mouvement des roues [7]*tiles* [8]couverture de lit [9]se replie

Madeleine Chapsal: «Les écrivains ressemblent à leurs maisons»

➤ **RG** 5
Les compléments prépositionnels

'est une maison blanche arrimée[1] à l'océan, aux tuiles roses, aux volets verts, où l'air circule par des baies vitrées[2] ouvertes sur un minuscule jardin de curé planté de vivaces[3] à l'ombre d'un platane... On ne voit pas la mer de ses fenêtres, on la
5   devine, on la hume,[4] on la rêve. On est aux confins de l'île de Ré, au bout d'un terrain tout rencogné,[5] les voisins proches, la place du village à quelques mètres, chez Madeleine Chapsal, la romancière aux mille et une maisons imaginaires. Celle-ci, elle l'a voulue ainsi, bien construite dans la réalité, petite, accueillante, sans passé, sans grenier et sans
10 cave, avec un seul étage et beaucoup d'espace. Pour le bonheur de l'instant suspendu, de l'été radieux et de la vie qui vient. «Une maison exactement comme un navire à l'ancre[6]», précise-t-elle, songeuse. Tous ses amis le lui disent, «Ré te ressemble». Elle acquiesce, c'est l'évidence: elle l'a voulu ainsi. La maison a été conçue pour ses grands voy-
15 ages immobiles d'écrivain par un jeune architecte récemment disparu, Francis Gravière, qui avait lu les livres de Madeleine et les aimait.

Patricia Boyer de Latour, *Madame Figaro* (23 juillet 1994)

[1]attachée   [2]baies... fenêtres   [3]plantes qui vivent plus de deux années   [4]aspire par le nez pour sentir   [5]repoussé dans un coin   [6]navire... bateau immobilisé par une ancre

Analyse

A Un langage précis et évocateur

1. Retrouvez dans le texte de Madeleine Chapsal les noms concrets qui correspondent aux termes généraux suivants: les fleurs; les oiseaux; le toit.

   Lequel des deux textes vous donne le plus de renseignements concrets? Choisissez deux ou trois exemples de ces termes concrets.

2. Entourez dans les deux textes les mots qui vous permettent d'imaginer:

la maison elle-même
les sensations olfactives, auditives, gustatives

Quels mots ou quelles phrases de l'un ou l'autre texte trouvez-vous les plus intéressants, les plus évocateurs?

B Un langage imagé

1. Soulignez les comparaisons que vous retrouvez dans chacun des textes. Laquelle vous paraît la plus expressive? Pourquoi?

2. De quels verbes Madeleine Chapsal se sert-elle pour décrire ses plantes à son réveil? Est-ce un exemple de métaphore ou de personnification?

C L'effet du texte. Comment ces textes vous affectent-ils? Auriez-vous envie de faire la connaissance de Madeleine Chapsal ou de séjourner dans une maison comme la sienne? Pourquoi? Quel texte préférez-vous et pourquoi?

Madeleine Chapsal ne se sent pas propriétaire de ses maisons mais gardienne des lieux et maillon d'une chaîne qui lui survivra.
(*Madame Figaro*)

Mise en application

A Trouvez différents mots qui peuvent décrire:

1. les nuances du rouge ou d'une couleur de votre choix
2. le froid d'une journée d'hiver
3. les bruits de l'orage

B Construisez des phrases riches en détails descriptifs en vous inspirant des exemples suivants:

1. Ecrivez une phrase pour décrire votre maison ou votre appartement.

EXEMPLE: «C'est une maison blanche arrimée à l'océan, aux tuiles roses, aux volets verts, où l'air circule par des baies vitrées ouvertes sur un minuscule jardin.»

2. Décrivez vos sensations matinales un jour de travail ou de vacances.

EXEMPLE: «Bruit d'ailes, premier roulis des bicyclettes en quête de croissants chauds, puis l'odeur du café que je bois seule—je le suis—assise sur le muret de notre placette commune, à contempler mon domaine.»

3. Décrivez les odeurs et les occupations dans une cuisine familiale ou dans un restaurant.

EXEMPLE: «C'est le jasmin qui m'assaille le premier, ensuite les roses, les géraniums, tandis que s'envolent quelques gros merles gorgés par les baies sucrées du mûrier-platane.»

4. Décrivez dans un style figuré votre campus ou un lieu de votre choix.

EXEMPLE: «Une maison exactement comme un navire à l'ancre... »

C Maintenant vous devriez avoir choisi le lieu que vous allez décrire dans votre rédaction et vous avez peut-être eu l'occasion de l'observer à nouveau. Reprenez les notes de l'exercice B (page 117).

1. Réfléchissez à l'effet que vous voulez produire. Voulez-vous recréer une atmosphère qui vous attire? Voulez-vous transmettre une opinion sur l'importance ou la signification sociale de ce lieu? Notez l'impression dominante que vous voulez créer.
2. Quelles sensations pouvez-vous développer? Trouvez des mots précis et évocateurs pour décrire l'atmosphère du lieu. Commencez à rédiger quelques phrases qui décrivent de façon vivante ce lieu.
3. Quelles comparaisons pouvez-vous employer? Ecrivez-les. Quels verbes pourraient donner de la vie à un aspect de votre description?

Stratégies et modèles 3

Organiser la description

Votre description peut s'organiser de différentes façons. L'organisation dépendra du sujet choisi et du but de votre description. Essayez différents plans pour trouver celui qui convient le mieux à votre essai. Vous pouvez par exemple:

■ organiser les éléments descriptifs dans une perspective spatiale: du proche au lointain; de gauche à droite; du haut vers le bas; de l'extérieur à l'intérieur. Voici quelques angles d'observation possibles.

> Description à partir d'un point fixe. L'observateur reste immobile et décrit ce qu'il perçoit à partir de cet endroit.
> Description progressive, liée au mouvement de l'observateur. L'observateur se déplace—il/elle marche, circule en voiture, en

vélo... —et fait découvrir le lieu au fur et à mesure de son déplacement.

Vue rapprochée. L'observateur, proche du lieu observé, concentre son attention sur un espace assez limité et enregistre des détails précis.

Vue panoramique. L'observateur contemple le lieu d'assez loin, souvent d'une hauteur (par exemple une tour, une fenêtre, une montagne, un avion) et donne une vue d'ensemble de la scène.

■ décrire le lieu dans une perspective temporelle. Par exemple, vous pourriez observer le lieu à différents moments de la journée et souligner les contrastes.

■ ordonner les détails descriptifs de façon à mettre en relief un trait saillant du paysage (par exemple une statue au centre d'une place; un objet remarquable dans une pièce). Vous pouvez réserver cet élément pour la fin, ou au contraire attirer immédiatement l'attention du lecteur sur ce trait.

■ ordonner votre description autour des impressions sensorielles. Une description d'hôpital, par exemple, pourrait mettre l'accent sur des odeurs, puis des images visuelles, ensuite des sons (ou leur absence).

■ développer la rédaction à partir d'une métaphore qui met en relief l'impression dominante recherchée.

Expressions utiles

Repères spatiaux

au premier plan, au deuxième plan, à l'arrière plan, tout près, à côté, plus loin
au loin, dans le lointain, au fond, à l'horizon
à droite, à gauche, au centre, au milieu, devant, en face
en haut, en bas
au nord, à l'est, à l'ouest, au sud
d'abord, ensuite, enfin
le long de
au détour *(at the bend)* de la route
au bout *(at the end)* de la route
au coin de la rue
à deux pas *(very close, a minute away)*

Verbes utiles pour situer les éléments

se détacher/se découper *(to stand out/to be outlined)*
dominer *(to tower)*
donner sur/s'ouvrir sur *(to open onto)*
se dresser *(to stand)*
s'élever *(to rise)*
s'étendre/s'étirer *(to spread/to stretch)*
longer *(to border)*
se nicher *(to nestle)*
serpenter *(to meander; to wind)*
surplomber *(to overhang)*
se trouver/se situer *(to be located)*

Quelques verbes relatifs au mouvement

on flâne *(strolls)*
on longe *(passes, walks, runs, sails along)*
on pénètre/on s'enfonce *(enters deep into/disappears into)*
on suit *(follows)*
on traverse *(goes across)*

Soigner le style de la description

■ Variez les verbes. Evitez les répétitions de verbes tels que **faire**, **avoir** et **être** ou l'expression **il y a.** Ainsi, au lieu de l'expression commune et ennuyeuse «il y avait quatre fenêtres», Marcel Pagnol nous dit de sa salle de classe, «le mur du fond était percé de quatre fenêtres».

Sur le lac, il y avait un voilier. → Sur le lac voguait *(drifted)*, glissait *(slipped)*, filait *(sped)* un voilier.
Il y a une rivière. → Une rivière coule *(flows)*, traverse *(goes through)* une vallée, serpente à travers la prairie.
La fleur a un parfum délicat. → La fleur dégage, exhale, émet, répand un parfum délicat.

■ Variez la structure et la longueur des phrases. Une rédaction composée de phrases construites sur le modèle «sujet verbe objet» risque d'être monotone. Alternez le rythme entre des phrases longues, élaborées et des phrases plus brèves, plus directes ou dramatiques.

Ainsi le nom peut être caractérisé:

par **un adjectif:** une maison **blanche**

par **un complément prépositionnel**: une maison **au toit pointu**,
une maison **de pierre**, une maison **avec sa cheminée en briques
rouges**

par **une apposition**: Une immense maison rose, **véritable château
de fées**, se dresse au détour de la route.

par une **proposition relative**: une maison **qui donne sur la forêt**

L'adjectif peut être caractérisé:

par **un adverbe**: une route **un peu** étroite
par **un autre adjectif**: un lac d'un bleu **profond**
par **un complément prépositionnel**: une allée plantée **d'arbres
centenaires**

> **RG** 5
Les compléments préposi-
tionnels

Observation

Olivier Le Naire, l'auteur de l'article qui suit, nous invite à découvrir avec
lui la région et le château de Montaigne, le célèbre essayiste du seizième siècle. Le château se trouve dans le Périgord, tout près de la région bordelaise.

Château de Montaigne

'abord, vous progressez sur une route un peu étroite, sinueuse.[1] Vous avez à peine quitté la vaste
plaine de vignes du Bordelais et vous
pénétrez petit à petit, sans vraiment y
5   prendre garde, dans un autre paysage, fait de collines
et de vallons, de hêtres, de chênes et de pâturages.[2]
Vous voilà, presque par hasard, presque par effrac-
tion, dans le vert Périgord. Au bout du chemin, au
sommet de l'éminence, le village (une église, une
10   mairie, une épicerie, quelques belles maisons de
pierre), dans un cadre encore préservé, a gardé ses
airs anciens et reconnaît dès l'entrée sa dette à
l'homme du pays: Michel de Montaigne. Le château
est à deux pas, au bout d'une allée traversant des
15   herbages et plantée d'arbres plus que centenaires. Puis on découvre les

[1]qui présente de nombreux tournants   [2]hêtres... *beeches, oaks, and pastures*

parterres,[3] les rosiers, la grande terrasse bordée d'un balustre[4] de pierre d'où l'on aperçoit, à perte de vue,[5] une partie du Bordelais et du Périgord. Au loin, des ouvriers agricoles s'activent dans les vignes. La châtelaine flâne[6] dans son jardin et gronde gentiment les chèvres qui tentent
20 de venir grignoter[7] ses fleurs. Le guide-régisseur[8] veille au grain.[9] Chacun et chaque chose ici sont à leur place. Comme autrefois.

Olivier Le Naire, *L'Express* (21 juillet 1994)

[3]*flower beds*   [4]mur à hauteur d'appui   [5]à perte... si loin que la vue ne peut plus distinguer les choses   [6]La châtelaine... La propriétaire du château se promène   [7]manger   [8]personne responsable des visites et de l'administration du château   [9]veille... fait attention à tout problème éventuel

Analyse

A L'organisation de la description

1. L'auteur a choisi une organisation spatiale. Cette description s'ordonne-t-elle à partir d'un point d'observation fixe ou d'une découverte progressive du paysage? Trouvez et soulignez dans le texte les mots et les expressions qui justifient votre réponse.
2. Un passage de la description offre une vue panoramique du paysage. Identifiez ce passage dans le texte. De quel endroit l'auteur observe-t-il le paysage? Qu'est-ce qu'il voit au loin? plus près?
3. Pourriez-vous reconstruire l'itinéraire suivi par l'auteur? Notez brièvement les étapes du paysage découvert: 1. une route sinueuse 2. les vignes du Bordelais 3....
4. L'auteur a-t-il réussi à capter votre intérêt? Si oui, de quelle façon? Pouvez-vous penser à une autre façon d'organiser cette description? Donnez-en les grandes lignes.

B Un langage précis et évocateur

1. Ce texte emploie un grand nombre de noms concrets. Soulignez dans le texte au moins six exemples de ces noms.
2. Les verbes animent la description et précisent le sens de la phrase. Retrouvez les verbes employés dans le texte à la place des verbes communs et vagues utilisés dans les phrases suivantes.

Vous arrivez petit à petit dans un autre paysage.
Le village a des airs anciens.

Il y a des parterres et des rosiers.
On voit des ouvriers agricoles dans les vignes.
La châtelaine est dans son jardin.

Mise en application

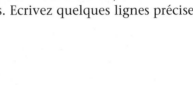

Avec un(e) partenaire, écrivez quelques lignes pour décrire un lieu de votre choix (un magasin d'alimentation, un restaurant, un endroit isolé dans la nature...). Décidez quelle perspective vous adopterez (découverte progressive; point d'observation fixe; vue panoramique; vue rapprochée). Incluez des points de repère pour votre lecteur, des mots concrets, des verbes d'action; notez des impressions sensorielles. Ecrivez quelques lignes précises et évocatrices en soignant vos phrases.

vous d'écrire

Sujet

Rédigez la description d'un lieu que vous connaissez bien et qui a une signification particulière pour vous.

Etapes de la rédaction

Notes préliminaires et premier brouillon

1. Si possible, retournez à l'endroit choisi pour l'observer ou ravivez vos souvenirs du mieux possible. Concentrez-vous sur chacun des cinq sens et faites une liste des impressions sensorielles liées à ce lieu. Notez tout ce qui vous vient à l'esprit.

2. Réfléchissez au but de votre description. Comment, pourquoi ce lieu vous affecte-t-il? Que voulez-vous communiquer à vos lecteurs? Quelle impression dominante voulez-vous mettre en relief? Examinez vos notes et entourez d'un cercle les éléments et les détails les plus pertinents.

3. Décidez quelle va être l'organisation de la rédaction: temporelle? spatiale? sensorielle? basée sur une métaphore? centrée sur un élément particulier? S'il s'agit d'une organisation spatiale, choisissez le

meilleur angle d'observation pour votre description. Faites un plan des principaux paragraphes qui vont former l'essai.

4. Composez votre premier brouillon.

Révision personnelle et deuxième brouillon

1. Relisez votre brouillon en prenant pour guide les stratégies d'écriture de ce chapitre. Posez-vous les questions suivantes et notez dans les marges du brouillon les changements qui vous semblent nécessaires.

   a. Un lecteur qui ne connaît pas le lieu que vous décrivez peut-il se l'imaginer? Quels mots dans votre texte lui permettent de se le représenter concrètement? Avez-vous donné assez de détails précis pour que le lecteur «voie» ce que vous voyez?

   b. Quelles impressions sensorielles avez-vous utilisées? Contribuent-elles à rendre ce lieu visible, sensible pour votre lecteur?

   c. Le lecteur peut-il suivre votre description? Quels repères (spatiaux ou temporels) lui donnez-vous pour qu'il s'oriente?

   d. Quels détails du texte contribuent à créer l'impression dominante? Y a-t-il des éléments à éliminer?

   e. Comment pouvez-vous améliorer le choix du vocabulaire pour rendre votre description plus précise, plus vivante, plus dynamique, plus intéressante? Regardez surtout les verbes; éliminez les mots vagues tels que «joli», «magnifique». Quels mots ou quelles images vous plaisent tout particulièrement?

   f. Avez-vous varié la structure de vos phrases pour éviter la monotonie? Les paragraphes forment-ils un tout logique?

2. Ecrivez un deuxième brouillon en incorporant les changements que vous jugez utiles. Faites les corrections de langue nécessaires. Servez-vous du **Guide de corrections de langue.**

3. Donnez un titre à votre description. Choisissez un titre «accrocheur» qui va bien refléter le but de votre rédaction ou qui va intriguer votre lecteur.

Corrections réciproques

1. Echangez les photocopies de votre deuxième brouillon avec celles de deux de vos camarades. Chacun(e) d'entre vous réagira aux descriptions en répondant par écrit (en style télégraphique) aux questions suivantes.

   a. Quels aspects du lieu vous ont frappé(e) et vous restent en mémoire? Qu'est-ce que vous avez le plus aimé dans l'essai?

   b. Pouvez-vous imaginer le lieu décrit? Quels éléments du texte vous le permettent? Y a-t-il des renseignements qui vous manquent, des détails que vous aimeriez connaître?

c. Le vocabulaire est-il précis? intéressant? varié? Proposez les changements qui vous semblent nécessaires.

d. Est-ce facile de suivre la description? Y a-t-il des passages qui vous ont perdu(e)? Si oui, quels repères vous manquent?

e. Quelle impression dominante retirez-vous de cette description? A votre avis, qu'est-ce que l'auteur a voulu communiquer?

f. Est-ce que le titre convient à la description? Pourquoi? Est-ce qu'il capte l'intérêt du lecteur?

g. A votre avis qu'est-ce qui pourrait être changé, amélioré ou supprimé dans cette description?

2. Discutez avec vos camarades vos réactions respectives. Comparez leurs réactions avec les buts que vous désiriez atteindre.

Rédaction finale

1. Effectuez les changements qu'ont pu vous inspirer les remarques de vos camarades.

2. Examinez le style de votre description dans son ensemble.

- Variez la longueur et les structures grammaticales de vos phrases.
- Vérifiez l'orthographe et la correction grammaticale. Servez-vous du **Guide de corrections de langue**.

3. Rédigez au net la version finale de votre description.

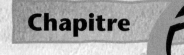
Le récit personnel

«Alors, qu'est-ce qui s'est passé exactement?»

Introduction

Le récit raconte une histoire dont les événements peuvent être basés sur des faits réels ou fictifs. Nous aimons tous raconter et entendre raconter des histoires. A la différence du récit oral qui est rapporté spontanément, la narration écrite demande un travail soigneux de sélection et d'organisation des éléments narratifs. Pour raconter une histoire qui intéresse le lecteur, il faut animer les personnages, évoquer le cadre dans lequel ils évoluent, enchaîner de façon cohérente les étapes du récit.

Ce chapitre est consacré au récit personnel dans lequel l'auteur raconte des expériences qu'il a lui-même vécues. L'auteur s'implique directement dans l'histoire, soit en tant que personnage qui participe à l'action, soit en tant que témoin de l'action. Il ou elle communique à ses lecteurs ses observations personnelles, ses émotions ou ses opinions par rapport aux événements relatés. Etant le narrateur des événements, l'auteur utilise généralement le «je» et/ou le «nous» de la première personne pour raconter son expérience.

Si certains récits relatent des aventures extraordinaires, la plupart sont basés sur des émotions communes à tous les gens—la joie, le regret, la peur, la colère, la frustration. L'art du récit peut en effet transformer un incident anodin en un événement significatif et captivant. Les activités et les modèles de récits proposés dans ce chapitre vous aideront à composer un récit personnel pour lequel vous ferez appel à vos propres expériences et souvenirs.

Préludes

A Les étapes de votre vie. Tracez sur une feuille blanche les étapes de votre vie à l'aide de dessins, symboles, dates ou mots-clés. Pensez aux événements mémorables, aux personnes qui vous ont influencé(e), à vos premières expériences... Ensuite, expliquez votre dessin à deux ou trois de vos camarades de classe.

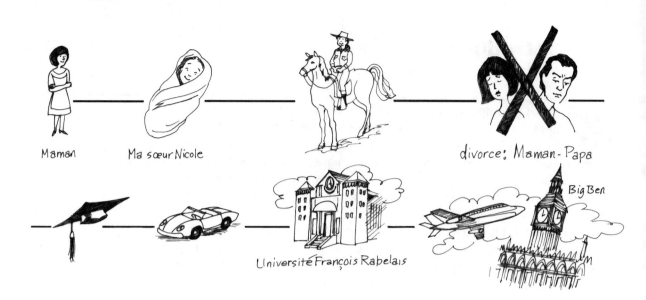

Maman   Ma sœur Nicole   divorce: Maman-Papa

Big Ben

Université François Rabelais

 B Evénements mémorables. A partir des étapes de votre vie, sélectionnez ensemble les événements qui ont eu une importance particulière pour chacun(e) d'entre vous et notez brièvement pourquoi ces événements vous ont marqué(e). Ensuite faites part de votre liste et expliquez vos choix à l'ensemble de la classe. Un étudiant écrira au tableau les différents sujets de récit proposés.

EVENEMENTS SELECTIONNES	POURQUOI?
_____	_____
	_____
_____	_____
	_____
_____	_____
	_____

 C Ebauche de récit. Un membre de votre groupe se porte volontaire pour raconter une expérience mémorable. Ensemble vous discuterez les éléments du récit en vous inspirant des questions suivantes.

1. Pourquoi te rappelles-tu cet événement? Etait-ce un point tournant dans ta vie? As-tu ressenti une émotion particulière? As-tu appris quelque chose?
2. Qu'est-ce qui s'est passé?
3. Quand a eu lieu cet épisode de ta vie?

4. Où a eu lieu cet épisode? Te rappelles-tu certains éléments du cadre *(setting)*?

5. Quelles personnes jouent un rôle essentiel dans cette expérience?

6. Explique en une phrase ce que tu veux communiquer à tes auditeurs (tes camarades de classe) en racontant cette histoire. Est-ce une émotion? une opinion? une leçon morale? Cherches-tu à les convaincre, à les amuser, à les informer, à leur apprendre quelque chose d'important que tu as vécu? Sois précis(e).

D Notes. Si c'est vous qui vous êtes porté(e) volontaire pour l'exercice C, il se peut que vous décidiez d'utiliser ce sujet pour votre rédaction finale. Après votre discussion en groupe, notez rapidement les idées dont vous voulez vous souvenir. Vous pouvez noter des mots, des images, des dates, des verbes... Si vous étiez parmi les auditeurs, commencez à explorer votre propre sujet de récit.

Déterminer le but du récit

Le récit raconte une histoire. Son but ou objectif principal est d'exposer une suite de faits. Cependant, la plupart des récits vont au-delà d'une simple mention des faits et visent à illustrer un point particulier, une idée centrale que l'auteur veut mettre en évidence. Par exemple, à travers les événements qu'il raconte, l'auteur peut vouloir:

- révéler un aspect de sa propre personnalité
- recréer et faire partager à son lecteur une émotion particulière
- faire rire le lecteur
- communiquer des réflexions personnelles, une opinion, ou même une leçon morale ou philosophique que lui ont inspirées les faits qu'il relate.

En tant qu'auteur, il est essentiel que vous déterminiez le but de votre récit car c'est en fonction de ce but que vous sélectionnerez les éléments constitutifs du récit. Quelles réactions voulez-vous déclencher chez votre lecteur? Que voulez-vous lui communiquer?

Vous communiquerez cette idée centrale au lecteur soit de façon directe dans le récit, soit de façon implicite par le ton et les détails que vous choisirez.

Sélectionner et ordonner les éléments narratifs

1. **La sélection des événements-clés.** La relation de tous les faits pourrait rapidement devenir ennuyeuse pour le lecteur et diluer le but du récit. Il est donc important de sélectionner les faits qui ont un rapport direct avec le but de la narration et de développer le récit autour de ces événements-clés.

2. **L'ordre des séquences narratives.** Raconter, c'est organiser un texte de façon à ce que les événements soient reliés entre eux de façon compréhensible pour le lecteur. Généralement, l'enchaînement narratif du récit suit l'ordre chronologique, c'est-à-dire l'ordre dans lequel les événements sont arrivés. Utilisez des repères temporels pour guider le lecteur.

   Pour mettre en relief un élément du récit, l'ordre strictement chronologique peut être interrompu ou altéré de différentes façons.

- Le début *in medias res* plonge le lecteur directement dans l'action en cours et lui donne plus tard les détails nécessaires à la compréhension de l'action. Cette technique permet de mettre en relief un événement-clé et pique la curiosité du lecteur. *La condition humaine* d'André Malraux débute *in medias res*: «Tchen tenterait-il de lever la moustiquaire? Frapperait-il au travers? L'angoisse lui tordait l'estomac... » Le lecteur, qui ne sait encore rien de Tchen ou des circonstances de l'histoire, se trouve plongé dans une atmosphère oppressante, conscient seulement d'un meurtre imminent.

- Le retour en arrière est l'équivalent du flash-back cinématographique. Il ramène le lecteur à un épisode antérieur à l'action en cours. C'est en général une brève incursion dans le passé qui donne au lecteur des renseignements complémentaires importants et lui fait mieux comprendre les circonstances de l'histoire qu'il lit. Par exemple, un auteur va rappeler un souvenir d'enfance pour expliquer un trait de caractère d'un personnage ou une action de son récit.

- L'anticipation, par contre, est un coup d'œil jeté en avant. L'auteur pique la curiosité du lecteur en lui donnant une idée de la fin de l'histoire. Dans *Manon Lescaut* de l'abbé Prévost, nous apprenons dès le début que l'histoire va se terminer par une déportation en Amérique.

■ Les pauses: l'auteur interrompt temporairement le cours du récit pour insérer ses propres commentaires sur l'histoire en cours. Il lui est donc possible d'exprimer ses émotions, ses opinions par rapport aux événements relatés.

xpressions utiles

Pour enchaîner l'ordre des événements

d'abord
ensuite, puis
alors, c'est alors que...
à ce moment-là
soudain, tout à coup
enfin, finalement
avant *(+ nom):* avant le concert / avant de *(+ infinitif présent):* avant de partir
après *(+ nom):* après le dîner / après *(+ infinitif passé):* après avoir dîné
pendant *(+ nom):* pendant la visite / pendant que *(+ verbe conjugué):* pendant
    que nous visitions le musée

➤ **RG** 2
l'infinitif

Pour raconter un événement qui se déroule sur plusieurs jours

Le moment présent est le point de référence

Passé	Moment présent	Futur
hier	aujourd'hui	demain
avant-hier		après-demain
il y a une semaine		dans une semaine
le mois dernier		le mois prochain

Un moment du passé est le point de référence

Avant	Moment du passé	Après
la veille	ce jour-là	le lendemain
l'avant-veille		le surlendemain
trois jours avant / plus tôt		trois jours après / plus tard
la semaine d'avant	cette semaine-là	la semaine suivante
l'année précédente	cette année-là	l'année suivante

Observation

Le récit que vous allez lire est extrait d'un des nombreux volumes de souvenirs publiés par Marcel Jouhandeau. Après s'être cru destiné à la prêtrise, Marcel Jouhandeau a obtenu sa licence de lettres et a enseigné dans un collège privé de 1912 à 1949. Dans *Essai sur moi-même* (1945), l'auteur, décidé à «tout dire» et souvent tourmenté par le sentiment du péché, médite sur différents aspects de sa vie. Le récit suivant raconte sa relation d'enseignant avec un de ses élèves qu'il nomme X. Vous remarquerez que certaines phrases sont très brèves, d'autres au contraire sont longues et complexes. Pour ces dernières, une attention à la ponctuation vous aidera à démarquer les différentes parties de la phrase.

Une espèce de meurtre

Je crois n'avoir commis dans toute ma carrière de professeur qu'une faute grave, mais cette faute est un crime, une espèce de meurtre. Ma victime fut un enfant et mon arme la colère. De cela il y a bien une vingtaine d'années,
5 les faits me sont toujours présents, comme actuels et même si Dieu me pardonne, à cause de l'ombre de X. qui me le cache, jamais je ne verrai tout à fait le Paradis, à moins que ce ne soit lui qui m'en ouvre la porte et qui m'y prenne par la main gentiment. Nous venions de faire connaissance à la rentrée,[1] un gamin de treize ans, bien fait, grand, mince,
10 un peu pâle, distingué, qui me regardait avec des yeux si avides, si ardents à s'instruire que je l'avais d'emblée[2] adopté, installé devant moi et toujours je m'adressais à lui, sans m'en rendre compte, comme s'il avait été seul avec moi en leçon particulière, mais je m'aperçus bien vite que c'était peine inutile. Pas un mot de sa bouche je ne tirais à
15 longueur de journée, ses devoirs nuls. Un muet. Un soliveau.[3] Les zéros s'additionnaient.

A la fin, n'y tenant plus, à cause de cette attention passionnée qui me fascinait, je décidai d'obtenir, coûte que coûte,[4] quelque chose de lui; je l'entreprenais, je le pris à parti avec douceur d'abord, avec fer-
20 meté ensuite, convaincu de mon pouvoir, du pouvoir que j'avais de le faire sortir de lui lentement avec son assentiment et bientôt, s'il le fallait, par attaques brusquées, malgré lui; [...] mais comment, après tant d'efforts, ma patience se changea-t-elle, tout d'un coup lassée, en vio-

---

[1]début de l'année scolaire [2]immédiatement [3]pièce de bois; ici: immobile, inactif [4]coûte... à tout prix

> **RG** 6
> Les temps du passé

lence, ma violence en exaspération, mon exaspération en fureur? Je

25 crois certes de ma vie n'avoir fixé sur quelqu'un regard chargé de plus
de reproche, d'une rancune[5] plus noire. [...] A mes
foudres,[6] l'enfant ne répondait pas autrement qu'à
mes caresses: il se contenta de rougir un peu plus et
de fermer les yeux, une larme coulait. Je n'eus pas à

30 la suivre bien loin pour mourir de honte; et de ces
paupières baissées qui ne se relevaient plus, sans
doute de peur de me surprendre encore défiguré par
l'injustice, quelle bonne leçon je recevais de son
calme, de son indulgence entière. Certes, la

35 grandeur avait changé de camp. Jamais je ne me suis
senti plus bas, plus près de la terre, plus humilié que
devant ce petit visage que la douleur par ma faute
auréolait.[7] Le lendemain, la place de X. était vide, le
surlendemain il ne reparut pas davantage et comme

40 la semaine écoulée, la classe me paraissait déserte, à
constater cette seule absence, je me risquais à demander: «—X. ne reviendra sans doute pas au Pen-
sionnat[8]?» Le cours allait finir: «Comment le ferait-il, Monsieur? me
répondit le semainier.[9] Il est mort dimanche d'une embolie,[10] et hier

45 nous avons suivi son enterrement»[11].

Marcel Jouhandeau, *Essai sur moi-même* (1945)

[5]ressentiment [6]reproches violents [7]entourait d'une auréole, comme le cercle lumineux qui entoure la tête des saints [8]école où les élèves sont logés [9]personne qui assure un service particulier
(par exemple le contrôle des élèves absents) pendant une semaine [10]oblitération brusque d'un
vaisseau sanguin [11]son... ses funérailles

Analyse

A La sélection des événements. Remarquez que le narrateur ne nous dit
pas tout ce qu'il sait sur cet épisode. Nous n'apprenons pas, par exemple, comment agit X. par rapport aux autres élèves. Marcel Jouhandeau
a retenu les seuls éléments narratifs qui mettent en relief sa relation de
professeur avec X. Continuez la liste ci-dessous et notez en quelques
mots les diverses actions du récit dans l'ordre où elles sont relatées.

1. Le narrateur (le professeur) et l'élève X. font connaissance.
2. Le professeur porte toute son attention sur l'élève.
3. L'élève...

B L'ordre narratif

1. L'ordre chronologique des événements est-il interrompu par un retour en arrière? une anticipation? une pause? Si oui, marquez ces interruptions dans le texte et expliquez ce qu'elles apportent au récit: un effet dramatique? un renseignement complémentaire? un commentaire du narrateur?
2. Un récit est jalonné de mots qui servent de repères temporels pour le lecteur, par exemple dans le texte de Marcel Jouhandeau, **à la fin, d'abord, ensuite.** Relisez les dernières lignes du texte (à partir de «Le lendemain,») et soulignez ces repères.

C Le but du récit

1. Les sentiments du professeur envers X. évoluent au cours de l'année scolaire. Identifiez ces divers sentiments en continuant la liste suivante: la sympathie immédiate, la déception, le zèle pédagogique, ...
2. Identifiez le but principal du récit: Marcel Jouhandeau veut-il nous divertir? illustrer une idée, un changement d'opinion? avouer un souvenir encombrant? révéler un aspect de sa personnalité? ...

Le narrateur exprime-t-il ce but directement ou de façon implicite? Justifiez votre réponse par des exemples du texte et remarquez où sont situés ces exemples dans le texte.

D L'intérêt du récit. Avez-vous eu envie de lire ce récit jusqu'au bout? Qu'est-ce qui vous a plu dans ce texte? Essayez de déterminer comment Marcel Jouhandeau réussit à intéresser ses lecteurs.

Mise en application

A En groupe de trois étudiants, décidez quel pourrait être le but des sujets de récit suivants:

1. Vous racontez à un(e) ami(e) une manifestation, à laquelle vous avez participé, pour le soutien d'une cause humanitaire.
2. Vous écrivez au journal de votre ville pour relater un incident où une personne avec un handicap a été ridiculisée.
3. Vous racontez à un jeune membre de votre famille (votre petit frère ou votre jeune nièce par exemple) votre premier jour à l'université.
4. Vous racontez à des amis étrangers une fête familiale.

B «Les envahisseurs». Imaginez le scénario suivant: En pleine nuit, un groupe d'étudiants ivres trouble le calme de votre résidence universitaire ou du quartier où vous habitez et couvre un mur de graffitis. En groupe de trois, imaginez que vous êtes les personnes dont le sommeil a été troublé par ces «envahisseurs».

1. Décidez quels pourraient être les différents buts d'un tel récit. (EXEMPLE: exprimer votre indignation contre le vandalisme)
2. Faites une liste de toutes les actions qui pourraient faire partie du récit. (EXEMPLE: ce que vous avez vu, entendu, fait, ressenti)
3. Une personne de la classe écrira au tableau les faits et les actions suggérés par les différents groupes. Toute la classe sélectionnera ensemble une série de faits et établira deux possibilités de schémas narratifs pour un récit à la première personne.

   a. un récit qui relate les événements dans leur ordre chronologique
   b. un récit qui débute *in medias res*

Stratégies et modèles 2

Sélectionner les éléments descriptifs

La narration ne se conçoit pas sans la description. La description enrichit le récit et contribue à créer l'illusion de la réalité. Dans votre récit, le cadre et les personnages demanderont un minimum d'indications descriptives. Les techniques de description que vous avez étudiées dans les chapitres précédents vous seront utiles pour présenter ces éléments. La question qui se pose pour le récit est l'importance qu'il convient de réserver à la description. Comme pour la sélection des événements, les détails descriptifs que vous retiendrez seront déterminés par le but du récit.

1. **Situer le récit dans un cadre spatial et temporel.** L'auteur du récit situe son histoire dans un lieu et un moment particuliers. Ces données spatiales et temporelles permettent au lecteur (à la lectrice) d'imaginer les circonstances de l'histoire qu'il/elle lit. Pour certains récits, une brève mention du lieu ou du moment pourra suffire; ainsi le récit de Marcel Jouhandeau, centré sur l'analyse psychologique, ne nous donne qu'une vague indication temporelle: «De cela il y a bien une vingtaine d'années». Pour d'autres, comme un récit de voyage par exemple, la description du lieu sera particulièrement importante. En tant qu'auteur, vous devrez décider quel rôle joue le cadre dans votre récit, et, en conséquence, vous donnerez une description plus ou moins détaillée du lieu ou du moment.
2. **Camper les personnages.** Introduisez dans votre récit les personnages qui ont un lien précis avec l'histoire que vous racontez et réservez les

descriptions détaillées aux personnages-clés du récit. En général, quelques mots précis et évocateurs suffiront à individualiser le personnage. Ainsi Jouhandeau parvient à camper un personnage distinct à l'aide de quelques adjectifs soigneusement choisis comme «un peu pâle», «distingué», «avec des yeux si avides, si ardents à s'instruire». Plus tard, c'est un autre élément descriptif qui lui permet de rendre la souffrance de l'élève: «les paupières baissées».

xpressions utiles

Pour situer un récit dans le temps

Le calendrier
le 30 janvier
en février 1994
au mois d'avril 1992
en 1978
en hiver
au cours d'un été
au cours de l'automne 1996
il y a cinq ans
il y a une dizaine d'années

Les événements de la vie personnelle
quand j'avais huit ans
quand j'allais au lycée
le jour de mon mariage
l'année où mon oncle est décédé

Le moment de la journée
le matin
l'après-midi
le soir
au cours de la matinée
au cours de l'après-midi
au cours de la soirée
dans la nuit de lundi à mardi
aux environs de huit heures, vers huit heures
de onze heures à minuit
jusqu'à dix-neuf heures

Structurer le récit

La structure traditionnelle du récit comporte trois parties:

1. l'introduction
2. le déroulement des événements
3. le dénouement ou la conclusion.

A l'intérieur de ce format, l'auteur organise les éléments descriptifs et narratifs (personnages, événements, cadre spatial et temporel) nécessaires à l'histoire qu'il raconte. L'important est que le récit forme un tout avec un début et une fin logiques et qu'il fournisse au lecteur les détails nécessaires à la compréhension de l'histoire. L'introduction et la conclusion sont des parties cruciales du récit car elles conditionnent la première et la dernière impression du lecteur. Ces parties, souvent difficiles à rédiger, peuvent être traitées de diverses façons.

L'introduction doit capter l'attention du lecteur. Jouhandeau, par exemple, a choisi d'exprimer la signification de son récit—une «espèce de meurtre» qui le hante et qu'il va confesser au lecteur—dès l'introduction. Il capte notre attention par un vocabulaire dramatique: «crime», «meurtre», «victime», «arme». Dans l'introduction, vous pouvez par exemple:

- présenter les circonstances de l'histoire (indiquer le cadre et introduire les personnages)
- expliquer la signification du récit qui va suivre
- débuter *in medias res* avec un événement dramatique.

La conclusion doit donner au lecteur la satisfaction d'un récit achevé et complet. La conclusion du récit de Jouhandeau, brève et dramatique, satisfait l'attente du lecteur en ce qu'elle lui fait pleinement comprendre le «meurtre» en question. Dans votre conclusion, vous pouvez par exemple:

- apporter le dénouement du récit
- conclure sur une réflexion personnelle
- extraire une leçon de la vie
- reprendre une idée exprimée dans votre introduction
- réserver à cette dernière étape un élément de surprise comme la révélation d'un fait inattendu.

Observation

Le récit suivant est extrait d'un roman autobiographique de Marie Cardinal, *La Clé sur la porte* (1972). Marie Cardinal, née à Alger en 1929, a enseigné la philosophie à l'étranger pendant sept ans avant de se consacrer à l'écriture en tant qu'écrivain et journaliste. *La Clé sur la porte* retrace l'effort d'une mère pour communiquer avec le monde des jeunes et pour comprendre leurs choix et leurs problèmes. L'extrait que vous allez lire s'appuie sur le souvenir d'une aventure vécue lorsque Marie Cardinal et sa famille— son mari Jean-Pierre Ronfard et leurs trois enfants—habitaient au Canada. Remarquez dans ce texte l'emploi des éléments descriptifs et la façon dont l'auteur crée un effet de suspense.

Les trois motocyclistes

➤ **RG** 6
Les temps du passé

u cours d'un été nous campions au bord d'un lac canadien. La nuit était tombée, nous avions dîné. C'était l'été où Charlotte était amoureuse d'Alain. Nous étions neuf en tout: six adolescents, Jean-Pierre, moi et Dorothée qui avait douze ans.

5   J'avais sommeil. Je les ai laissés autour du feu et je suis allée dans la tente. Pendant que je me préparais à me coucher j'ai entendu une pétarade[1] formidable. Nous campions dans le creux d'une grande dune de sable qui descendait jusqu'à l'eau. Je suis sortie et j'ai vu un spectacle incroyable: trois puissantes motocyclettes qui absorbaient la pente[2]

10   raide de la dune dans des geysers de sable et un cataclysme de bruit. La panique m'a prise. Je croyais que c'était la police qui venait faire éteindre notre feu, ou Dieu sait quoi. Quand on vit de l'autre côté de l'Océan on se rend compte qu'*Easy Rider* ce n'est pas une invention et ça fait peur. Les motos se sont arrêtées à dix mètres de notre campe-

15   ment. Ce n'était pas la police mais trois très jeunes hommes, dans les vingt-deux ans, secs, habillés de cuir noir, avec de gros dessins colorés sur leurs blousons. Les machines étaient magnifiques, les flammes faisaient briller leurs chromes par éclats, les garçons étaient effrayants, dangereux, les yeux froids dans des visages bardés[3] de casques[4] et de

20   mentonnières.[5] J'étais en retrait,[6] je voyais la scène. Je m'attendais au pire. Les enfants sentant le danger, leurs pensées probablement pleines des récits quotidiens de la violence américaine, s'étaient levés. Ils restaient immobiles. Jean-Pierre avait fait un pas vers eux.

«Hello, good evening.»

25   Pas de réponse. Ils sont venus près du feu. Tout le monde était debout. Cela a duré un moment. Puis les enfants ont commencé à

---

[1]suite de détonations   [2]inclinaison du terrain   [3]couverts   [4]*helmets*   [5]protection pour le menton   [6]en... en arrière

s'asseoir. Les trois motocyclistes aussi. Grégoire a pris son banjo, Alain sa guitare. Ils se sont mis à gratter.[7] Charlotte a fredonné:[8] «One more blue and one more grey.» Les trois motocyclistes ont souri. On a passé

30 des oranges. Alors a suivi une des soirées les plus intéressantes que j'aie vécues ces dernières années. Ils ont raconté qu'ils étaient tous les trois électroniciens, qu'ils habitaient Detroit et que chaque vendredi soir ils partaient sur leurs engins[9] le plus loin possible, à toute vitesse. En général le soir ils essayaient de trouver des campeurs avec un feu al-

35 lumé pour faire cuire leur dîner. Mais c'était difficile. Ils étaient généralement mal reçus. Les campeurs sont souvent armés et sont dangereux. Ils ont parlé de leur vie, de ce qu'ils voulaient, de ce qu'était l'Amérique pour eux.

Le matin ils ont tenu à faire la vaisselle et le ménage du camp. Puis,

40 pour nous remercier, ils ont organisé dans les dunes le plus fantastique carrousel.[10] Leurs motos se cabraient[11] comme des chevaux, dévalaient[12] les pentes, faisaient naître des feux d'artifice de sable, jusqu'à ce que nous les ayons perdus de vue. Ils étaient magnifiques. Je ne sais plus leurs noms. Je les aime beaucoup.

45 C'était la musique qui avait ouvert les portes.

Marie Cardinal, *La Clé sur la porte* (1972)

[7]ici: jouer d'un instrument à cordes comme la guitare   [8]chanté à mi-voix   [9]machines (les motocyclettes)   [10]parade de chevaux   [11]se dressaient sur les pattes de derrière (ici, les roues arrière des motos)   [12]descendaient très rapidement

Easy Rider: deux puissantes motocyclettes absorbent la route.

Analyse

A Le choix des éléments descriptifs

1. Le cadre du récit

    a. Identifiez les références temporelles que la narratrice utilise pour situer son récit. Ces données sont-elles suffisantes pour notre compréhension du récit?

    b. Quels mots ou phrases permettent au lecteur d'imaginer le lieu où se déroule le récit? A votre avis, la description du lieu est-elle ou non un élément important du récit?

2. Les personnages. Quelle impression la narratrice nous donne-t-elle des motocyclistes dans la première partie du récit? Sélectionnez les adjectifs et mots descriptifs qui, à votre avis, contribuent le plus efficacement à créer cette impression.

B L'ordre des éléments narratifs. Quel est l'ordre des événements: strictement chronologique? avec des retours en arrière? des anticipations? Relevez au moins deux exemples de repères temporels qui aident le lecteur à suivre l'enchaînement des événements.

C Le contact avec le lecteur

1. L'auteur crée un effet de suspense dans la première partie du récit. Elle connaît bien sûr le dénouement de l'histoire mais retarde délibérément cette révélation pour que le lecteur continue de s'interroger sur la conclusion du récit. Repérez les procédés narratifs—le choix du lexique; les impressions sensorielles; l'expression des sentiments de la narratrice—qui servent à établir le suspense dans la première moitié du récit.

2. Marie Cardinal établit un contact avec ses lecteurs en exprimant directement ses propres réactions et réflexions personnelles. Quels sont les sentiments de la narratrice et comment évoluent-ils au cours du récit? Relevez trois exemples du texte qui communiquent explicitement ces sentiments.

3. Et vous? Votre opinion des motocyclistes a-t-elle changé au cours de la lecture? A quel moment et pourquoi? Auriez-vous réagi de la même manière au récit si la narratrice avait débuté son récit en expliquant: «J'ai vécu une expérience qui a complètement changé ma perception des motocyclistes... » Pourquoi?

4. Quelles images ou quels mots du récit aimez-vous particulièrement? Pourquoi?

D Déterminer le but du récit. Résumez en une ou deux phrases l'histoire que raconte ce récit. Ensuite, déterminez dans quel but Marie Cardinal raconte cet épisode des motocyclistes: veut-elle informer le lecteur d'un fait particulier? nous divertir? illustrer une émotion, une idée, un changement d'opinion? Ce but est-il exprimé explicitement ou implicitement dans le récit? Justifiez votre réponse par des exemples précis.

E Structurer le récit. Faites le plan du texte en marquant les passages qui forment l'introduction, le développement et la conclusion. Identifiez quelles sortes d'éléments sont choisis pour introduire et pour conclure le récit. Quelles différences et ressemblances remarquez-vous entre la structure du texte de Marcel Jouhandeau et celle du texte de Marie Cardinal?

Mise en application

A Imaginez que vous êtes le narrateur ou la narratrice des récits suivants. Quels récits nécessiteront une plus grande élaboration du cadre? Quelles sortes de références temporelles (date, événement de la vie personnelle, âge, moment de l'année ou de la journée...) et/ou spatiales donneriez-vous à votre lecteur?

1. Vous racontez le jour où un violent orage s'est abattu sur votre ville.
2. Vous rapportez vos observations personnelles sur un campus universitaire que vous venez de visiter.
3. Vous racontez la rencontre d'une personne qui a profondément influencé un choix intellectuel, religieux, politique, ou autre dans votre vie.

B En groupe de trois, reprenez le scénario des «envahisseurs» (pages 138-139): la paix nocturne de votre lieu de résidence a été troublée par un groupe d'étudiants ivres. Vous composerez ensemble un récit à la première personne pour relater l'incident dans le journal de votre université. Reprenez la liste d'actions élaborée pour cet incident et réfléchissez maintenant aux questions suivantes:

1. Quel est le but de votre récit? Exprimer la colère? la peur? l'indignation? l'amusement? Réclamer de nouvelles mesures de sécurité? Autre chose?
2. Quelles sont les références temporelles?
3. Quelle va être la part de la description

   a. pour le lieu?
   b. pour les personnages?

4. Quels faits ou actions allez-vous mettre en relief?
5. Comment allez-vous introduire et conclure votre récit?

Composez ensemble un récit sur ces «envahisseurs». Ensuite relisez votre texte et essayez d'en améliorer le style. Pouvez-vous trouver des mots plus concrets, des adjectifs plus précis, des verbes plus dynamiques, une image évocatrice? Chaque groupe présentera et discutera ensuite son récit avec l'ensemble de la classe.

➤ **RG** 6
Les temps du passé

Stratégies et modèles 3

Animer le récit

L'auteur du récit doit capter et retenir l'intérêt du lecteur, pour lui donner envie de lire le récit jusqu'au dernier mot. Pour cela, l'auteur s'efforce de rendre son récit vivant et présent à l'imagination du lecteur. Vous avez déjà remarqué plusieurs procédés qui contribuent à cet effet:

- la précision des éléments descriptifs
- le jeu avec la chronologie
- la création du suspense
- l'insertion de commentaires de la part de l'auteur.

Un procédé narratif particulièrement utile pour animer un récit est l'emploi du dialogue. Le dialogue rend la narration plus vivante en variant le rythme et le ton du récit. L'auteur individualise la voix du personnage en le laissant parler directement. Le lecteur a ainsi l'impression d'entendre les propos au moment où ils sont rapportés. Marcel Jouhandeau, par exemple, termine son récit par un bref dialogue; Marie Cardinal emploie le discours direct avec un bref «Hello, good evening», mots anglais qui tranchent dans ce récit en langue française et qui renforcent la tension du moment.

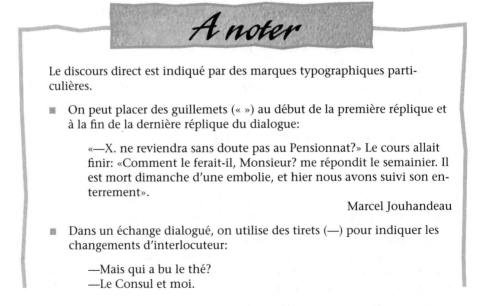

A noter

Le discours direct est indiqué par des marques typographiques particulières.

- On peut placer des guillemets (« ») au début de la première réplique et à la fin de la dernière réplique du dialogue:

  «—X. ne reviendra sans doute pas au Pensionnat?» Le cours allait finir: «Comment le ferait-il, Monsieur? me répondit le semainier. Il est mort dimanche d'une embolie, et hier nous avons suivi son enterrement».

  Marcel Jouhandeau

- Dans un échange dialogué, on utilise des tirets (—) pour indiquer les changements d'interlocuteur:

  —Mais qui a bu le thé?
  —Le Consul et moi.

—Le Consul ne boit jamais de thé à la maison dans la journée.
—Mais si! il est venu dans la matinée, et c'est lui-même qui l'a préparé.

Tahar Ben Jelloun, La Nuit sacrée

■ Si besoin est, on fait précéder ou suivre les propos du personnage de quelques mots brefs qui indiquent l'identité de la personne qui parle ou la façon dont cette personne s'exprime:

«Comment le ferait-il, Monsieur?» me répondit le semainier.
Je me risquais à demander: «—X. ne reviendra sans doute pas au Pensionnat.»

■ Remarquez l'inversion du sujet et du verbe d'élocution quand ils suivent les paroles rapportées. «Ne nous laisse pas seuls», cria Sylvia.

*E*xpressions utiles

Pour préciser le ton d'un dialogue: les verbes d'élocution

admettre, avouer *(to admit/confess),* concéder, promettre
affirmer, assurer, insister
ajouter, continuer, expliquer, poursuivre
annoncer, constater *(to state/notice),* déclarer, dire, indiquer
chuchoter *(to whisper),* murmurer
conseiller, recommander
crier, s'écrier, s'exclamer, menacer *(to threaten)*
demander, implorer, réclamer, supplier *(to beg/implore)*
objecter, protester
répliquer *(to reply/retort),* répondre, rétorquer *(to retort)*
se lamenter, se plaindre, soupirer *(to sigh)*

Choisir les verbes et les conjuguer aux temps appropriés

Les verbes donnent de la vigueur au récit. Evitez l'emploi excessif de verbes vagues comme **être, avoir, faire** et les expressions banales comme **il y a;** choisissez des verbes expressifs qui apportent des précisions à votre récit. Notez par exemple dans le récit de Marie Cardinal les verbes d'action qui font avancer le récit (**camper, sortir, se lever**), les verbes qui nuancent l'action (**fredonner**) et les verbes imagés (**se cabrer**).

➤ **RG** 6
Les temps du passé

Puisqu'il s'agit de rapporter des faits vécus, les temps du passé prédominent: le passé composé, l'imparfait et le plus-que-parfait. Dans la langue littéraire, les temps équivalents sont le passé simple—utilisé par Marcel Jouhandeau—et le passé antérieur. L'auteur peut cependant préférer utiliser le présent qui rend l'histoire plus immédiate. Par ailleurs, l'auteur utilisera le présent pour se référer au moment où il écrit, et le futur pour se projeter dans l'avenir.

Observation

Le récit que vous allez lire est tiré d'*Enfance* (1983) de Nathalie Sarraute. Née en Russie en 1902 mais élevée et scolarisée à Paris, Nathalie Sarraute a étudié et exercé le droit avant de se consacrer définitivement à l'écriture. La plupart de ses œuvres cherchent à exprimer des «drames microscopiques», des mouvements psychologiques qui se déclenchent autour de propos ou d'objets et qui font passer un être, en un instant, de la dépression à l'exaltation, de la tendresse à la haine. Dans l'extrait suivant, Nathalie Sarraute fait revivre la détresse d'un moment de son enfance. En lisant le texte, identifiez quel point de vue adopte la narratrice—celui d'une enfant ou celui d'une adulte—et quel temps prédomine dans ce récit.

Un ours en peluche: l'ami de toujours

Michka

n entrant dans ma chambre, avant même de déposer mon cartable,[1] je vois que mon ours[2] Michka que j'ai laissé couché sur mon lit... il est plus mou et doux qu'il n'a jamais été, quand il fait froid je le couvre jusqu'au cou avec un carré de
5   laine tricotée[3] et on n'aperçoit que sa petite tête jaune et soyeuse,[4] ses oreilles amollies, les fils noirs usés de sa truffe,[5] ses yeux brillants toujours aussi vifs... il n'est plus là... mais où est-il? Je me précipite... «Adèle,[6] mon ours a disparu. —C'est Lili[7] qui l'a pris... —Mais comment est-ce possible? —Elle a réussi à marcher jusqu'à ta chambre... la
10   porte était ouverte... —Où est-il? Où l'a-t-elle mis? —Ah elle l'a déchiré... ce n'était pas difficile, il ne tenait qu'à un cheveu, ce n'était plus qu'une loque[8]... —Mais on peut le réparer... —Non, il n'y a rien à faire, je l'ai jeté...»

Je ne veux pas le revoir. Je ne dois pas dire un mot de plus sinon
15   Adèle, c'est sûr, va me répondre: Des ours comme ça, on en trouve tant qu'on veut, et des tout neufs, des bien plus beaux... Je cours dans ma chambre, je me jette sur mon lit, je me vide de larmes...

—Jamais il ne t'est arrivé d'en vouloir à[9] quelqu'un comme à ce moment-là tu en as voulu à Lili.

20   —Après j'ai mis hors de sa portée[10] les boîtes russes en bois gravé, la ronde et la rectangulaire, le bol en bois peint, je ne sais plus quels autres trésors, mes trésors à moi, personne d'autre que moi ne connaît leur valeur, il ne faut pas que vienne les toucher, que puisse s'en emparer[11] ce petit être criard, hagard, insensible, malfaisant, ce diable, ce
25   démon...

Nathalie Sarraute, *Enfance* (1983)

[1]sac d'école   [2]jouet d'enfant: animal en peluche   [3]carré... petite couverture faite à la main
[4]douce comme de la soie   [5]nez d'un animal   [6]Adèle est la gouvernante de Lili qui a un an   [7]la
demi-soeur de Nathalie Sarraute   [8]débris   [9]d'en... d'avoir du ressentiment contre   [10]hors... à un
endroit que Lili ne peut pas atteindre   [11]s'en... les prendre (il ne faut pas que Lili puisse prendre les
trésors de Nathalie)

Analyse

A   Un récit. Des dizaines d'années séparent le déroulement de cet épisode du moment où Nathalie Sarraute l'écrit. Pourtant l'auteur réussit à rendre ce souvenir d'enfance extrêmement présent à l'imagination du lecteur. Déterminez comment elle y réussit en étudiant les procédés suivants.

1. Le point de vue narratif. Qui raconte? Est-ce que le récit est écrit essentiellement du point de vue de la petite fille que la narratrice était quand elle a perdu son ours ou du point de vue de l'adulte qu'elle est au moment où elle écrit? Identifiez les éléments du texte qui démontrent ce point de vue: par exemple, le contexte du récit, les façons de s'exprimer de la narratrice, le temps qui prédomine. Quel effet ce choix narratif a-t-il pour nous lecteurs? Au cours du récit, le «je» de la narratrice se dédouble en un «tu». Pouvez-vous identifier le changement de point de vue qui s'opère avec le «tu» (ligne 18)? Quel rapport y a-t-il entre ces deux voix?

2. Le temps des verbes. Quel effet le présent crée-t-il? Avez-vous l'impression d'être plus proche des événements décrits, de partager l'état psychologique de la narratrice? Donnez un ou deux exemples du texte pour justifier votre réponse.

3. L'introduction du récit. Nathalie Sarraute introduit-elle son récit par une présentation des circonstances du récit? *in medias res?* par une explication de la signification du récit? A votre avis, ce choix est-il justifié compte tenu du point de vue narratif?

4. Les éléments descriptifs. Nous connaissons peu, à partir de ce récit, la gouvernante Adèle ou la demi-sœur Lili. Par contre, nous imaginons très bien l'ours Michka. Relevez les détails descriptifs qui nous permettent d'imaginer visuellement Michka et les autres trésors de la narratrice. Pourquoi la description détaillée de ces objets est-elle essentielle au récit?

5. Le dialogue. La narratrice aurait pu résumer ainsi l'événement qu'elle raconte: «Adèle m'explique que Lili a pris mon ours et l'a déchiré. Elle a donc dû le jeter.» Qu'est-ce que le dialogue apporte au récit? Pouvez-vous «entendre» la voix de la petite Nathalie et celle d'Adèle?

6. Le choix des verbes. Nathalie Sarraute traduit l'état psychologique de la petite Nathalie par des verbes précis. Par exemple, au lieu de dire «il ne faut pas que Lili puisse prendre mes trésors», elle exprime la rancune de la petite fille par «il ne faut pas que [Lili] puisse s'en emparer». Retrouvez dans le texte les verbes qui expriment les actions suivantes et expliquez comment ces verbes précisent l'action en question:

    a. je vais voir Adèle
    b. je retourne dans ma chambre

    c. je me mets sur mon lit
    d. je pleure

B Le but du récit. Quel est le but du récit de Nathalie Sarraute? Ce but est-il exprimé explicitement ou implicitement dans le récit? Justifiez votre réponse par des exemples précis.

C La structure du récit. Identifiez les passages qui forment l'introduction, le développement et la conclusion. Que pensez-vous de la conclusion? Quelles différences ou ressemblances remarquez-vous entre la structure du texte de Nathalie Sarraute et celle des deux textes que vous avez lus précédemment?

Mise en application

A Vous avez remarqué la précision lexicale des verbes dans le texte de Sarraute. A votre tour, choisissez des verbes expressifs dans les exercices suivants.

  1. Remplacez les verbes des phrases ci-dessous par un des verbes de la liste. **Verbes:** apercevoir, assener, confier, épier, jouir de, posséder

    a. Monsieur Curieux regardait ses voisins derrière les rideaux de sa fenêtre.
    b. Bertrand me dit son secret.
    c. Il lui donna un coup de poing.
    d. Eléanore avait une propriété à la campagne.
    e. Après un moment de panique, j'ai enfin vu ma petite sœur dans la foule.
    f. Cette dame avait une excellente réputation dans la ville.

  2. Ecrivez une ou deux phrases en choisissant des verbes qui puissent traduire les états psychologiques suivants.

    MODELE: Il était humilié. → Il se contenta de rougir et de fermer les yeux.

    a. Elle était extrêmement timide.
    b. Il se mit en colère contre moi.
    c. Il avait une attitude snob qui nous énervait.
    d. Ce cadeau de son père lui a fait très plaisir.

  3. Discutez les différences de sens et de ton suggérées par les différents verbes d'élocution utilisés dans les exemples suivants. Puis, à votre tour, inventez une phrase en variant les verbes d'élocution (utilisez les **Expressions utiles** données dans ce chapitre).

    a. Un père de famille parle à ses enfants:
        «Ce week-end, nous irons chez tante Elise», a annoncé papa.

«Ce week-end, nous irons chez tante Elise», a promis papa.
«Ce week-end, nous irons chez tante Elise», a rétorqué papa.

b. Marine parle à Bertrand, son mari:

«Avec quel argent pourrait-on s'offrir ce voyage?» objecta-t-elle.

«Avec quel argent pourrait-on s'offrir ce voyage?» soupira-t-elle.

«Avec quel argent pourrait-on s'offrir ce voyage?» demanda-t-elle.

c. (une phrase de votre choix)

B Dialogue. Avec un(e) camarade de classe, utilisez le discours direct pour rapporter la conversation ci-dessous. Indiquez les changements d'interlocuteurs par un tiret. Utilisez des verbes d'élocution, soit pour préciser si nécessaire l'identité de la personne qui parle, soit pour préciser le ton de la personne qui parle.

J'ai annoncé à Pierre que j'avais trouvé un porte-monnaie contenant trois cents francs sur le parking du supermarché et que je l'invitais à dîner. Il a paru surpris de mon attitude et m'a dit de le rendre à son propriétaire. Comme je lui expliquais qu'il n'y avait pas de papiers d'identité et que ce n'était pas une si grosse somme, il a insisté pour que je le rapporte au supermarché et a catégoriquement refusé mon invitation.

vous d'écrire!

Sujet

Vous participez à un concours de français organisé par l'Alliance française de votre région. Vous devez faire le récit d'une expérience personnelle qui vous a particulièrement marqué(e).

Etapes de la rédaction

Notes préliminaires et premier brouillon

1. Réfléchissez au choix de votre récit. Quelle expérience personnelle éveille chez vous une émotion forte, un sentiment, une prise de position qui serait susceptible d'intéresser vos lecteurs? Il peut s'agir

d'un événement apparemment insignifiant mais qui revêt une importance particulière pour vous. Ce peut être, par exemple, un événement qui:

- a occasionné un changement important dans votre vie
- vous a beaucoup affecté(e) (joie, colère, peur, tristesse...)
- a représenté une «première fois» dans votre vie
- vous a fait changer d'opinion sur une personne ou un sujet
- vous a fait réfléchir ou vous a appris quelque chose (un trait de la nature humaine, une valeur morale...)
- a révélé ou mis en relief un aspect de votre personnalité.

2. Pour raviver vos souvenirs de l'événement, vous pouvez utiliser une liste de questions. En voici une première série:

- Les circonstances: Où? Quand? Comment?
- Les personnages: Qui? Quel rôle dans l'histoire? Quelles motivations? Quelles réactions?
- L'action: Quoi? Comment? Dans quel but?

3. Organisez vos idées.

- Déterminez dans quel but vous voulez raconter cette histoire. Quelle émotion, opinion, idée désirez-vous illustrer par votre récit?
- Entourez les éléments-clés du récit, c'est-à-dire ceux qui se rapportent directement à votre idée centrale. Identifiez les faits, événements, actions que vous voulez mettre tout particulièrement en relief.
- Réfléchissez à l'ordre dans lequel vous voulez présenter les événements et numérotez-les. Vous pourrez modifier cet ordre plus tard.
- Décidez quelles données spatio-temporelles sont nécessaires au lecteur pour comprendre votre récit.

4. Faites un plan préliminaire qui présente les étapes importantes de l'histoire. Pour chaque étape, notez brièvement ce que vous avez vu, entendu, fait, pensé ou ressenti.
5. Composez un premier brouillon de votre récit.

Révision personnelle

1. Relisez votre brouillon en vous posant les questions suivantes et notez en marge du brouillon les changements qui vous semblent nécessaires.

a. Quels sont les événements principaux du récit? les événements secondaires? Certains sont-ils inutiles à l'action et faut-il les éliminer? Est-ce que les séquences narratives suivent un ordre logique et compréhensible pour le lecteur?

b. Est-ce que votre lecteur peut comprendre les circonstances de l'histoire? Est-ce que vous avez omis un renseignement important?

c. Est-ce que vous pouvez animer davantage votre récit par l'inclusion d'un dialogue? par une description plus précise? par des verbes plus expressifs? en changeant l'ordre de présentation des événements?

➤ **RG** 6
Les temps du passé

d. Quels éléments précis de la narration communiquent au lecteur le but de votre récit?

e. De quelle façon votre introduction capte-t-elle l'attention du lecteur: par une description? la suggestion d'une atmosphère? une image-clé? une réflexion offerte au lecteur? un début *in medias res*?

f. Qu'est-ce que votre conclusion apporte au récit: le dénouement? un sujet de réflexion? l'écho d'une idée ou d'une image du récit?

2. Ecrivez un deuxième brouillon en incorporant les changements que vous jugez utiles. Faites les corrections de langue qui sont nécessaires. Servez-vous du Guide de corrections de langue (Chapitre préliminaire).

3. Choisissez un titre évocateur qui reflète le but de votre récit.

Corrections réciproques

1. Echangez une copie de votre brouillon avec la copie du brouillon de deux de vos camarades de classe. Chacun(e) d'entre vous réagira aux récits donnés en répondant aux questions suivantes. Notez vos réactions par écrit (en style télégraphique) car elles seront utiles à vos camarades.

a. Quel est le but du récit? Est-il exprimé directement et où? Est-il exprimé implicitement et comment?

b. Quel sentiment ou quelle émotion a provoqué en vous ce récit?

c. Le fil des événements est-il difficile à suivre? Si oui, à quel endroit?

d. En tant que lecteur, est-ce que vous aimeriez avoir plus de détails sur un personnage, sur le lieu, sur les sentiments de l'auteur, ou sur un autre aspect du récit? Au contraire est-ce qu'un passage du récit vous a paru trop long ou inutile?

e. Est-ce que l'introduction vous a donné envie de continuer à lire? Pourquoi?

f. Est-ce que la conclusion vous a satisfait(e)? Comment pourrait-elle être améliorée?

g. Est-ce que le titre vous «accroche»? Avez-vous d'autres suggestions?

h. Qu'est-ce que vous avez le plus aimé dans le récit? le moins aimé? A votre avis, qu'est-ce qui pourrait être changé, amélioré dans ce récit?

2. Discutez avec vos camarades vos réactions respectives aux récits que vous avez lus. Comparez leurs réactions avec les buts que vous désiriez atteindre.

Rédaction finale

1. Effectuez les changements qu'ont pu vous inspirer les remarques de vos camarades.

2. Vérifiez l'orthographe et la correction grammaticale. Servez-vous du **Guide de corrections de langue (Chapitre préliminaire)** Faites attention au choix des temps dans votre récit.

3. Rédigez au net la version finale de votre récit.

Chapitre 7

L'explication de texte

Chercheur regardant un manuscrit à la loupe

Introduction

■ ■ ■ ■ ■ ■ ■ ■ ■ ■ ■ ■ ■ ■

u cours de vos études de français, vous aurez l'occasion d'analyser et d'interpréter des textes littéraires, plus ou moins longs et plus ou moins complexes. On pourra vous demander par exemple d'étudier les effets comiques d'une scène de Molière pour une discussion en classe, de rédiger l'analyse d'un poème d'Andrée Chédid, de présenter le compte rendu critique d'un conte de Maupassant. Ces travaux, quels que soient leur sujet, leur ampleur ou leur forme, requièrent une démarche fondamentale: la lecture attentive et active du texte en vue d'en dégager la structure et le sens.

Ce chapitre vous propose une méthode d'analyse textuelle pratiquée dans les écoles françaises sous le nom d'«explication de texte» ou de «lecture méthodique». L'explication de texte est un outil de base pour toute approche du texte littéraire. Elle vous sera utile non seulement pour les analyses textuelles requises dans vos cours de littérature, mais plus généralement, pour toutes vos lectures quelque peu approfondies. C'est une méthode qui vous fera mieux apprécier le texte et l'art de l'auteur et qui développera vos facultés critiques. Si vous-même aimez écrire, elle vous aidera à observer les techniques des auteurs et à développer votre propre style.

L'explication de texte consiste en l'analyse détaillée d'un texte généralement court—un poème ou un passage extrait d'une œuvre plus vaste. Analyser un texte, c'est d'abord l'observer et prendre conscience de tout ce qui le constitue: les mots, les images, la syntaxe, le rythme, les sons, la ponctuation. Il faut se demander comment et pourquoi l'auteur sélectionne, dispose et manipule ces éléments. C'est cette étude rigoureuse du détail, cette «dissection» du langage qui permettra de faire émerger le sens du passage et de formuler une interprétation.

Vous avez déjà pratiqué indirectement cette méthode d'explication à travers l'observation des textes modèles et de leurs procédés d'écriture dans les chapitres précédents. Dans ce chapitre, vous allez approfondir et systématiser cette démarche analytique. Les activités vous guideront dans la lecture méthodique du texte, dans l'acquisition d'un vocabulaire fondamental à l'analyse littéraire et dans la rédaction d'une explication de texte.

*P*réludes

A La vie des mots. Les écrivains travaillent et jouent avec la langue. En groupe de trois, lisez les citations suivantes, puis soulignez et discutez les aspects stylistiques qui vous frappent dans chacune d'elles.

1. Lalla «voit l'étendue de sable couleur d'or et de soufre, immense, pareille à la mer, aux grandes vagues immobiles». (Le Clézio)
2. Ce personnage est «un composé de hauteur et de bassesse, de bon sens et de déraison. Il faut que les notions de l'honnête et du déshonnête soient bien étrangement brouillées dans sa tête; car il montre ce que la nature lui a donné de bonnes qualités, sans ostentation, et ce qu'il en a reçu de mauvaises, sans pudeur». (Diderot)
3. «Le vaste bateau glissait, jetant sur le ciel[...] un gros serpent de fumée noire». (Maupassant)
4. «Cette obscure clarté qui tombe des étoiles[...] nous fait voir trente voiles». (Corneille)

B L'explication de texte requiert un vocabulaire «technique», propre à l'analyse littéraire, qui permet de nommer avec précision certains faits de langue. Nous définissons ci-dessous quatre de ces termes techniques. Lisez ces définitions et repérez parmi les citations que vous avez lues dans l'exercice précédent celle qui illustre chaque figure de style en question.

FIGURES D'ANALOGIE

La comparaison: procédé qui établit un rapport d'analogie entre deux mots au moyen d'un outil comparatif (**comme, tel, pareil,** etc.).

EXEMPLE: ses yeux brillaient comme des astres

La métaphore: comparaison sous-entendue qui supprime les mots comparatifs.

EXEMPLES: sa bouche de corail (= sa bouche est rouge comme le corail)

cet enfant est un ange (= est pareil à un ange)

FIGURES D'OPPOSITION

L'antithèse: procédé qui oppose dans une phrase deux termes de sens contraire.

EXEMPLE: cet homme, si faible par sa constitution, si fort par son esprit

---

L'oxymore: procédé qui relie étroitement par la syntaxe deux termes antithétiques.

>   EXEMPLE: une douce violence

C La musique des mots et le rythme de la phrase. Les écrivains jouent également avec les sons et le rythme de la langue. Lisez les citations suivantes et soulignez dans chacune d'elles les particularités sonores que vous percevez.

Quels sons sont répétés? Essayez d'identifier leurs effets possibles dans la phrase: sérénité? soudaineté? légèreté? lassitude? force? brutalité... ?

Remarquez la ponctuation. Quel rythme contribue-t-elle à donner à la phrase: un rythme lent ou rapide, heurté ou monotone?

1. «Les faux beaux jours ont lui tout le jour, ma pauvre âme.» (Verlaine)
2. «O nuit désastreuse! O nuit effroyable, où retentit tout à coup comme un éclat de tonnerre cette étonnante nouvelle: Madame se meurt! Madame est morte!» (Bossuet)
3. «C'était sourd et haletant, on n'entendait que des grognements, des hurlements, des cris rauques, inarticulés: han! ahi! ran! pan!» (Pergaud)

Maintenant, lisez les termes définis dans l'encadré ci-dessous et reliez chaque terme à l'une des citations que vous venez d'observer.

QUELQUES SONORITES

L'allitération: répétition des mêmes consonnes dans une suite de mots.

>   EXEMPLE: «Pour qui sont ces serpents qui sifflent sur vos têtes?»
>   (Racine)

L'assonance: répétition des mêmes voyelles dans une suite de mots.

>   EXEMPLE: «Il pleure dans mon coeur.» (Verlaine)

L'onomatopée: formation d'un mot imitant le son de la chose signifiée.

>   EXEMPLE: le tic tac d'une montre

D Echanges de lecture. Mettez-vous en groupe de trois pour discuter ensemble d'un bref extrait littéraire. Durant cet exercice, un membre de votre groupe sera le/la secrétaire et prendra des notes pour pouvoir comparer ensuite vos réponses avec celles des autres groupes de la classe.

1. Lecture. Chacun(e) d'entre vous lira à tour de rôle, lentement et à voix haute, la phrase suivante extraite des *Confessions* de Jean-Jacques Rousseau.

   «Si je veux peindre le printemps, il faut que je sois en hiver; si je veux décrire un beau paysage, il faut que je sois dans des murs; et j'ai dit cent fois que si j'étais mis à la Bastille, j'y ferais le tableau de la liberté.»

2. Compréhension du texte. Il est essentiel de comprendre tous les mots du texte et d'en dégager le sens général.

   a. Que signifie «dans des murs» (par rapport à «paysage»)? Qu'est-ce que «la Bastille»? Y a-t-il d'autres mots que vous devez élucider?

   b. Rousseau utilise un langage figuré pour évoquer son métier d'écrivain. Quelle métaphore emploie-t-il à travers les mots «peindre» et «tableau»?

   c. Partagez vos toutes premières impressions sur cette phrase et discutez sa signification. Est-ce que l'écrivain parle: d'une expérience de prison? de son amour de la nature? des conditions de la création littéraire?

La forteresse de la Bastille avant la Révolution

3. Observation du texte. Observez attentivement la phrase et tous les éléments qui la constituent. Discutez ensemble les questions suivantes et mettez-vous d'accord sur un point de vue que vous devrez systématiquement étayer par des exemples du texte.

  a. Observez les pronoms personnels. Rousseau exprime-t-il une vérité universelle ou un point de vue subjectif? Parle-t-il pour lui-même ou au nom de tous les artistes?
  b. Observez la construction de la phrase entière. Y a-t-il une structure qui se répète et comment? L'auteur exprime-t-il des ordres? des hypothèses? des faits?
  c. Observez chaque partie de la phrase. Quelles antithèses y voyez-vous?
  d. Observez les termes de ces antithèses. Est-ce que les mots «printemps», «beau paysage» et «liberté» évoquent quelque chose de positif ou de négatif? de beau ou de laid? d'insignifiant ou de précieux? Quelle caractéristique est-ce que les termes «hiver», «murs», «Bastille» ont en commun dans cet extrait: l'élévation? la captivité? la culpabilité?
  e. Comparez les antithèses. Elles visent à souligner la même idée. Quelle est cette idée que Rousseau veut mettre en avant? Choisissez parmi les concepts suivants ceux qui vous semblent importants et utiles pour votre analyse du texte: imitation, séparation, bonheur, éloignement, imagination, présence, absence.

4. Discussion générale. Maintenant comparez avec l'ensemble de la classe vos analyses respectives. Les secrétaires de chaque groupe seront les porte-paroles de leur groupe.
5. Exercice de récapitulation. Reformez votre groupe de trois. Utilisez les éléments de votre analyse ci-dessus ainsi que les remarques issues de la discussion générale pour décrire l'extrait de Jean-Jacques Rousseau. Ecrivez une phrase sur chacun des points suivants.

  a. Une phrase d'introduction qui inclut le titre de l'ouvrage dont est tiré l'extrait, le nom de l'auteur et le sens général de la phrase.
  b. Une phrase qui présente la structure de la phrase et indique comment elle sert à renforcer la pensée de l'auteur.
  c. Une phrase qui commente l'emploi du style figuré dans l'extrait.
  d. Une phrase de conclusion qui met en perspective l'opinion toute personnelle de Rousseau sur les conditions de la création littéraire.

Atelier d'écriture

Stratégies et modèles 1

La première étape de l'explication de texte consiste en plusieurs lectures attentives du passage afin d'en comprendre tous les mots et d'en dégager une idée maîtresse. Votre lecture doit être lente, objective (c'est-à-dire sans préjugés, sans a priori sur le texte), attentive à tous les éléments qui forment le texte.

Lire attentivement le texte

La première lecture est votre contact initial avec le texte. A ce stade, tentez simplement d'identifier le genre du texte et vos premières impressions.

Résoudre les difficultés du texte

La deuxième lecture vise à élucider les difficultés que le texte présente et à comprendre son contenu.

Compréhension du lexique

Pour faire une explication de texte, il est essentiel de bien comprendre le sens de tous les mots du passage, non seulement le sens des noms communs mais aussi des noms propres, des allusions historiques, mythologiques, bibliques, etc. Essayez d'abord de saisir la signification d'un mot que vous ne comprenez pas d'après le contexte du passage. Reportez-vous ensuite à un bon dictionnaire et choisissez, parmi les définitions proposées, celle qui correspond le mieux au sens du mot dans la phrase.

Compréhension de la grammaire

Il faut également élucider les difficultés grammaticales que présente le texte. Il peut s'agir d'un changement dans l'ordre habituel des mots (par exemple dans *Tartuffe* de Molière, «d'une ardente amour sentir mon cœur atteint» = «sentir mon cœur atteint d'une ardente amour»), d'un temps verbal que vous ne reconnaissez pas (par exemple, «tinrent», passé simple du verbe «tenir»; «ruez-vous», impératif du verbe pronominal «se ruer»).

Compréhension de la structure

Il s'agit de découvrir comment le texte est organisé (son mouvement, ses différentes parties) et comment cette organisation contribue au sens global du texte. Certains textes ont une disposition typographique en paragraphes qui peut aider à déterminer leurs articulations. D'autres ne présentent pas de divisions apparentes. Chaque texte a son propre mouvement. Ce peut être par exemple:

- une organisation thématique (les étapes d'un exposé)
- un ordre spatial (les différents plans d'une description)
- une progression temporelle (les différents moments d'une narration)
- une organisation argumentative (un texte reposant sur des comparaisons ou des contrastes).

Compréhension générale du texte

Ces premières lectures doivent vous permettre de formuler quelques hypothèses que l'analyse détaillée confirmera ou non plus tard. Vous pouvez, par exemple, formuler des hypothèses:

- sur le genre littéraire du texte
- sur le sens général du texte
- sur l'attitude de l'auteur par rapport à son sujet.

Observation

Lisez à voix haute ce texte de La Bruyère.

iphile commence par un oiseau et finit par mille: sa maison n'en est pas égayée, mais empestée. La cour, la salle, l'escalier, le vestibule, les chambres, le cabinet, tout est volière; ce n'est plus un ra-
5 mage,[1] c'est un vacarme;[2] les vents d'automne et les eaux dans leurs plus grandes crues ne font pas un bruit si perçant et si aigu; on ne s'entend non plus parler les uns les autres que dans ces chambres où il faut attendre, pour faire le compliment d'entrée, que les petits chiens aient aboyé. Ce n'est plus pour
10 Diphile un agréable amusement, c'est une affaire laborieuse, et à laquelle à peine il peut suffire. Il passe les jours, ces jours qui

[1]chant des oiseaux [2]bruit intense

Les Oiseaux de la marquise de Pompadour, tableau de Jean-Baptiste Oudry

échappent et qui ne reviennent plus, à verser du grain et à nettoyer des ordures. Il donne pension à un homme qui n'a point d'autre ministère que de siffler des serins[3] au flageolet[4] et de faire couver des canaris. Il
15 est vrai que ce qu'il dépense d'un côté, il l'épargne de l'autre, car ses enfants sont sans maîtres et sans éducation. Il se renferme le soir, fatigué de son propre plaisir, sans pouvoir jouir du moindre repos que ses oiseaux ne reposent, et que ce petit peuple, qu'il n'aime que parce qu'il chante, ne cesse de chanter. Il retrouve ses oiseaux dans son sommeil:
20 lui-même il est oiseau, il est huppé, il gazouille, il perche; il rêve la nuit qu'il mue[5] ou qu'il couve.

Jean de La Bruyère, «De la Mode», *Les Caractères ou les mœurs de ce siècle*
(1696)

[3]petits oiseaux jaunes   [4]flûte   [5]change de plumage

Analyse

A La première lecture

1. Situation du passage. Relevez dans le texte:

   a. le nom de l'auteur
   b. le titre de l'œuvre et du chapitre dont l'extrait est tiré
   c. la date de publication.

2. Genre du texte. S'agit-il:

   a. d'un texte en vers ou d'un texte en prose?
   b. d'un texte descriptif? narratif? argumentatif? informatif?
   c. d'un texte écrit à la première personne? à la troisième personne? d'un dialogue?
   d. d'un texte à la tonalité grave? ironique? tragique? pathétique?

3. Premières impressions. Notez en quelques lignes vos premières réactions de lecture.

B La deuxième lecture

1. Compréhension du lexique. Relisez le texte de La Bruyère et faites une liste de tous les termes que vous ne comprenez pas. Consultez un dictionnaire et choisissez la définition qui correspond le mieux au mot recherché. Reportez la signification choisie sur votre liste.

MODELE: égayée→ rendue gaie, agréable

une volière→ _____

2. Compréhension de la grammaire

a. Vous avez probablement remarqué l'emploi fréquent des structures négatives introduites par «ne» dans le passage de La Bruyère. Repérez dans le texte quatre formes différentes de la négation en donnant un exemple de chaque forme et en vous assurant que vous comprenez bien leur emploi.

   Attention: Certains «ne», employés seuls (sans autre mot négatif) et appelés explétifs, n'ont pas de valeur négative et sont en quelque sorte superflus. Trouvez les deux exemples de ces «ne» explétifs dans le texte.

b. Avez-vous compris les divers emplois de l'adverbe «plus»? Déterminez le sens de «plus» dans les phrases suivantes. A-t-il la valeur d'un négatif, d'un comparatif, d'un superlatif?

   «ce n'est plus un ramage, c'est un vacarme»
   «les eaux dans leurs plus grandes crues»
   «on ne s'entend non plus parler les uns les autres que dans ces chambres»
   «Ce n'est plus pour Diphile un agréable amusement, c'est une affaire laborieuse»

c. Elucidez tout autre point grammatical qui vous pose des problèmes pour la compréhension du texte.

3. Compréhension de la structure. Dans le passage de La Bruyère, on peut reconnaître une structure interne qui développe le portrait de Diphile en trois séquences:

a. la description de la maison de Diphile
b. les actions de Diphile
c. la métamorphose de Diphile

Identifiez les lignes du texte qui correspondent à ces trois parties. Est-ce que l'ordre de ces trois parties marque une progression dans le portrait? Quel est l'effet de la conclusion?

4. Compréhension générale du texte. Pouvez-vous maintenant formuler des hypothèses, par exemple:

a. sur le genre littéraire de ce texte?
b. sur le type de personnage décrit?
c. sur l'attitude du narrateur par rapport à Diphile (approbation ou désapprobation, admiration ou critique, compassion ou ironie)?

Mise en application

Commencez dès à présent á travailler sur votre propre explication de texte. Reportez-vous à la section **À vous d'écrire!** qui vous propose deux choix de passages littéraires à expliquer. Choisissez l'extrait sur lequel vous préférez travailler. Faites une photocopie agrandie du passage choisi: vous pourrez l'annoter plus facilement pour votre travail d'analyse de l'étape 2.

1. Lisez attentivement le texte choisi et notez vos premières impressions.
2. Recherchez la signification de tous les mots que vous ne comprenez pas et élucidez les difficultés grammaticales que vous pose le texte.
3. Identifiez les parties qui composent le texte et donnez-leur un titre général.
4. Formulez vos premières hypothèses sur le texte.

Stratégies et modèles 2

Examiner et analyser les éléments du texte

Après avoir résolu les difficultés du texte et compris son sens général, vous allez passer à son analyse détaillée. Il s'agit d'un examen minutieux et méthodique des divers éléments qui composent le texte pour en comprendre la forme et le fond (les idées). Cette étape vous apportera le plaisir de la découverte et vous rendra meilleur critique littéraire. Vous découvrirez des rapports entre les structures et les thèmes, et le texte deviendra de plus en plus intelligible.

Votre attention va se centrer avant tout sur les moyens d'expression, en tenant toujours compte du rapport entre ces moyens et leur contenu, leur sens. Chaque texte a bien sûr sa propre spécificité qui orientera la direction de votre analyse. Cependant en général, pour cette analyse du détail, vous prendrez en considération:

- les mots (leur choix, leur place, leur tonalité)
- les figures de rhétorique
- les choix grammaticaux
- la structure des phrases (leur longueur, l'ordre des mots, la ponctuation)
- le type de phrases (l'exclamation, l'interrogation, l'impératif, la déclaration)
- les sonorités
- le rythme.

Cette étape, patiente et rigoureuse, va rassembler les éléments qui formeront le corps de votre explication de texte. Elle a pour but de mettre en évidence les choix opérés par l'écrivain et de parvenir à une interprétation, étayée par les exemples du texte, du passage à expliquer.

Observation

Lisez le début annoté du portrait de Diphile et les notes d'analyse qui vous sont proposées en exemple. Ces notes vous montrent la façon dont une lectrice a réfléchi sur le texte. Remarquez les procédés d'écriture repérés par l'analyse.

jeu des sonorités

effet d'accumulation

jeu des sonorités et opposition des termes

négations

> *d*iphile commence par un oiseau et finit par mille: sa maison n'en est pas égayée, mais empestée. La cour, la salle, l'escalier, le vestibule, les chambres, le cabinet, tout est volière; ce n'est plus un ramage, c'est un vacarme; les vents d'automne et les eaux dans leurs plus grandes crues ne font pas un bruit si perçant et si aigu; on ne s'entend non plus parler les uns les autres que dans ces chambres où il faut attendre, pour faire le compliment d'entrée, que les petits chiens aient aboyé.

hyperbole exagération

opposition des termes

superlatif adverbes d'intensité

Notes d'analyse

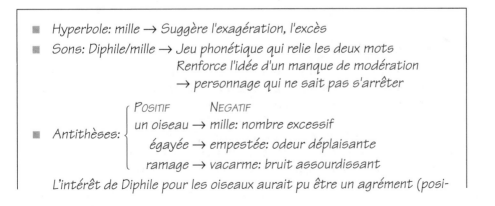

- Hyperbole: mille → Suggère l'exagération, l'excès
- Sons: Diphile/mille → Jeu phonétique qui relie les deux mots
  Renforce l'idée d'un manque de modération
  → personnage qui ne sait pas s'arrêter
- Antithèses:
  POSITIF   NEGATIF
  un oiseau → mille: nombre excessif
  égayée → empestée: odeur déplaisante
  ramage → vacarme: bruit assourdissant

L'intérêt de Diphile pour les oiseaux aurait pu être un agrément (positif), mais est devenu une manie envahissante, malodorante et bruyante (négatif).

■ Enumération: La cour, la salle,... = effet d'accumulation → invasion de la maison de Diphile par les oiseaux

■ Deux comparaisons

1. «les vents d'automne...» → Le vacarme des oiseaux est pire que la violence des éléments naturels. Le superlatif et les adverbes intensifs «si perçant et si aigu» renforcent l'idée de vacarme.

2. «On ne s'entend non plus parler... » → Les oiseaux de Diphile font concurrence à l'aboiement des «petits chiens» qui ornent les salons mondains du dix-septième siècle.

■ Rythme varié

1. phrases courtes (formules lapidaires, concises) qui établissent sans ambiguïté et avec ironie la manie désagréable de Diphile → tout est volière

2. phrases longues (les comparaisons) qui amplifient l'idée exprimée

Analyse

A Quels mots techniques ont été utilisés pour identifier les procédés d'écriture?

B Choisissez deux exemples parmi les notes d'analyse qui montrent comment l'analyse lie la forme et les idées, c'est-à-dire comment le procédé d'écriture suggère une interprétation du sens.

C L'annotation du texte fait remarquer plusieurs négations. Comment pouvez-vous interpréter la fréquence de ces négatifs?

Mise en application

Faites une photocopie agrandie du texte de La Bruyère (à partir des mots «Ce n'est plus pour Diphile... »). Continuez l'analyse du portrait de Diphile en vous arrêtant systématiquement sur chaque phrase, et même si nécessaire sur chaque mot. Aucun détail n'est a priori superflu. Annotez le texte: soulignez, encerclez, fléchez les caractéristiques linguistiques que vous remarquez et interrogez-vous sur leur effet et leur but. Notez sur une autre feuille les remarques que vous suggère l'analyse de détail.

Stratégies et modèles 3

Sélectionner et illustrer les remarques de l'analyse

L'étude du détail conduite au fil du texte a relevé de multiples remarques pertinentes, mais qui semblent peut-être éparpillées et disparates. Quand vous rédigerez l'explication, il faudra:

■ choisir les éléments qui soutiennent votre interprétation du texte. Le simple repérage des éléments du texte ne suffit pas. Si vous notez telle allitération ou telle comparaison, il s'agit de montrer quel sens elle a.

■ étayer vos remarques par des citations du texte. Les citations illustrent les thèmes ou les stratégies que vous voulez mettre en avant; elles fournissent les preuves de votre argumentation. Les citations peuvent être constituées d'un seul mot, d'une expression, d'une ou de plusieurs phrases. Elles doivent être absolument exactes et fidèles au texte.

À noter

■ Identifiez le début et la fin d'une citation par des guillemets.

> «tout est volière»

■ Si vous omettez une partie de la citation, indiquez cette coupure par des points de suspension mis entre crochets ([...]).

> «Il passe les jours [...] à verser du grain et à nettoyer des ordures»

■ Si vous devez modifier un élément de la citation pour l'intégrer grammaticalement dans votre propre phrase, indiquez ce changement par des crochets.

> Comble du paradoxe, Diphile doit attendre pour se reposer que ses oiseaux «qu'il n'aime que parce qu'il[s] chante[nt], ne cesse[nt] de chanter».

Observation

Lisez l'explication rédigée pour la première phrase du portrait. Elle correspond aux notes données à la page 167.

'emblée la phrase d'introduction présente le personnage de Diphile sous le signe de l'exagération: «Diphile commence par un oiseau et finit par mille». L'hyperbole «mille» et le jeu des sonorités qui relie phonétiquement 5 «Diphile» à «mille» suggèrent l'idée d'un manque de modération inhérent au personnage. La conséquence négative de cet excès est immédiatement introduite dans le deuxième membre de phrase au moyen d'une antithèse qui oppose «égayée» à «empestée». Au lieu d'être un lieu d'agrément, la maison de cet amateur d'oiseaux est de-10 venue un lieu de puanteur. Cette phrase d'introduction, percutante dans sa concision et la force de ses mots («mille», «empestée») établit immédiatement et avec une certaine brutalité l'idée d'une passion excessive et désagréable. C'est cette passion avec ses conséquences désastreuses que La Bruyère va décrire avec ironie dans ce portrait.

Analyse

A Quels procédés d'écriture ont été mentionnés dans l'explication de cette phrase? Comment ces remarques sur la forme sont-elles liées à une interprétation du sens de la phrase?

B Quel type de ponctuation est utilisé pour introduire la première citation?

C Faites une liste de verbes et d'expressions utilisés dans l'explication qui pourraient vous être utiles pour rédiger une explication de texte.

Mise en application

➤ **RG** 7
La phrase complexe 1

A votre tour, rédigez une mini-explication pour la deuxième phrase du portrait de Diphile.

Stratégies et modèles 4

Structurer et rédiger l'explication de texte

L'introduction

L'introduction vise à situer le texte et à orienter le lecteur.

1. Donnez les références du texte:

   - le titre du passage s'il y en a un
   - le titre de l'ouvrage dont l'extrait est tiré
   - le nom de son auteur
   - sa date de publication.

   Pour situer de façon précise le passage étudié, il vous faudra sans doute faire quelques brèves recherches soit dans vos propres livres de littérature, soit dans une bibliothèque: consultez l'ouvrage dont est extrait le passage et, si besoin, une histoire littéraire. Replacez l'extrait dans le contexte de l'ouvrage: **il ne s'agit pas de résumer** l'œuvre, mais de donner les quelques précisions indispensables à la situation du passage. Vous pouvez ajouter d'autres renseignements que vous jugez utiles à la compréhension du texte, mais seulement ceux qui se rapportent directement au passage expliqué. Par exemple, il peut s'agir d'une référence aux circonstances de la composition de l'œuvre, d'une référence à la période historique dans laquelle le texte s'inscrit, d'une référence à un genre, à un courant ou à une tradition littéraire, ou encore d'une référence à un thème ou à un style particulier à l'auteur.

2. Indiquez le caractère général du texte:

   - le genre (un portrait, un texte autobiographique, un récit de voyage, etc.)
   - le ton (ironie, lyrisme, etc.)
   - l'idée dominante du passage.

   Vous préparez ainsi le lecteur aux éléments du texte que vous détaillerez dans votre analyse.

3. Présentez la structure du texte en caractérisant les différentes parties qui le composent. Il ne suffit pas de découper le texte en un certain nombre de parties, mais de montrer comment l'ordre de composition contribue à l'effet d'ensemble du texte.

Le corps de l'explication

Cette partie présente l'analyse détaillée des éléments du texte. Elle vise à montrer comment les procédés d'écriture choisis par l'écrivain sont producteurs de sens. L'explication suit en principe l'ordre linéaire du texte. Il faut cependant éviter la juxtaposition d'observations disparates et lier les éléments d'analyse entre eux. Une façon logique d'organiser votre explication est de suivre l'ordre de la composition du texte et de procéder par sous-ensembles. Ainsi pour le passage de La Bruyère, vous pouvez aisément ordonner votre analyse à partir des trois articulations repérées dans le texte.

La conclusion

La conclusion, par contraste avec l'analyse détaillée qui la précède, propose une synthèse. Pour conclure, vous pouvez par exemple:

- rappeler les grandes lignes que votre analyse du texte a fait apparaître.
- offrir une appréciation du passage. Vous pouvez souligner ce qui vous paraît le plus significatif dans l'art de l'auteur. Vous pouvez dégager l'intérêt, l'importance et/ou l'unicité du texte sur le plan des idées et de la forme.
- ouvrir d'autres perspectives. Vous pouvez suggérer une comparaison avec d'autres textes ou d'autres auteurs, proposer un nouvel axe de réflexion à partir des thèmes du passage.

xpressions utiles

Pour situer le texte

être extrait de　　　　　　　　intituler
faire partie de

Pour parler des effets du texte

amplifier　　　　　　　　mettre l'accent sur
détailler　　　　　　　　renforcer
illustrer　　　　　　　　souligner
mettre en évidence　　　　suggérer
mettre en relief

Pour exprimer la réprobation de l'auteur

condamner　　　　　　　　dénoncer
s'indigner　　　　　　　　reprocher

Observation

L'explication que vous allez lire du passage de La Bruyère est donnée à titre d'exemple de la méthode. En lisant, prêtez attention aux différentes parties qui la composent. L'encadré de vocabulaire ci-dessus vous aidera à remarquer certains verbes employés dans l'explication qui pourront vous être utiles plus tard dans votre propre rédaction.

Explication de texte

Introduction

Le portrait de Diphile est extrait des *Caractères ou les mœurs de ce siècle* de La Bruyère, publiés sous leur forme définitive en 1696. Ce portrait fait partie du chapitre intitulé «De la mode» où La Bruyère dénonce les excès commis au nom de modes
5   passagères: «Une chose folle et qui découvre bien notre petitesse, c'est l'assujettissement aux modes, quand on l'étend à ce qui concerne le goût, le vivre, la santé et la conscience». Diphile, obsédé jour et nuit par sa collection d'oiseaux, illustre bien cette réflexion qui ouvre le chapitre. Dans un texte d'une composition très étudiée, La Bruyère
10   brosse le portrait d'un homme esclave de sa passion au point d'en avoir perdu tout jugement. Si le ridicule du personnage déclenche le rire, les effets pernicieux de son obsession sur son entourage, son mode de vie et sur sa propre santé physique et mentale donnent à réfléchir. L'ironie incisive de l'auteur condamne sans équivoque l'excès, le ridicule et les
15   dangers de cette «mode».

Le mouvement du texte ménage une révélation progressive du personnage, à partir d'une phrase d'introduction qui établit immédiatement le caractère excessif du goût de Diphile pour ses oiseaux. Le portrait s'organise alors en trois séquences qui servent de paliers dans cette
20   révélation: la première séquence décrit les effets de la passion de Diphile sur son entourage quotidien; la deuxième partie met en évidence ses conséquences dangereuses sur la vie du maniaque et de sa famille; la conclusion en souligne les effets psychiques à travers une description comique de Diphile devenu lui-même oiseau. Le portrait
25   s'élabore ainsi progressivement, la transformation de la maison de

La Bruyère
(1645–1696)

Diphile en volière dans la première séquence préparant la métamorphose finale de Diphile en oiseau.

Corps de l'explication: Analyse

30 La phrase liminaire du portrait présente d'emblée le personnage de Diphile sous le signe de l'exagération: «Diphile commence par un oiseau et finit par mille». La structure même de la phrase qui s'ouvre sur «Diphile» et se termine en écho sonore sur «mille» suggère la figure d'un cercle vicieux où s'enferme et se consume le personnage. La conséquence négative de cet excès est immédiatement introduite dans le 35 deuxième membre de phrase au moyen d'une antithèse qui oppose «égayée» à «empestée». Cette phrase d'introduction énonce le caractère excessif et désagréable de la passion de Diphile dont les conséquences pernicieuses vont être détaillées dans la suite du portrait.

La première séquence du passage décrit le cadre familier du collec-40 tionneur d'oiseaux. L'énumération des parties de la demeure de Diphile—«La cour, la salle, [...] le cabinet»—produit un effet d'accumulation comique qui montre l'envahissement total de la maison par ses pensionnaires ailés. L'énumération culmine en une formule lapidaire résumant avec une ironie savoureuse la transformation de la maison de 45 Diphile en une immense cage à oiseaux: «tout est volière». Une nouvelle formule condensée vient aussitôt souligner un autre inconvénient de cette passion: «ce n'est plus un ramage, c'est un vacarme». La violence du mot «vacarme» et les répétitions des sons *a* et *r* accentuent le caractère désagréable du bruit. La Bruyère reprend dans cette phrase la 50 structure antithétique utilisée dans la phrase d'introduction. Le jeu des négations et des antithèses oppose ce qui aurait pu être positif— «égayée», «un ramage»—et ce qui est devenu de fait une manie envahissante, malodorante et bruyante.

Le désagrément de la collection de Diphile ainsi établi, la première 55 séquence se termine sur deux longues phrases comparatives qui illustrent et amplifient les formules brèves du début du portrait. L'auteur compare le vacarme de la maison de Diphile d'une part à la violence des vents et des eaux en crues—violence renforcée par l'emploi du superlatif et des adverbes d'intensité— d'autre part au bruit des salons 60 mondains où l'usage réclame que «les petits chiens aient aboyé» avant que la conversation commence. La Bruyère condamne implicitement cette démesure qui pêche à la fois contre l'ordre naturel des choses et contre les bienséances sociales.

La deuxième séquence du texte s'attache à décrire le comporte-
65   ment de Diphile dans sa vie quotidienne. En l'espace de quatre phrases chargées d'ironie, La Bruyère brosse le portrait d'un maniaque totalement consumé par le soin quotidien de ses oiseaux. La première phrase de cette séquence reprend à nouveau la structure antithétique, cette fois pour souligner le caractère aliénant de la manie: «Ce n'est plus
70   pour Diphile un agréable amusement, c'est une affaire laborieuse, et à laquelle à peine il peut suffire». Le passe-temps de Diphile, loin d'être une source de plaisir est devenu un labeur fatigant dont l'aspect accaparant est souligné par l'antéposition de l'adverbe «à peine». Para-doxalement le zèle de Diphile a pour objet des tâches dérisoires, sou-
75   vent désagréables et coûteuses. Avec un vocabulaire précis et concret, La Bruyère fait ressortir le ridicule et la futilité des occupations journa-lières de Diphile qui se dépense à «verser du grain» et à «nettoyer des ordures». L'effet réducteur de ces observations forme un constraste ironique avec le sérieux et l'importance faussement prêtés à l'«affaire
80   laborieuse» qui absorbe Diphile. Par son ironie implacable, le por-traitiste a parfaitement tourné en ridicule le maniaque; le moraliste, lui, s'indigne. Une parenthèse philosophique sur le passage du temps, «ces jours qui échappent et qui ne reviennent plus», et une constatation amère sur l'égoïsme du maniaque qui laisse ses enfants «sans maîtres et
85   sans éducation» expriment la réprobation implicite de l'auteur. La Bruyère condamne l'obsession de Diphile qui l'a rendu esclave de son passe-temps, lui fait gaspiller sa vie en occupations insignifiantes et compromet l'avenir de ses enfants.

Le personnage du maniaque ainsi campé dans son décor et ses ac-
90   tivités quotidiennes, le portrait s'achève sur la vision cocasse de Diphile métamorphosé en oiseau. Reprenant plusieurs des techniques em-ployées au long du portrait, les deux phrases de conclusion combinent avec brio les procédés d'opposition, les jeux de sonorités, les énuméra-tions, les détails concrets et révélateurs. La première phrase enchaîne
95   les paradoxes: «Il se renferme le soir, fatigué de son propre plaisir, sans pouvoir jouir du moindre repos que ses oiseaux ne reposent, et que ce petit peuple, qu'il n'aime que parce qu'il chante, ne cesse de chanter». La Bruyère confirme l'assujettissement total de Diphile réduit à attendre pour dormir que ses oiseaux eux-mêmes daignent se taire. L'absurdité

> **RG**   7
Les propositions relatives

100 de la situation est mise en relief par la reprise ironique de mots en opposition («repos»/«reposent» et «chante»/«chanter»). La phrase se pro-
longe, n'en finit pas de s'étirer au fil des appositions et des subordonnées, et s'épuise à l'image d'un Diphile épuisé. Mais le repos s'avère
impossible pour le monomane. Le rythme du portrait rebondit
105 soudainement et s'anime dans la phrase de conclusion: «Il retrouve ses
oiseaux dans son sommeil: lui-même il est oiseau, il est huppé, il
gazouille, il perche; il rêve la nuit qu'il mue ou qu'il couve». Ce rêve
hallucinatoire porte à son comble l'aliénation de Diphile. Le registre
concret et spécialisé du lexique et la succession des verbes dans
110 l'énumération donnent l'idée d'une métamorphose progressive,
chaque nouveau détail ajoutant une facette dérisoire à la transformation de Diphile en oiseau. L'humour de cette finale, qui fait jaillir le rire,
est dévastateur. De jour comme de nuit, le maniaque ne vit, ne pense,
ne rêve qu'en fonction de ses oiseaux. Métamorphosé en volatile,
115 Diphile a perdu toute ressemblance et tout contact avec l'humain, laissant à son «petit peuple» la prérogative de régner dans sa demeure et
dans ses songes.

Conclusion

Ce portrait est à l'évidence porteur d'une morale dans les reproches im-
120 plicites de la moquerie. Le goût immodéré de Diphile pour ses oiseaux
est bien cette «chose folle» dénoncée dès l'ouverture du chapitre, folie
qui assujettit l'homme à sa passion et compromet son «vivre, [s]a santé
et [s]a conscience». Comme l'a fait Molière dans la mise en scène de
ses monomanes, La Bruyère condamne l'excès, l'outrance, la démesure
qui aliènent l'homme. Au siècle qui privilégie la raison, la vie de société
125 et l'idéal de l'honnête homme, Diphile représente le marginal dangereux, indifférent aux bienséances sociales comme aux responsabilités
familiales, coupé des autres et isolé dans sa propre prison mentale. L'art
du portrait, savamment concerté dans la variété de son rythme et de
ses techniques et la précision de ses détails, donne au personnage de
130 Diphile un relief comique. Il laisse à ses lecteurs le plaisir du rire et le
privilège de la réflexion.

Analyse

A L'introduction. Quel renseignement complémentaire a été donné dans l'introduction pour situer l'extrait? Quel ouvrage a été consulté?

B Les citations. Notez comment les citations du passage de La Bruyère sont intégrées au texte de l'analyse. Trouvez:

1. un exemple de citation introduite par deux points
2. un exemple de citation insérée à l'intérieur d'une phrase
3. un exemple de citation dont une partie a été omise
4. un exemple de citation dont les termes ont dû être modifiés pour l'insérer grammaticalement dans la phrase.

C L'analyse. Choisissez deux exemples qui montrent comment l'analyse part de l'observation de la forme pour arriver à une interprétation du sens.

D La conclusion fait écho à l'introduction. Quels liens voyez-vous entre les deux parties?

E Vocabulaire

1. Afin d'éviter les répétitions monotones, certains mots sont exprimés à l'aide de termes synonymes. Trouvez les différentes expressions qui servent à varier les mots suivants:

   a. Diphile (4 autres expressions)
   b. oiseau (2 autres expressions)
   c. maison (1 autre expression).

2. Faites votre propre liste de termes utilisés dans l'explication qui pourraient vous être utiles pour rédiger une explication de texte.

Mise en application

Reprenez le passage que vous avez choisi pour votre explication de texte. Analysez le début du texte (les trois premières phrases du texte de Chateaubriand, le premier paragraphe du texte de Voltaire) en suivant la méthode d'analyse démontrée dans ce chapitre. Ensuite, faites un premier essai de rédaction pour ces quelques phrases. Pensez à inclure une citation qui illustre une idée ou un procédé d'écriture que vous voulez mettre en avant. Utilisez le vocabulaire qui vous a été donné en exemple dans le modèle d'explication de texte.

➤ **RG** 7
La phrase complexe 1

À vous d'écrire!

Sujet

Choisissez l'un des extraits littéraires proposés ci-dessous et rédigez une explication de texte.

Mémoires d'Outre-Tombe

es soirées d'automne et d'hiver étaient d'une autre nature. Le souper fini et les quatre convives revenus de la table à la cheminée, ma mère se jetait, en soupirant, sur un vieux lit de jour de siamoise flambée; on mettait devant elle un
5 guéridon avec une bougie. Je m'asseyais auprès du feu avec Lucile; les domestiques enlevaient le couvert et se retiraient. Mon père commençait alors une promenade qui ne cessait qu'à l'heure de son coucher. Il était vêtu d'une robe de ratine blanche, ou plutôt d'une espèce de manteau que je n'ai vu qu'à lui. Sa tête, demi-chauve, était
10 couverte d'un grand bonnet blanc qui se tenait tout droit. Lorsqu'en se promenant il s'éloignait du foyer, la vaste salle était si peu éclairée par une seule bougie qu'on ne le voyait plus; on l'entendait seulement encore marcher dans les ténèbres; puis il revenait lentement vers la lumière et émergeait peu à peu de l'obscurité, comme un spectre, avec
15 sa robe blanche, son bonnet blanc, sa figure longue et pâle. Lucile et moi nous échangions quelques mots à voix basse quand il était à l'autre bout de la salle; nous nous taisions quand il se rapprochait de nous. Il nous disait en passant: «De quoi parliez-vous?» Saisis de terreur, nous ne répondions rien; il continuait sa marche. Le reste de la soirée,
20 l'oreille n'était plus frappée que du bruit mesuré de ses pas, des soupirs de ma mère et du murmure du vent.

Chateaubriand, *Mémoires d'Outre-Tombe*, Livre III (extrait), 1849–1850

Conte de Jeannot et Colin

*P*lusieurs personnes dignes de foi ont vu Jeannot et Colin à l'école dans la ville d'Issoire en Auvergne, ville fameuse dans tout l'univers par son collège et par ses chaudrons. Jeannot était fils d'un marchand de mulets très renommé;

5   Colin devait le jour à un brave laboureur des environs, qui cultivait la terre avec quatre mulets, et qui, après avoir payé la taille, le taillon, les aides et gabelles, le sou pour livre, la capitation et les vingtièmes, ne se trouvait pas puissamment riche au bout de l'année.

Jeannot et Colin étaient fort jolis pour des Auvergnats; ils s'aimaient
10 beaucoup, et ils avaient ensemble de petites privautés, de petites familiarités, dont on se ressouvient toujours avec agrément quand on se rencontre ensuite dans le monde.

Le temps de leurs études était sur le point de finir, quand un tailleur apporta à Jeannot un habit de velours à trois couleurs, avec une veste
15 de Lyon de fort bon goût; le tout était accompagné d'une lettre à monsieur de La Jeannotière. Colin admira l'habit, et ne fut point jaloux; mais Jeannot prit un air de supériorité qui affligea Colin. Dès ce moment Jeannot n'étudia plus, se regarda au miroir, et méprisa tout le monde. Quelque temps après, un valet de chambre arrive en poste, et apporte
20 une seconde lettre à monsieur le marquis de La Jeannotière: c'était un ordre de monsieur son père de faire venir monsieur son fils à Paris. Jeannot monta en chaise en tendant la main à Colin avec un sourire de protection assez noble. Colin sentit son néant, et pleura. Jeannot partit dans toute la pompe de sa gloire.

Voltaire, *Jeannot et Colin*, 1764

Etapes de l'explication

Lecture méthodique et notes préliminaires

Faites une photocopie agrandie de votre texte pour pouvoir aisément l'annoter. Reprenez les étapes de la lecture méthodique détaillées dans l'étape 1 de ce chapitre et appliquez les stratégies qui s'y rapportent.

1. Lisez attentivement et plusieurs fois le texte pour en comprendre tous les termes et en saisir le sens global.
2. Annotez le texte pour en repérer les caractéristiques formelles.
3. Notez les remarques que l'analyse des éléments textuels vous suggère en veillant à relier la forme à l'idée.

Premier brouillon

1. Reportez-vous à la description des trois grandes parties de l'explication données dans l'étape 4 de ce chapitre pour structurer et rédiger votre explication.
2. Pour l'introduction, il vous sera peut-être nécessaire de vous documenter dans un ouvrage de référence littéraire.

Révision personnelle

1. Vérifiez l'organisation de votre explication.

   a. Avez-vous trois grandes parties: l'introduction, l'analyse, la conclusion?
   b. Les sous-ensembles de ces trois parties principales sont-ils clairement identifiés en paragraphes?

2. Utilisez l'encadré «A faire / A ne pas faire» ci-dessous pour examiner le contenu de votre explication.

A FAIRE	A NE PAS FAIRE
▓ mentionner les renseignements annexes qui peuvent directement éclairer le texte	▓ faire de la biographie ou de l'histoire littéraire
▓ indiquer le mouvement du texte dans les parties qui le composent	▓ découper gratuitement le texte
▓ dégager ce que l'auteur veut exprimer et comment il l'exprime	▓ paraphraser, c'est-à-dire redire moins bien ce que l'auteur dit mieux
▓ partir du texte et dégager une signification	▓ séparer les idées de la forme
▓ appuyer vos observations par des citations du texte	▓ commenter le texte sans exemples précis
▓ offrir une interprétation du texte à partir de votre analyse	▓ discuter vos propres idées sur le thème du passage

➤ **RG** 7
Les propositions relatives

3. Ecrivez un deuxième brouillon en incorporant les changements que vous jugez utiles. Faites les corrections de langue qui sont nécessaires. Servez-vous du **Guide de corrections de langue (Chapitre préliminaire)**.

Corrections réciproques

1. Echangez les photocopies de votre deuxième brouillon avec les brouillons de deux de vos camarades de classe. Chacun(e) d'entre vous réagira aux explications en répondant par écrit (en style télégraphique) aux questions suivantes.

   a. Est-ce que vous pouvez identifier l'organisation de l'explication: l'introduction, le développement analytique et la conclusion?
   b. L'introduction vous permet-elle de comprendre le contexte de l'extrait? Est-ce qu'elle vous donne une idée préalable suffisante du texte qui va être analysé?
   c. Est-ce que l'explication comporte plusieurs citations du texte? Trouvez-vous que les citations illustrent bien ce que l'auteur de l'explication veut démontrer?
   d. Quel passage de la partie analytique trouvez-vous le plus convaincant et pourquoi? le moins convaincant et pourquoi?
   e. Comment est-ce que l'auteur a conclu son explication? Est-ce que cela vous satisfait?

2. Discutez avec vos camarades vos réactions respectives aux explications que vous avez lues. Entraidez-vous pour améliorer le contenu, l'organisation ou le style de vos explications.

Rédaction finale

1. Effectuez les changements qu'ont pu vous inspirer les remarques de vos camarades.
2. Examinez le style de votre explication dans son ensemble. Pensez à éviter les répétitions et à varier les verbes. Vérifiez l'orthographe et la correction grammaticale. Servez-vous du **Guide de corrections de langue (Chapitre préliminaire)**.
3. Rédigez au net la version finale de votre explication.

Le compte rendu critique

Le 21 juin: journée de la Fête de la musique

Introduction

n compte rendu consiste à présenter une œuvre (roman, essai, film, tableau, photo, sculpture, symphonie) ou un événement (concert, spectacle de théâtre, rencontre de sports, exposition artistique). Un compte rendu critique est un compte rendu qui offre, en plus, un jugement, une appréciation, pour aider le lecteur à décider de voir, de lire ou d'écouter l'œuvre en question.

Même si le sujet du compte rendu varie—selon qu'il s'agisse de musique, de littérature, de spectacles—la démarche de base reste la même. Vous écrivez votre compte rendu à l'intention de lecteurs qui vont découvrir l'existence de cette œuvre à travers vous. Vous devez faire preuve d'objectivité dans votre caractérisation de l'œuvre, mais aussi ne pas tout dire, ne pas révéler toutes les surprises du texte, en particulier, ne pas en révéler la fin. Vous avez la responsabilité d'exprimer un jugement critique personnel (positif, négatif, mitigé), mais celle aussi de vous faire comprendre par des groupes différents de lecteurs, en particulier par des lecteurs qui ne partagent pas vos goûts.

Les caractéristiques de votre sujet dictent en partie les points que vous devez développer. Ainsi, pour un roman, rendez compte de l'intrigue, des personnages, du style et des idées; pour un film, en plus de l'intrigue et des personnages, traitez aussi des images, de la musique, des effets spéciaux.

Dans ce chapitre, vous allez vous entraîner à rédiger un compte rendu de film ou de roman.

Préludes

A Comptes rendus impromptus. Travaillez en équipes de trois. Cherchez d'abord, individuellement, dans vos souvenirs récents un événement (spectacle, film, compétition sportive) qui vous a intéressé(e). Mentalement, préparez-en une description qui informera objectivement vos partenaires et pensez à deux raisons pour lesquelles vous le leur recommandez. Présentez tour à tour votre compte rendu. Posez des questions si vous avez besoin de clarification.

 B «Questions pour un champion».* Sujet: Littérature. Toujours en équipes de trois, et dans le temps limité qui vous sera donné, trouvez le titre de chaque œuvre littéraire dont voici le compte rendu. Passez ensuite au sujet Cinéma (exercice C). L'équipe championne sera l'équipe qui aura le plus de réponses justes aux deux exercices.

1. Un roi abdique le trône et divise son royaume. Les deux aînées reçoivent les deux plus belles parts; la plus jeune, rebelle, est déshéritée. Par un effet pervers, la générosité du père se retourne contre lui. Les deux filles, ingrates, le chassent. Furieux, humilié, au bord de la dépression nerveuse, le vieux roi choisit de partir pour Douvres *(Dover)*. Avec sa fille cadette qui l'accompagne, il connaît des réalités encore plus cruelles qui le poussent au-delà de la folie. Ne manquez pas l'une des plus troublantes tragédies du répertoire anglais.

2. On a beaucoup parlé du héros de ce roman français qui est indifférent à tout, détaché de tout, mais qui à cause d'un reflet du soleil sur une lame de couteau tue un homme sur une plage d'Algérie. La narration à la première personne donne l'impression de lire le journal intime de cet individu qui ne semble pas comprendre pourquoi ni comment la société le condamne à mort.

3. C'est le roman le plus célèbre de Toni Morrison. La grande romancière américaine, lauréate du Prix Nobel de littérature en 1993, donne vie à l'histoire d'une famille qui connaît plus que sa part de peines.

4. Elle a quinze ans, lui, seize tout au plus. Elle est belle, il parle bien. Mais leur amour est interdit. Une haine séculaire oppose leurs familles. Ils réussissent pourtant à se voir en secret, grâce à un frère capucin. Pour échapper au projet de mariage arrangé par son père, la jeune fille boit une liqueur magique qui doit arrêter son cœur pendant deux jours. Tout le monde est trompé par les apparences: on la met au tombeau. Le jeune homme, qui ne veut pas survivre à celle qu'il aime, se procure un poison qu'il boit quelques instants à peine avant que la liqueur magique ne cesse d'agir sur elle... La pièce, tout comme les versions filmées, donne toute la mesure des tragédies de l'intolérance et des conflits ataviques.

 C «Questions pour un champion». Sujet: Cinéma

1. Il s'agit d'une petite fille qu'une tornade emporte dans un pays merveilleux où les animaux parlent, où un sentier de briques jaunes

---

*Emission de télévision très célèbre. Il s'agit d'un test de connaissances variées qui met en compétition des élèves de lycée ou des personnalités artistiques.

mène à la découverte de l'amitié... Depuis des générations, cette comédie musicale enchante petits et grands.

2. Le réalisateur rouvre le dossier de l'assassinat du Président Kennedy. Par un emploi savant de documents d'actualités de l'époque et de fiction, Oliver Stone mène une enquête historique qui soulève plus de questions qu'elle n'apporte de réponses.

3. Issu de l'imagination d'une jeune anglaise, Mary Shelley, femme du poète, le roman de cette créature fantastique de laboratoire a inspiré une bonne quarantaine de films. Le somptueux remake de Kenneth Branagh nous fait revivre la peur du docteur à la vue de sa création mal finie et de plus en plus diabolique. Après une poursuite qui tient le spectateur en haleine, le monstre et son créateur s'affrontent dans les glaces et le froid polaires.

4. Un fantôme, gentil et sympathique, hante un château à la recherche de quelqu'un qui pourrait briser sa solitude en devenant son ami. Ce film, inspiré d'une bande dessinée des années soixante, est l'antidote des films d'épouvante.

5. A travers le regard «idiot» d'un garçon charmant, au quotient intellectuel nettement inférieur à la moyenne, nous découvrons plusieurs décennies de l'histoire américaine: Elvis, l'affaire du Watergate, la guerre du Viêt-Nam, sans oublier le monde du football, un tournage de film avec Raquel Welch et bien d'autres épisodes cocasses.[1] Cette histoire désopilante,[2] pleine de coups de théâtre,[3] menée tambour battant,[4] comporte aussi des séquences tendres qui voient s'épanouir un amour d'enfance.

[1]surprenants et drôles [2]qui fait rire de bon cœur *(screamingly funny)* [3]coups... renversements de fortune, très inattendus [4]tambour... au son du tambour: rapidement, rondement

 D Testez votre vocabulaire critique. Toujours en équipes de trois, recensez le vocabulaire que vous connaissez. Rassemblez autant de mots que possible (n'oubliez pas les mots employés dans les comptes rendus de «Questions pour un champion»). Pour que la concurrence stimule votre créativité, comptez un point par mot correspondant au sujet proposé.

POUR IDENTIFIER
... LE GENRE D'UN TEXTE

EXEMPLE: une pièce de théâtre, un mélodrame

... LE GENRE D'UN FILM

EXEMPLE: un film d'aventure

POUR DÉCRIRE DES PERSONNAGES
… AU PHYSIQUE

EXEMPLE: fragile, menu, frêle

_____

_____

_____

_____

… AU MORAL

EXEMPLE: généreux, courageux

_____

_____

_____

_____

telier d'écriture

Stratégies et modèles 1

La première étape consiste à identifier les caractéristiques essentielles de l'œuvre que vous avez choisie. Votre objectif est de trouver un vocabulaire clair et approprié pour informer vos lecteurs 1) du sujet et du genre; 2) du ton et de l'approche; 3) du thème traité ou des grandes lignes de l'histoire racontée. Cette étape vise à une description objective de l'œuvre: laissez de côté vos réactions personnelles pour le moment.

Caractériser le sujet et le genre de l'œuvre

Pensez à quelqu'un qui ne connaît pas l'œuvre que vous avez choisie. Quels renseignements faut-il lui donner pour lui expliquer de quoi il s'agit? Concentrez-vous sur les moyens de décrire l'œuvre de façon objective. Pensez en particulier aux questions suivantes.

■ Quel est le genre de l'œuvre? Est-ce une œuvre de fiction, une recréation historique, un documentaire, un reportage? Combine-t-elle fiction et histoire, récit personnel et analyse? Vous pouvez définir le genre en vous servant du vocabulaire des **Expressions utiles.** Employez si nécessaire des comparaisons ou des métaphores («ce film est une ode à la tendresse»).

■ A quelles autres œuvres s'apparente-t-elle? Renvoyez au besoin vos lecteurs à d'autres œuvres connues.

- Est-ce une œuvre originale ou l'adaptation (fidèle, libre) d'une autre œuvre? Est-ce la transposition d'un mythe connu, d'une histoire classique?

EXEMPLE 1

> «Le très beau film de Christian de Chalonge, *Le Voleur d'enfants,* est librement inspiré d'un roman de Jules Supervielle. Cette ode à la tendresse et à l'amour, ce conte de faits peu communs où l'ogre est remplacé par un doux rêveur, n'a rien à voir avec les kidnappeurs des gros titres de nos journaux.»

> adapté de Francis Schall, *Actuaciné* (octobre 1991)

EXEMPLE 2

> «*Prêt-à-porter* de Robert Altman n'est pas plus un film sur la mode que *MASH* n'est un film sur la guerre, *A Wedding* un film sur le mariage, *Nashville* un film sur le country, *The Player* un film sur le cinéma. Altman s'intéresse bien plus aux personnages qui peuplent ces milieux qu'à leur univers en tant que tel.»

> Yves Rousseau, *24 Images* (mars 1995)

xpressions utiles

Pour identifier les grands genres de films et de textes

une tragédie (classique / romantique / moderne / contemporaine)
une comédie (légère/qui fait réfléchir/satirique)
une comédie musicale
un mélodrame
un conte (de fées / pour enfants / fantastique / philosophique)
une utopie
un essai (littéraire / philosophique / autobiographique)
une analyse psychologique
un récit autobiographique (ou un récit à la première personne)
une autobiographie romancée
un journal *(a diary)*
un roman à la troisième (ou deuxième) personne
une chronique
un film ou un roman historique
un film ou un roman d'apprentissage
un film ou un roman policier
un film ou un roman d'aventures

un film ou un roman de science fiction
un documentaire (ou un reportage)
un western (américain/italien)
un film à grand spectacle
un péplum (film sur l'Antiquité)
un film d'épouvante
un remake
un téléfilm
un feuilleton / une série télévisée

Évoquer le ton et l'approche

Evoquez le ton et l'approche pour donner au lecteur une impression globale de l'œuvre:

Définissez le ton de l'œuvre. Est-elle drôle, triste, humoristique, sérieuse, légère, satirique?

L'approche de l'œuvre est-elle analytique ou surtout basée sur des impressions personnelles? Demandez-vous aussi quel est le sens général de l'œuvre: s'agit-il d'une œuvre religieuse, mythologique, politique, d'un sujet significatif de la vie quotidienne, d'un fait divers révélateur? S'agit-il d'une œuvre à thèse qui veut démontrer une idée ou s'agit-il d'une réflexion générale?

EXEMPLE:

«Avec ce film laïc et populaire qui entremêle une inspiration politique et mythologique, Chahine retrouve spontanément l'inscription dans l'histoire et dans le présent, mais aussi la puissance de la fable et du récit dans une forme rarement aussi limpide. *L'Emigré* est en effet une sorte de péplum avec pyramides, bourré d'action et de décors somptueux, mais aussi une réflexion sur l'intégration et la capacité d'un étranger à féconder le pays.»

adapté de Thierry Jousse, *Cahiers du cinéma,* mars 1995, p. 33.

Résumer l'histoire ou le sujet de l'œuvre

Un compte rendu doit aussi indiquer le sujet précis de l'œuvre. Résumez les grandes lignes de l'histoire ou du canevas *(story line)* sur lequel a brodé l'auteur:

■ Identifiez d'abord l'action principale: l'enfance d'un personnage, un apprentissage, un voyage, une rencontre, une séparation, l'arrivée de quelqu'un, un hold-up, une poursuite, la mort de quelqu'un, un événement historique, etc.

- Identifiez le(s) personnage(s) qui joue(nt) un rôle principal et trouvez des adjectifs ou des participes passés qui permettent de le(s) décrire au physique et au moral.

- Résumez mentalement les épisodes ou péripéties qui sont essentiels à la progression de l'action principale. Retenez l'épisode le plus significatif pour piquer la curiosité de vos lecteurs et leur donner envie de découvrir l'œuvre.

- Situez l'épisode principal dans son contexte spatial et temporel. Donnez seulement les renseignements importants pour comprendre l'œuvre. (Souvent le vocabulaire que vous choisissez suffit pour décrire la toile de fond de l'œuvre: ainsi, parler d'un groupe de hard-rock indique que l'histoire se passe dans un milieu contemporain; parler de l'Egypte des pharaons dénote le temps des bâtisseurs de pyramides et du culte du dieu du Soleil.) Mentionnez aussi les décors ou les effets spéciaux s'ils sont remarquables.

- Pensez aussi à employer des mots englobants pour résumer des séquences variées mais ayant un point commun ou pour résumer des efforts répétés.

  EXEMPLE: **des péripéties, des aventures, des déboires** (aventures malheureuses ou échecs), **une série de mésaventures**

  EXEMPLE: **essayer par tous les moyens de** (+infinitif), **multiplier les tentatives pour** (+infinitif), **s'efforcer de** (+infinitif), **avoir beau** (+infinitif),

  EXEMPLE:

  > «*Radio Rebels Airheads* raconte les péripéties d'un groupe de hard-rock contraint de braquer *(hold up)* une station FM pour mobiliser l'attention des médias. On y retrouve à peu près tous les ingrédients du comique *teenager* de série Z, et pourtant, au détour de séquences saturées* en blagues de potaches poids lourd, on sent poindre... un certain talent pour le comique d'accumulation, voire même un regard impertinent sur la société américaine».
  >
  > Jean-Marc Lalanne, *Cahiers du cinéma* (mars 1995)

A noter

En règle générale, votre résumé doit décrire la situation de départ et identifier l'épisode qui place l'héroïne ou le héros au cœur de l'action. Ne révélez pas tout à vos lecteurs! Laissez-leur la surprise de découvrir comment l'histoire se termine eux-mêmes! Ne gâchez pas leur plaisir!

Observation

Lisez cet extrait du compte rendu de *L'Emigré*, film écrit et tourné par Youssef Chahine, un des grands cinéastes égyptiens. Le film, réalisé en

---

*saturées... *saturated with heavyweight high-school practical jokes*

partenariat avec la France, est sorti en salles en version originale (V.O.), avec sous-titres français, en mars 1995. Observez surtout où et comment le critique décrit le sujet du film et résume les grandes lignes du scénario. Annotez le texte en inscrivant un S (sujet) ou un R (résumé) dans la marge.

L'Emigré

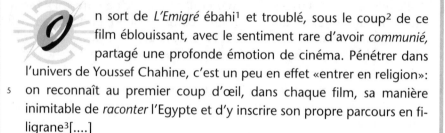

n sort de *L'Emigré* ébahi[1] et troublé, sous le coup[2] de ce film éblouissant, avec le sentiment rare d'avoir *communié,* partagé une profonde émotion de cinéma. Pénétrer dans l'univers de Youssef Chahine, c'est un peu en effet «entrer en religion»:
5   on reconnaît au premier coup d'œil, dans chaque film, sa manière inimitable de *raconter* l'Egypte et d'y inscrire son propre parcours en filigrane[3][....]

S'agissant de *L'Emigré,* on sait que Youssef Chahine caressait depuis longtemps le projet de raconter la vie de Joseph d'après *La Genèse*
10   mais, pour des problèmes liés à l'autorité religieuse égyptienne, Chahine a dû réécrire le scénario initial, *Joseph et ses frères,* et en transposer «l'action» dans l'Egypte des pharaons à la fin de la période du Nouvel Empire. La ruse[4] de Chahine est d'avoir glissé au début du film une petite note à l'adresse du spectateur qui commence par ces mots:
15   «Comme Joseph, fils de Jacob, Ram... », autrement dit Joseph et Ram, le héros de *L'Emigré,* c'est «du pareil au même»[5]. [...]

Le titre du film n'appelle, en revanche, aucune ambiguïté. Il définit le personnage central, Ram, comme une figure déplacée, *un étranger en son pays,* ce que les dignitaires de la Haute Egypte ne manqueront
20   pas de lui faire savoir et avec quel mépris.

Mais *L'Emigré* est d'abord et avant tout l'histoire d'un apprentissage, celui d'un jeune bédouin[6] naïf et espiègle,[7] qui veut réaliser son «rêve égyptien». Fils préféré d'Adam (Michel Piccoli dans un petit rôle de vieux sage en souvenir d'*Adieu Bonaparte*), haï par ses frères qui le
25   tiennent pour responsable de tous les maux de la terre (une terre aride,

---

[1]frappé d'étonnement   [2]sous... *under the spell*   [3]inscrire... évoquer son propre itinéraire de façon implicite   [4]l'artifice   [5]du... (locution populaire) identique   [6]nomade du désert   [7]vif et malicieux

inhospitalière), laissé pour mort dans la cale[8] d'un bateau dont il est sauvé, Ram (Khaled El Nabaoui) essayera par tous les moyens de s'introduire dans le berceau[9] de la connaissance que représente à ses yeux l'Egypte des pharaons. Dans son empressement[10] à séduire son en-

30 tourage, à vouloir se faire remarquer, il provoque le hasard et tombe dans le passage secret d'un sanctuaire pour se retrouver aux pieds du commandant en chef Amihar (Mahmoud Hémida). Ce dernier, séduit par l'intrépidité du jeune homme, qui vient pourtant de profaner un lieu sacré réputé inviolable, prend aussitôt sa défense et en fait son pro-

35 tégé. Cette scène place explicitement Ram au cœur de l'histoire, dans l'antichambre du pouvoir, à la fois témoin *participant* et acteur *involontaire* des conflits qu'il va traverser. De la même façon, il se trouve au centre d'un canevas de relations qui se resserrent[11] à mesure que le film progresse. [...]

40 La toile de fond, c'est le conflit qui oppose les défenseurs du Dieu ancien Amon et les adeptes du culte d'Amon, Dieu du Soleil, et sur ce chapitre, il est bon de rappeler qu'à cette époque, le culte était l'expression *officielle* de la société égyptienne, c'est-à-dire de la classe dominante [dont Amihar fait partie]. *L'Emigré* n'a pas cette forte connota-

45 tion *religieuse* que certains lui prêtent et montre assez clairement que le conflit exposé se situe sur un autre plan, à un niveau plus «social», entre une caste de nantis[12] et un peuple asservi[13] qui subit au quotidien la sécheresse[14] et essayera bien de se soulever.[15] Cela pour dire que *L'Emigré,* au-delà de son sujet et de sa brûlante actualité, est un film

50 spectaculaire, avec du sang, de la poussière et des larmes. Ce n'est que bien plus tard, le vent ayant tourné, les passions éteintes,[16] avec le retour de «l'enfant prodigue» parmi les siens, ayant réussi l'impossible, rendre fertile cette «terre promise»[...] que se profile[17] une *politisation* de la parabole biblique, et qu'apparaît le visage de l'homme selon

55 Youssef Chahine. Et cette image d'espoir est tout simplement bouleversante.

Vincent Vatrican, «La Terre des pharaons», *Cahiers du cinéma* (mars 1995)

---

[8]l'endroit où l'on range les marchandises dans un bateau [9]lieu d'origine [10]son... sa hâte [11]se... *tighten* [12]propriétaires riches et puissants [13]réduit à l'esclavage [14]subit... souffre jour après jour du manque de pluie [15]se... se révolter [16]qui ne brûlent plus [17]se... se dessine, apparaît

Analyse

A Le sujet et le genre

1. Dans ce compte rendu, le critique aborde le sujet du film dans le deuxième paragraphe. Soulignez les mots qui décrivent le projet initial du cinéaste, puis ceux qui s'appliquent au film réalisé. Pourquoi, à votre avis, le critique fait-il l'historique du film? Est-ce nécessaire? Comment s'appelle le héros de *L'Emigré?*

2. Le critique retarde aussi la caractérisation du genre du film qui ne paraît que dans le dernier paragraphe. Par quels mots le critique fait-il comprendre que *L'Emigré* est un film à grand spectacle, un péplum où les aventures et les passions s'entremêlent dans un cadre grandiose? Soulignez le passage et faites un G (genre) dans la marge.

B Le ton et l'approche

1. Le film a produit une si vive impression sur le critique qu'il évoque sa réaction au tout début de son compte rendu. Soulignez les verbes et les adjectifs qu'il emploie pour décrire l'effet du film. Quels mots indiquent que ce critique aime l'art et le style de Youssef Chahine?

2. Toujours dans le premier paragraphe, le critique loue la «manière inimitable de raconter l'Egypte et d'y inscrire son propre parcours en filigrane» de Youssef Chahine. Repérez les lignes où, plus tard dans le compte rendu, le critique développe cette remarque. Situe-t-il le conflit principal sur le plan religieux, social ou politique? Pouvez-vous dire si les critiques sont unanimes à ce sujet? Quelle phrase du texte justifie votre réponse?

3. En somme, d'après ce compte rendu, le film de Chahine présente-t-il une vision optimiste ou pessimiste des hommes? Justifiez votre opinion en vous appuyant sur le texte.

C Le résumé de l'histoire

1. Dans quel paragraphe le critique résume-t-il les grandes lignes de l'histoire? Le film porte-t-il sur l'enfance, l'adolescence, les premières années de la vie adulte du héros? Soulignez les mots-clés de la phrase qui commence par «Mais *L'Emigré* est d'abord... ».

➤ **RG** 3
Les participes passés

2. Dans ce même paragraphe, comment le critique caractérise-t-il le héros? Soulignez les adjectifs qu'il emploie. Soulignez aussi les participes passés mis en apposition: quels épisodes passés résument-ils?

3. Par quels mots le critique résume-t-il les premiers efforts que fait Ram pour s'introduire dans les milieux du savoir égyptien? Quel personnage joue un rôle important dans la réussite du héros? Comment le critique le décrit-il?

   Enfin, quelle sorte de suspense la dernière phrase de ce paragraphe annonce-t-elle: l'échec de Ram? des menaces physiques? des intrigues politiques ou personnelles?

4. Où et quand est située l'action du film? Quel vocabulaire spécialisé traduit ce milieu? Soulignez plusieurs de ces mots. Qu'est-ce que le critique entend par l'expression «toile de fond»?

5. Soulignez en couleur les verbes principaux du dernier paragraphe. A quel temps et à quel mode sont-ils presque tous conjugués?

Mise en application

A Choisissez une œuvre (livre ou film) que vous connaissez bien. Ecrivez deux ou trois phrases qui la caractérisent de façon appropriée. Sur votre feuille de brouillon, notez en plus quelques expressions de vocabulaire ou des détails importants à développer dans un compte rendu.

B Choisissez des mots pour caractériser le ton et l'approche de cette œuvre. Pensez aux exemples que vous avez observés, servez-vous du vocabulaire étudié. Rédigez quelques phrases.

C Le résumé de l'histoire

1. Quel incident, quelle partie de la vie du héros, quel événement raconte l'œuvre choisie? Faites une phrase sur l'un des modèles suivants:

   a. «[*nom de l'œuvre*] est d'abord et avant tout l'histoire de...»
   b. «[*nom de l'œuvre*] raconte les...»

2. Continuez en caractérisant le héros ou l'héroïne. Efforcez-vous d'employer des participes passés pour résumer des épisodes qui définissent sa personnalité ou sa situation.

3. Choisissez l'épisode ou le personnage secondaire qui place le personnage principal au cœur de l'action principale. Terminez en créant un effet de suspense.

4. Evoquez les aspects intéressants du cadre de l'œuvre et du milieu qu'elle dépeint.

Stratégies et modèles 2

Maintenant que vous avez le canevas de base de votre compte rendu, concentrez-vous sur les appréciations critiques que vous pouvez ajouter. Quelles sont les qualités remarquables ou agréables de l'œuvre? Quels défauts ou quelles faiblesses faut-il que vous indiquiez? Quel intérêt pourrait-elle avoir pour vos lecteurs?

A noter

Un bon compte rendu critique comprend:

- la caractérisation du sujet et du genre
- une évocation du ton et de l'approche
- un résumé des grandes lignes de l'histoire
- une discussion des moyens artistiques ou techniques employés
- une identification du ou des publics à qui l'œuvre plaira

Identifier l'intérêt de l'œuvre

- L'œuvre vous a-t-elle plu? Un peu, beaucoup, énormément, pas du tout?

- Quelle impression a-t-elle produite sur vous? Vous a-t-elle ému(e), intéressé(e), séduit(e)? Vous a-t-elle au contraire laissé(e) indifférent(e) ou l'avez-vous trouvée longue, laborieuse? Etait-ce un plaisir ou un pensum de la lire ou de la voir?

- Comment pouvez-vous justifier vos réactions de façon objective à quelqu'un qui ne connaît pas l'œuvre? Appuyez-vous sur les constituants mêmes de l'œuvre que vous avez définis: sujet, genre, ton, approche, et grandes lignes de l'histoire ou du sujet traité. Notez:

ce qui est unique ou remarquable	ce qui est bien
	ce qui est peu ou mal traité
ce qui est assez ordinaire	

Choisir quels aspects mettre en valeur

Le compte rendu critique n'est pas un essai libre: son but est d'informer des lecteurs de l'intérêt (ou du manque d'intérêt) d'une œuvre. C'est un exposé comportant une évaluation justifiée.

Dans vos choix, deux considérations doivent vous guider:

1. le respect du lecteur
2. votre crédibilité en tant que critique.

Quels que soient vos goûts (typiques des étudiants de votre âge, conventionnels, libéraux, anti-bourgeois, New Age, etc.), formulez votre appréciation critique tout en respectant des opinions différentes. Votre rôle est d'être honnête dans votre évaluation, positive ou négative. Justifiez-la par une analyse et des exemples tirés de l'œuvre en question. Donnez aux lecteurs les renseignements nécessaires pour que votre compte rendu les aide à choisir de voir ou de ne pas voir l'œuvre que vous présentez. (Certains lecteurs n'aiment pas la violence, d'autres adorent les films psychologiques, etc.)

Adaptez votre compte rendu critique à l'œuvre. La règle générale est de faire la part des choses: louez les aspects remarquables de l'œuvre et faites état de ses points faibles ou des négligences gênantes de l'auteur.

Quand une œuvre est remarquable, en bien ou en mal, le compte rendu souligne surtout cet aspect (ainsi, le compte rendu de *L'Emigré* est nettement élogieux).

Montrez avec clarté si vous recommandez l'œuvre en question, si vous la déconseillez à tous ou à une partie de vos lecteurs, ou si votre opinion est mitigée. Pour guider votre lecteur, annoncez le bilan (positif, négatif, mitigé, neutre) dans l'introduction et confirmez-le dans la conclusion. Voyez en exemple le texte d'observation ci-dessous.

Organiser le compte rendu

L'organisation traditionnelle du compte rendu comporte les parties suivantes:

- la présentation de l'œuvre qui inclut l'identification du genre, la caractérisation du ton et de l'approche et un résumé (partiel)
- l'évaluation critique
- une recommandation finale.

Cependant la plupart des critiques entremêlent la caractérisation de l'œuvre et l'expression de leur jugement critique. Ils s'écartent aussi du modèle typique quand une œuvre soulève leur approbation enthousiaste ou leurs reproches. Organisez le plan de votre compte rendu selon l'intérêt que vous voyez à l'œuvre. Evitez d'être très original(e) si l'œuvre est banale. Vos lecteurs se méprendraient.

Choisir un langage approprié

- Rédigez votre compte rendu au présent. N'utilisez les temps du passé que s'il est nécessaire d'apporter une précision d'ordre chronologique.

- Efforcez-vous d'enrichir la caractérisation de l'œuvre en choisissant un vocabulaire précis et riche. Choisissez des adjectifs, des noms et des verbes qui décrivent ou évoquent des caractéristiques spécifiques. Evitez les termes vagues ou trop utilisés comme «beau», «comique», «amusant».

- Pour créer une impression critique dominante ou souligner un aspect important de votre évaluation, utilisez des mots qui appartiennent aux mêmes champs sémantiques. Notez, par exemple, dans le premier paragraphe du compte rendu de *L'Emigré* l'ensemble de mots qui indiquent un étonnement profond: «ébahi», «éblouissant», «sentiment rare», «une émotion profonde», «sa manière inimitable». L'auteur reprend ce même champ sémantique dans la conclusion avec la remarque: «ayant réussi l'impossible» et les tout derniers mots: «tout simplement bouleversante».

- Evitez d'employer le pronom personnel «je» pour exprimer votre jugement. La plupart des critiques préfèrent le «on» ou le «nous» et s'en tiennent à une expression impersonnelle.

- Donnez un titre à votre compte rendu. Pour un compte rendu technique ou universitaire, le titre est généralement informatif comme celui du compte rendu d'*Un Eté dans l'Ouest.* Dans un contexte plus libre, on peut donner un titre plus créatif comme l'a fait Vincent Vatrican, "La Terre des pharaons".

xpressions utiles

Pour parler de textes ou de films

une intrigue *(plot)* simple/complexe
l'action principale
une action secondaire/une intrigue secondaire
un épisode
une digression
un coup de théâtre (un événement inattendu)
le dénouement (la résolution de la crise)
un récit objectif/subjectif
le point de vue de tel ou tel personnage
le point de vue d'un narrateur omniscient
un monologue intérieur
rapporter, relater (un dialogue, un incident, des pensées intimes)
un retour en arrière, un flash-back
remonter dans le temps
faire un saut dans l'avenir

Pour parler d'un texte

un écrivain
un auteur
une partie
un chapitre
dépeindre, décrire (une scène, le décor, les lieux)

Pour parler d'un film

un(e) cinéaste
un metteur en scène, un réalisateur/une réalisatrice
la mise en scène
une voix off, un narrateur en voix off *(voice over)*
un scénario (script complet: dialogues, indications de décors, etc.)
le tournage d'un film (tourner un film)
l'interprétation d'un acteur (interpréter un rôle)
la bande son *(sound track)*
le bruitage *(sound effects)*
un décor intérieur, extérieur

une reconstitution historique
un costume d'époque
des effets spéciaux
un plan *(shot)*
un gros-plan *(close-up)*
le premier plan *(foreground)*
l'arrière-plan *(background)*
la toile de fond (arrière-plan général)
une image floue/nette
montrer (une séquence) au ralenti/en accéléré

bservation

Lisez ce compte rendu critique du deuxième roman autobiographique de Philippe Labro, *Un Eté dans l'Ouest.* Voyez comment le critique, Emile Langlois, situe ce roman par rapport à la première partie du récit des aventures américaines du héros. En lisant, notez les évaluations positives (+), négatives (−) et mitigées (±) dans la marge.

Philippe Labro, *Un Eté dans l'Ouest*,
Paris: Gallimard, 1988. 298 pp. 90F.

*d*eux ans après le succès phénoménal de *L'Etudiant étranger* qui resta plus de huit mois sur la liste des meilleures ventes en France, Philippe Labro publie la seconde partie des aventures de son héros, Frenchy. Frenchy, c'est évidem-
5 ment Labro lui-même au cours des années cinquante, bien que l'œuvre soit présentée comme un roman. Nous avons donc affaire à une auto-biographie romancée, peut-être nourrie de souvenirs postérieurs à cet été 1955. Après une année comme étudiant boursier dans une univer-sité de l'Ouest de la Virginie, Frenchy a obtenu un travail d'été dans
10 une forêt nationale du Sud-Ouest du Colorado. *L'Etudiant étranger* se terminait alors que Frenchy, qui tentait de rejoindre le Colorado en auto-stop, venait de monter dans une Ford rutilante, blanche et rouge, malgré l'air suspect du conducteur et de son passager, quelque part sur la route 68 près de Cincinnati. *Un Eté dans l'Ouest* commence dans la

➤ **RG** 8
Les subordonnées

Philippe Labro

15 Ford et ce sera la première aventure de Frenchy, aventure qui comme bien d'autres semble tirée d'un film ou d'une série télévisée. Labro donne au lecteur français une image souvent stéréotypée de l'Amérique, mais c'est l'image que ce lecteur attend et qui fit le succès de la première partie de ce dyptique. Il a aussi tendance à se présenter 20 comme le premier Français à avoir découvert les hippies, les Anges de l'Enfer, la bière Coors, les bottes Tony Lama. Le roman tourne parfois à la leçon de géographie. Les descriptions deviennent des listes d'arbres, de plantes, de fleurs, d'animaux qui semblent venir tout droit d'un manuel sur la faune et la flore des Rocheuses.

25   Et pourtant le livre est attirant, d'abord parce qu'il se lit facilement, et surtout parce que Labro a le don de se souvenir de ses premières impressions en face des paysages américains: vision des Rocheuses après la longue traversée des plaines, odeur de la forêt sous la pluie, tornade sur une plaine sans abri. La vie difficile du camp de West Beaver, le tra-30 vail monotone d'une poignée de travailleurs temporaires tentant de sauver une immense forêt des assauts d'insectes (les *bugs*) à l'aide d'un insecticide (la *goop*) qu'il faut pulvériser sous la pluie ou la chaleur intense de juillet, tout cela est fort bien décrit. De la même façon que Frenchy, au cours de l'été, n'arrive pas à oublier Elizabeth, l'étudiante 35 anorexique de *L'Etudiant étranger,* le lecteur n'oubliera pas de sitôt les personnages d'*Un Eté dans l'Ouest:* Belette et Mâchoire Bleutée, les deux repris de justice; Amy, la fille Clarke, hippie avant la lettre «qui écoute [son] pays pour mieux le chanter» (43); Bill, le géant au passé mystérieux [...]; Pacheco, le petit Mexicain, aussi frêle que Frenchy; 40 Mack, l'ancien de Guadalcanal, qui révélera à Frenchy les secrets de la forêt qu'il a appris de l'Indien Chien-de-Lune. Le jeune étudiant français aura bien du mal à survivre dans ce milieu physique difficile, parmi des gens qui parlent peu mais savent et aiment se battre. [...]

    Les deux romans de Labro peuvent intéresser les étudiants améri-45 cains: ce n'est pas souvent qu'un Français décrit leur pays et peut leur communiquer son amour et son enthousiasme pour l'Amérique. Ils peuvent aussi former le dernier chapitre d'une étude sur l'Amérique vue par les Français. En France on a comparé Labro aux deux Jack: London et Kerouac; c'est peut-être exagéré, mais les livres de Labro sur 50 l'Amérique valent la peine d'être lus et étudiés.

Emile Langlois, *The French Review* 63.2 (Dec. 1989)

Analyse

A L'impression générale

Le critique vous a-t-il donné envie de lire *Un Été dans l'Ouest?* En vous appuyant sur le compte rendu, qu'est-ce qui vous attire dans ce livre? Qu'est-ce qui vous laisse indifférent(e) ou vous rebute?

B La caractérisation et le résumé de l'œuvre

1. Quels mots précis définissent le genre de l'œuvre?
2. Quel est le sujet précis de l'œuvre?

C L'évaluation critique

1. Le compte rendu donne-t-il une appréciation critique excellente, enthousiaste, bonne, tiède, médiocre, mauvaise ou très mauvaise de l'œuvre? Le critique recommande-t-il ou non *Un Eté dans l'Ouest?* A qui?
2. Quel paradoxe le critique trouve-t-il en ce qui concerne «l'image souvent stéréotypée de l'Amérique» que donne l'auteur du roman?
3. La phrase «Le roman tourne parfois à la leçon de géographie» exprime-t-elle une évaluation positive? négative? mitigée? Trouvez une autre appréciation de ce genre.

D. L'organisation du compte rendu

1. Identifiez les éléments que le critique regroupe dans le premier paragraphe, dans le deuxième et dans le dernier. Résumez-les en quelques mots.
2. Jusqu'à quel point le critique a-t-il entremêlé son évaluation critique et la caractérisation du roman de Labro: dans la définition du sujet et du genre? dans le résumé? Prenez deux exemples dans chaque cas.

E Le choix du langage

1. Pourquoi le critique donne-t-il des petites citations du texte? Sont-elles bien choisies selon vous? Qu'apportent-elles au compte rendu?
2. Le critique se sert d'une comparaison avec Jack London et Jack Kerouac dans le dernier paragraphe. Même si vous n'avez pas lu les œuvres de ces auteurs américains, qu'est-ce que ces références vous apportent?

Mise en application

A Photocopiez quatre ou cinq comptes rendus de pièces de théâtre ou de films récents. Cherchez dans le journal régional ou à la bibliothèque, dans la section des périodiques. Si possible, prenez deux de ces comptes rendus en français.

Salles de cinéma, place de l'Odéon à Paris

Quels sont les deux meilleurs spectacles à proposer à des amis français qui vous rendent visite ce week-end, d'après vous?

B En classe, en groupes de deux:

1. Décrivez et expliquez vos recommandations respectives.

EXEMPLE: J'ai choisi *Mississipi Delta,* une pièce écrite par une Afro-américaine. C'est la chronique d'une petite fille noire qui quitte le Sud des Etats-Unis pour aller à Chicago. L'auteur entremêle au dialogue des chants inspirés des negro-spirituals et du blues. La pièce a obtenu plusieurs prix littéraires et a eu un grand succès à New York. Je crois que le sujet intéressera une de mes amies qui fait des études de civilisation américaine.

2. Choisissez le meilleur compte rendu parmi ceux de l'exercice A et analysez-le. Marquez les passages où l'auteur justifie son évaluation de l'œuvre et discutez-en avec votre camarade de classe.

C Appréciation critique

1. Revenez à l'œuvre que vous avez caractérisée (page 193). Enrichissez votre brouillon préliminaire avec des adjectifs, des noms et des verbes évocateurs. Quelles images (comparaisons, métaphores, etc.) pourriez-vous employer pour rendre un point plus clair pour vos lecteurs?

➢ **RG** 8
Les subordonnées

2. Rédigez un paragraphe qui commente les aspects attrayants ou faibles (selon le cas) de votre œuvre.

3. Mettez en commun avec un autre groupe vos résultats respectifs.

vous d'écrire!

Sujet

Faites le compte rendu critique d'un film ou d'un texte.

Etapes de la rédaction

Notes préliminaires et premier brouillon

1. Choisissez une œuvre qui vous a particulièrement plu ou déplu. Notez immédiatement tout ce qui vous vient à l'esprit pendant quelques instants. Puis concentrez-vous sur les trois rubriques nécessaires à la caractérisation de l'œuvre:

a. le sujet et le genre. Sélectionnez des mots appropriés pour les définir le plus objectivement possible.
b. le ton et l'approche. Choisissez des mots évocateurs: ils guideront mieux vos lecteurs.
c. le résumé des grandes lignes de l'histoire ou du thème traité. Attention! Identifiez le canevas général de l'histoire, résumez l'épisode ou les épisodes qui placent l'héroïne ou le héros au cœur de l'histoire, mais ne révélez pas comment se termine l'œuvre. Efforcez-vous de terminer votre résumé en créant un effet de suspense.

➢ **RG** 8
Les subordonnées

2. Concentrez-vous maintenant sur votre appréciation critique.

a. Caractérisez votre impression générale.
b. Identifiez les qualités et les faiblesses de l'œuvre.
c. Pensez à quel public elle plaira. Comparez ses caractéristiques à celles d'œuvres qui lui ressemblent en partie.
d. Cherchez des mots précis pour enrichir votre caractérisation.
e. Rédigez un paragraphe qui porte sur les aspects attrayants et quelques phrases sur les aspects peu ou mal traités.

3. Organisez le plan de votre compte rendu: traditionnel ou original.
4. Rédigez votre premier brouillon complet.

Révision personnelle et deuxième brouillon

1. Relisez votre premier brouillon en tenant compte des stratégies d'écriture de ce chapitre.
2. Notez dans les marges du brouillon les changements qui vous semblent nécessaires, les précisions qui sont à ajouter, les développements à faire. Donnez un titre à votre compte rendu.
3. Apportez les corrections que vous avez trouvées nécessaires.
4. Faites les corrections de clarification de langue. Servez-vous du **Guide de corrections de langue (Chapitre préliminaire).**

➢ **RG** 8
Les subordonnées

Corrections réciproques

1. Echangez une photocopie de votre brouillon avec celui de deux de vos partenaires. Réagissez aux comptes rendus que vous avez en main en répondant aux questions suivantes.

a. Le titre, l'auteur et la date de l'œuvre sont-ils indiqués pour le film comme pour le livre?
b. Le compte rendu caractérise-t-il bien le sujet et le genre de l'œuvre pour quelqu'un qui ne la connaît pas? Le vocabulaire est-il

suffisamment spécifique? Reportez-vous aux **Expressions utiles** pour faire des suggestions.

c. Est-il facile de savoir quel est le ton et quelle est l'approche de l'œuvre? Sinon, quels détails seraient nécessaires?

d. Le compte rendu fait-il suffisamment comprendre la signification de l'œuvre pour vous y intéresser?

e. Quelle impression critique domine le compte rendu? Caractérisez-la en notant deux ou trois commentaires en marge: compte rendu enthousiaste, tiède, froid; impression dominante claire, ambiguë.

f. Le vocabulaire critique est-il suffisamment précis? Où auriez-vous besoin de plus de précisions?

g. Après avoir lu ce compte rendu, avez-vous envie de voir ce film ou de lire cette œuvre? Pourquoi?

2. Avec vos camarades, discutez de vos réactions respectives. Comparez leurs réactions à l'effet que vous entendiez produire.

Rédaction finale

- Effectuez les changements que vous ont inspirés les remarques de vos camarades.

- Relisez votre compte rendu pour améliorer le style ou harmoniser l'ensemble de vos appréciations.

- Vérifiez l'orthographe et la correction grammaticale. Servez-vous du **Guide de corrections de langue (Chapitre préliminaire).**

- Rédigez au net la version finale de votre compte rendu.

L'essai argumentatif

«Cet argument va vous convaincre...»

Introduction

onvaincre le lecteur est un but qui sous-tend, à des degrés divers, la plupart des écrits. Ainsi dans les travaux que vous avez effectués au cours des chapitres précédents, vous avez cherché à convaincre vos lecteurs de la solidité d'une information présentée, de l'intérêt d'un lieu décrit, du bien-fondé d'une analyse littéraire, de la valeur d'un compte rendu. Dans un essai argumentatif, convaincre est l'objectif numéro un. Argumenter, c'est proposer et défendre un point de vue auquel on croit et auquel on espère rallier ses lecteurs. Une argumentation efficace amènera le lecteur, au minimum, à prendre conscience d'un problème et à réfléchir aux idées présentées par l'auteur, plus efficacement encore à adopter l'opinion de l'auteur, voire à passer à l'action.

Philosophiques ou techniques, sociaux ou scientifiques, économiques ou littéraires, les sujets d'essais argumentatifs appartiennent aux domaines les plus divers. L'actualité nous fournit maints sujets de débats: «Faut-il légaliser l'usage de la drogue?»; «Le gouvernement doit-il subventionner les arts et les spectacles?»; «Doit-on interdire la publicité sur le réseau Internet?». De même la vie quotidienne nous amène à prendre position sur des questions telles que la qualité des programmes scolaires ou la violence à la télévision. Au cours de vos études de français, vous avez sans doute eu l'occasion de débattre des problèmes contemporains, des sujets d'ordre culturel ou peut-être littéraire, telle cette question posée dans un cours de théâtre: «Le théâtre comique n'a-t-il qu'une fonction de divertissement?»

Si le débat oral permet l'impulsivité et l'improvisation, l'argumentation écrite doit être structurée, logique, fondée sur des raisons, des faits et des exemples judicieusement choisis. Ce chapitre vous présente les techniques de base pour construire une argumentation écrite convaincante. Les stratégies d'écriture que vous avez pratiquées dans ce livre, notamment celles se rapportant au texte d'information, vous seront également utiles pour préparer et rédiger l'essai argumentatif.

*P*réludes

A Affirmer n'est pas prouver! Une argumentation convaincante repose sur des preuves. Avec un(e) camarade de classe, trouvez deux arguments pour justifier les affirmations suivantes. Jouez le jeu même si vous n'êtes pas d'accord avec ces affirmations!

MODELE: Interdire la violence à la télévision n'est pas une solution au problème de la criminalité. →

    a. Les crimes et les massacres en tous genres ne datent pas de l'ère audiovisuelle.

    b. Les actes de violence résultant d'une émission télévisée sont le fait de personnalités malades et fragiles et restent des cas isolés.

1. La vente d'ivoire doit être interdite à l'échelle internationale.

    a. _____

    b. _____

2. L'Etat doit subventionner les chaînes de télévision et les stations de radio d'intérêt public.

    a. _____

    b. _____

3. La jeune génération ne sait plus lire.

    a. _____

    b. _____

4. Il est essentiel de donner aux adolescents la possibilité d'obtenir des moyens de contraception sans l'autorisation de leurs parents.

    a. _____

    b. _____

5. La publicité est un art à part entière.

    a. _____

    b. _____

B Débats: Le pour et le contre

Toute la classe va débattre un des deux sujets suivants.

1. Les femmes devraient-elles prendre part au combat militaire au même titre que les hommes?

2. L'expérimentation scientifique sur les animaux vivants est-elle justifiée?

Avec l'aide de votre professeur, proposez des arguments pour et des arguments contre le sujet choisi. Une fois la liste établie, la classe se divisera en trois groupes, l'un défendant l'opinion «pour», l'autre la position «contre», et les indécis que les autres groupes auront pour mission de convaincre. Le professeur animera le débat.

C Point de vue. Réfléchissez quelques instants à la proposition suivante: «Les cours d'ordre général qui n'appartiennent pas au domaine de spécialisation choisi par l'étudiant ne devraient pas être requis pour l'obtention d'un diplôme universitaire». Qu'en pensez-vous? Trouvez un ou deux camarades qui partagent la même opinion que vous. Préparez ensemble vos arguments et défendez ensuite votre point de vue avec un groupe de l'avis opposé.

D Recherche de sujets

1. En groupe, réfléchissez et trouvez des sujets qui prêtent à controverse. Pensez à des injustices, à des problèmes de société, à des causes, à des questions qui ont été récemment débattues dans la presse ou à la télévision. Il peut s'agir de grands débats qui agitent notre monde ou de problèmes tirés de votre vie quotidienne (campus, ville, lieu de travail...). Explorez divers domaines: social, médical, technologique, éducatif, culturel, politique, écologique, religieux, économique.

Tous les groupes mettront ensuite leur liste de sujets en commun avec le reste de la classe.

2. Choisissez parmi ceux qui ont été proposés un sujet qui intéresse les membres de votre groupe. Ensemble, écrivez une ou deux phrases qui précisent et limitent le problème à traiter.

Sujet choisi: _____

Problème: _____

_____

Identifiez trois arguments pour et contre que vous pourriez développer sur ce sujet. _____

_____

_____

telier d'écriture

Stratégies et modèles 1

Choisir et délimiter le sujet

Choisissez un sujet qui vous intéresse, voire vous passionne, et qui vous incite à prendre parti. Ce doit être un sujet qui prête à controverse. En effet l'argumentation implique une confrontation de thèses contraires, une différence d'opinion. Il ne s'agit pas seulement de présenter un fait (c'est le texte d'information) mais de proposer et de défendre un point de vue.

Pour limiter le champ de votre sujet, définissez en une phrase le problème que vous allez traiter. Vous pouvez présenter ce problème sous la forme d'une question à laquelle votre essai apportera des éléments de réponse. Par exemple, vous vous intéressez aux recherches génétiques dans le domaine de la procréation et à leurs implications éthiques. Pour limiter votre sujet, vous pourriez poser le problème à l'aide d'une des questions suivantes:

1. La loi doit-elle interdire la prédétermination du sexe de l'enfant?
2. Est-il souhaitable d'instituer le dépistage (la recherche) systématique du mongolisme?

Vérifiez bien que le problème énoncé dans votre phrase ne fait pas l'unanimité ou qu'il est sujet à controverse.

Explorer le sujet

Pour rassembler vos idées, utilisez différentes voies d'approche du sujet:

- le contraste en deux colonnes pour et contre. C'est une méthode particulièrement utile pour l'argumentation. Elle permet de mettre en perspective les différents avis sur la même question. (Revoyez l'exemple de «Fumer» dans le Chapitre préliminaire.)
- l'exploration des causes d'un problème et de ses conséquences
- la recherche systématique de faits et d'exemples qui illustrent la question traitée. (Revoyez pour ces approches l'exemple de production d'idées donné pour le texte d'information, Chapitre 3, étape 1.)

■ la définition. La définition d'un terme ou d'un concept peut vous aider à mieux circonscrire votre sujet. Elle sera aussi nécessaire à votre lecteur si un terme-clé de votre sujet appartient à un registre très spécialisé ou si son emploi peut prêter à confusion. (Précisez par exemple ce que vous entendez par «exclus» dans un essai sur la responsabilité du gouvernement par rapport aux personnes défavorisées.)

■ vos observations personnelles. Votre essai pourra être enrichi par un fait, une description ou un court récit tiré de votre expérience personnelle.

Enfin, pour étoffer votre essai et lui assurer des bases solides, vous devrez utiliser les ressources de la bibliothèque. Revoyez si nécessaire la stratégie «Recenser ses connaissances et se documenter», Chapitre 3, étape 2.

Au terme de cette recherche, formulez clairement, en une phrase, le point de vue que vous allez défendre dans votre essai.

Prouver par des arguments et des exemples

Après avoir rassemblé diverses idées sur votre sujet, il faut les sélectionner en fonction de votre point de vue. La force de votre essai repose sur la pertinence de vos arguments.

> L'enseignement des langues étrangères doit être rendu obligatoire dès l'école maternelle.

Ce genre d'affirmation n'a ni plus ni moins de valeur que son expression contraire.

> L'introduction des langues étrangères à l'école maternelle est déconseillée.

Il manque les arguments et les exemples qui justifient l'une ou l'autre position.

Les **arguments** sont les idées, les raisons qui étayent une thèse. Ces arguments doivent être logiques et rationnels. La première affirmation ci-dessus pourrait être étayée par les deux arguments suivants.

1. Les jeunes enfants assimilent très vite les langues étrangères. C'est un avantage dont il faut tirer parti.
2. L'apprentissage des langues étrangères apporte la connaissance et le respect des cultures autres que la sienne. Introduire cet apprentissage dès l'école maternelle transmet aux enfants l'ouverture d'esprit et la tolérance indispensables à nos sociétés pluriculturelles, de plus en plus ouvertes au reste du monde par les voyages, les médias et les échanges commerciaux.

Les **exemples** illustrent et renforcent l'argument. Vous pouvez utiliser:

- des faits établis (l'explosion de Tchernobyl pour un essai sur le nucléaire)
- l'avis de spécialistes (le témoignage d'un linguiste reconnu pour un essai sur le bilinguisme)
- des chiffres, des statistiques (le nombre d'heures passées devant la télévision pour un essai sur l'influence de la publicité)
- des exemples littéraires ou historiques (une référence aux écrits de Flora Tristan, qui a défendu la cause des ouvrières au dix-neuvième siècle, pour un essai sur l'engagement politique des femmes)
- des exemples tirés de votre expérience personnelle.

À noter

Les preuves doivent être:

- pertinentes, en rapport direct avec votre sujet. Eliminez les idées, les arguments, les exemples hors sujet.
- concrètes. Des exemples spécifiques seront beaucoup plus convaincants que de vagues démonstrations.
- fiables et vérifiables. N'inventez pas de statistiques pour prouver un argument.
- représentatives. Un cas isolé, une exception ne peuvent pas être généralisés en phénomènes d'ensemble.

Prendre en compte les points de vue opposés

L'argumentation, à la différence de l'information, implique la controverse et doit prendre en compte les points de vue opposés. Ceci permet non seulement d'évaluer les mérites et les points faibles de l'avis contraire, mais aussi de tester la solidité de son propre point de vue et, si nécessaire, de le nuancer. Par ailleurs, cela signale au lecteur que vous connaissez les différents aspects d'une question et que vous les avez pris en considération.

Pour prendre en compte un avis contraire au vôtre dans votre essai, vous pouvez par exemple:

- simplement mentionner l'avis opposé et mettre en avant le vôtre
- concéder certains mérites à l'avis opposé, mais signaler ses limites et affirmer votre opinion

■ réfuter l'avis opposé en faisant remarquer une erreur, un point faible, un problème dans l'argumentation. ATTENTION: remettez en question le point de vue, non pas la personne qui a émis ce point de vue.

Observation

Lisez l'éditorial de Jean-Marie Rouart, «L'esprit», paru dans *Le Figaro littéraire.** Pour bien suivre les différentes étapes de l'argumentation, écrivez après la lecture de chaque paragraphe une phrase qui en résume l'idée principale.

Editorial: L'esprit

Qu'on le veuille ou non, l'esprit grec est en nous. Il a modelé notre façon de penser, nos croyances, nos mœurs,[1] nos institutions, notre civilisation. Il s'est infiltré dans le regard que nous portons sur toutes choses. Cet esprit, véhiculé
5 par les Romains, transmis par les moines en dépit des risques, puis par les savants chassés de Constantinople, les Georges de Trébizonde, les Bessarion, les Lascaris, réfugiés en Italie, s'est épanoui[2] avec la Renaissance, qui y a puisé[3] son souffle de renouveau, créant cette solide base
10 d'humanités à laquelle allait se nourrir toute l'école classique.

De Rubens à Montaigne, d'Amyot à Poussin, de Marguerite de Navarre à Rodin, de la sibylle érythréenne de Michel-Ange aux chansons de Bilitis de Pierre Louys, toute la culture européenne s'est inspirée de la Grèce, de sa mythologie, de ses idées, de son langage, de ses formes, de
15 son idéal d'harmonie. Au point que l'on peut se demander si nous ne sommes pas aujourd'hui encore des Grecs d'une décadence lointaine.

C'est pourquoi on peut s'inquiéter du recul[4] de l'enseignement du grec dans les écoles, qui entraînera[5] celui du latin, puis immédiatement après rendra vaine et obscure l'étude des classiques qui y plongent leurs
20 racines. Plus on a en mémoire un passé prestigieux, plus on en tire de la force, artistique, intellectuelle. C'est une idée fausse de croire que l'on af-

[1]coutumes [2]s'est... s'est développé librement [3]pris [4]régression [5]provoquera

La sibylle érythréenne de Michel-Ange

*Le texte comporte plusieurs allusions historiques et littéraires. Vous ne les comprendrez pas toutes. Utilisez le contexte pour saisir le sens général de l'éditorial.

fronte mieux le présent en ne s'encombrant pas[6] de connaisances de-
venues, croit-on, obsolètes, de réflexions d'un autre âge, de l'étude de
civilisations «dépassées». Les plus grands savants, les plus grands artistes

25   nous prouvent le contraire. On ne crée, on n'invente rarement sans un
accès profond à la chaîne des connaissances qui nous a précédés.

     Que nous ont apporté ces Grecs dont on croit pouvoir si facilement
se passer? En réalité presque tout ce qui est important: d'abord l'esprit,
cet esprit désintéressé, lié à la liberté, qui est la conquête fondamentale

30   de l'Occident. A l'esprit phénicien, avide de gain, de rentabilité, la
Grèce a substitué l'esprit qui savoure la connaissance pour elle-même.
Quelle grande conquête de passer d'une connaissance empirique do-
minée par des préoccupations utilitaires, à la science désintéressée et
universelle. Mais sommes-nous encore capables de nous intéresser à

35   une science désintéressée?

     C'est à l'époque de la Renaissance qu'il aurait fallu choisir notre
voie.[7] Le choix fut fait en faveur de la Grèce et de Rome, au détriment
d'une formidable culture médiévale qui s'est perdue. Nous avons substitué la culture grecque à notre mythologie, à toutes ces légendes dont

40   s'étaient inspirés les poètes et romanciers du Moyen Age: chanson de
Roland, conquête du Graal, illustrées par Béroul, Chrétien de Troyes,
Guillaume de Loris, qui, eux aussi, par d'autres chemins avaient eu accès à la Grèce, mais avaient mêlé son influence dans leurs œuvres
épiques à l'apport chrétien et à des vestiges païens.

45   L'humanisme de la Renaissance a imposé les figures d'une autre histoire. Plutarque et Amyot nous ont rendu familiers les destins d'Alexan-
dre et de César au détriment de Vercingétorix et des héros légendaires
de la Gaule et du royaume franc. Les classiques leur ont emboîté le
pas.[8] A la différence de l'Allemagne, des pays nordiques, nous avons

50   écarté notre fonds légendaire et mythologique au profit de la Grèce.
Qu'en eût-il été autrement? Bien sûr, on ne peut le dire. Serions-nous
plus nous-mêmes? Débat absurde. La fécondation de l'esprit grec en
nous a été immense. Alors pourquoi aujourd'hui rejeter cette langue
qui n'est morte qu'en apparence et continue en nous sa vie souter-

55   raine? Au profit de quoi? C'est ce qu'on distingue mal.

     Jean-Marie Rouart, *Le Figaro littéraire* (28 septembre 1992)

---

[6]en... en laissant de côté, en abandonnant   [7]route, direction   [8]leur... les ont suivis, les ont imités

Analyse

A Le sujet

1. Définissez en une phrase (une question, si vous voulez) le problème soulevé par cet éditorial.

2. Laquelle de ces phrases énonce le mieux le point de vue défendu par l'auteur?

   a. La civilisation grecque est supérieure à la culture médiévale.
   b. Il est essentiel de continuer à étudier la langue grecque.
   c. Les plus grands savants, les plus grands artistes prouvent qu'on ne peut pas créer sans comprendre la chaîne des connaissances qui nous a précédés.
   d. On affronte mieux le présent en ne s'encombrant pas de connaissances obsolètes ou dépassées.

B L'argumentation

1. Relisez les quatre premiers paragraphes. Repérez et soulignez trois arguments que l'éditorialiste utilise pour défendre l'enseignement des langues anciennes.

2. Quelle sorte d'exemples l'auteur emploie-t-il pour illustrer son argumentation?

3. Soulignez dans le dernier paragraphe les deux phrases où l'auteur réaffirme son point de vue et son argument principal.

C Les avis opposés. Repérez dans l'éditorial l'endroit précis où l'auteur prend en compte l'avis opposé au sien. Déterminez s'il ne fait que mentionner l'avis contraire, s'il fait des concessions, ou s'il réfute cet avis.

D Votre critique. Trouvez-vous les arguments de Jean-Marie Rouart convaincants? Pourquoi? Auriez-vous ajouté d'autres éléments à cet éditorial? Lesquels? En auriez-vous éliminé?

Mise en application

A Voici des thèmes qui pourraient former la matière d'essais argumentatifs. Ils sont formulés en termes très généraux et il faut donc délimiter un sujet spécifique à l'intérieur de ces grands domaines. Formulez pour cinq d'entre eux une question qui pose un problème précis, sujet à controverse.

1. les programmes de télévision pour les enfants
2. le dépistage obligatoire du SIDA
3. les cours d'éducation sexuelle à l'école
4. la censure des œuvres d'art ou littéraires
5. la possession des armes à feu

6. la peine de mort
7. la légalisation de la drogue
8. la violence en milieu urbain
9. un problème de votre campus
10. un thème de votre choix

Sélectionnez un de ces sujets et trouvez trois arguments pour et trois arguments contre. Trouvez au moins un exemple qui puisse illustrer un des arguments.

B Choisissez et explorez un sujet que vous aimeriez traiter dans votre essai argumentatif final. Ce peut être aussi bien une grande cause humanitaire qu'un problème spécifique à votre ville ou à votre campus.

1. Choisissez un sujet qui vous intéresse, qui vous incite à prendre position, sur lequel vous avez déjà quelque peu réfléchi et pour lequel vous serez disposé(e) à faire les recherches nécessaires.
2. Définissez le problème et identifiez la controverse qui l'entoure en une ou deux phrases.
3. Faites en deux colonnes une liste d'arguments pour et contre.
4. Ecrivez une phrase qui résume votre point de vue sur la question.

Stratégies et modèles 2

Introduire le sujet

L'introduction de votre essai argumentatif annonce la question que vous allez traiter. Pensez à:

- poser le problème en le définissant clairement
- donner éventuellement au lecteur les renseignements nécessaires pour comprendre le sujet de votre essai
- indiquer directement ou implicitement votre point de vue sur la question pour préparer le lecteur à votre argumentation
- annoncer les grandes lignes du développement. Ceci sert à la fois d'orientation pour le lecteur et de transition vers le développement. Vous pouvez annoncer ces grandes lignes à l'aide de deux ou trois questions auxquelles le développement tentera d'apporter des réponses.

Comme pour toutes les introductions, veillez à capter l'attention de vos lecteurs. Voici quelques suggestions pratiques qui peuvent vous donner des idées pour introduire votre sujet. Utilisez:

- une citation
- la définition d'un terme ou d'un concept-clé

- une description
- un fait, une anecdote, un événement dramatique
- une question qui fera réfléchir le lecteur
- un contraste
- des statistiques frappantes.

Développer l'argumentation

Le développement est organisé en deux, trois ou quatre parties principales correspondant aux grands blocs d'idées de votre essai. Ces parties peuvent être elles-mêmes divisées en paragraphes qui présentent les divers arguments assortis de leurs exemples. Revoyez les trois exemples de structures donnés dans le chapitre 1, étape 2 (pages 32–35).

Les parties principales du devoir

Vous choisirez le plan du développement en fonction de votre sujet et de sa problématique particulière. Il n'y a pas de plan passe-partout. Rappelez-vous que c'est la nature de votre sujet qui vous guidera dans l'organisation de votre essai. L'important est que les grandes idées de votre argumentation soient présentées de façon claire et cohérente au sein d'un essai structuré. Voici deux types de plan qui peuvent être adaptés à divers sujets.

---

1. Le plan dialectique

Le plan dialectique (thèse / antithèse / synthèse) convient à des sujets fondés sur une opposition.

Thèse et évaluation
Voici ce que pensent certains et leurs arguments.
Voici pourquoi je (ne) partage (pas) leur point de vue.

Antithèse et évaluation
Voici ce que pensent d'autres et leurs arguments.
Voici pourquoi je (ne) partage (pas) leur point de vue.

Synthèse ou dépassement
Voici ce que je propose:

- Synthèse: Les deux points de vue sont réconciliables (complémentaires) et non pas opposés.

- ■ Dépassement: Les deux points de vue sont l'un et l'autre trop limités. Il faut envisager le problème sous un autre angle (celui que je présente).

Vous pourriez utiliser ce type de plan pour traiter un sujet basé sur la confrontation de deux avis opposés comme l'utilisation d'animaux dans la recherche médicale, la légalisation de l'usage de la drogue, etc.

---

2. Le plan analytique

Le plan analytique (faits et problèmes / causes / solutions) convient bien à des sujets qui demandent d'explorer l'origine et les conséquences d'un problème.

EXEMPLE: La déforestation de notre planète

Faits et problèmes
La déforestation est particulièrement grave en ce qui concerne les forêts tropicales qui ne couvrent plus que 7% de la surface du globe. En détruisant les forêts, on détruit les poumons de notre planète. Ce sont elles qui régularisent la formation de l'oxygène nécessaire à la vie et qui dissipent les gaz polluants du monde industriel. Comment mettre fin à cette déforestation et comment rétablir les forêts détruites?

Causes
Les forêts sont une ressource concentrée, abondante et bon marché de bois exotiques utilisables dans le bâtiment et l'ameublement et de pâte à papier nécessaire pour produire la masse des journaux et des brochures que consomment nos sociétés. Les intérêts commerciaux de nos sociétés développées sont en conflit avec le bien-être écologique de notre planète.

Solutions
Les solutions au problème ne sont pas simples. Mais la situation demande une réponse urgente. En attendant un plan mondial concerté, une première étape pourrait être d'établir des quotas d'exploitation et de rendre le reboisement obligatoire.

L'unité des paragraphes et les liaisons

A l'intérieur de chaque grande partie, organisez vos arguments en paragraphes distincts. Chaque paragraphe a son unité propre et représente une étape dans le développement de votre argumentation. Il comporte une idée claire, spécifique qui peut être i''ustrée d'un ou deux exemples.

Classez vos arguments par ordre d'importance. Vous pouvez aller du plus simple au plus complexe et réserver votre argument le plus convaincant pour la fin.

Les idées, les arguments, les exemples doivent s'enchaîner logiquement. Ne passez pas brutalement d'une idée à une autre. Veillez à assurer une transition ou une liaison logique entre les différentes idées exprimées dans votre essai. La lecture de textes argumentatifs est la meilleure façon d'apprendre à effectuer des liaisons appropriées et élégantes. Voyez ci-dessous un ensemble d'expressions qui vous aideront à lier des idées entre elles.

Conclure l'essai

La conclusion récapitule les arguments présentés. Vous pouvez:

- réaffirmer votre point de vue
- apporter une réponse d'ensemble ou proposer une solution au problème posé
- engager vos lecteurs à une action particulière
- poser une question soulevée par le problème traité.

ATTENTION: ne présentez pas de nouveaux arguments dans la conclusion. Ceux-ci appartiennent au développement.

xpressions utiles

Les mots de liaison
Pour marquer l'opposition, le contraste

mais / cependant / néanmoins / toutefois
par contre / en revanche
malgré cela / en dépit de cela
d'une part... , d'autre part... / par
ailleurs

Pour indiquer la ressemblance

de même / de la même façon
également / pareillement

Pour relier un exemple à une idée

par exemple
en effet / ainsi *(thus)* / C'est ainsi que...
Tel est le cas de...
Un exemple frappant nous est fourni par...
Rappelons...
L'exemple de... confirme...
Considérons l'exemple de...

Pour ajouter un élément

en outre / de plus
tout d'abord / ensuite / enfin
un second / troisième... exemple... souligne / confirme...

Pour concéder, puis réaffirmer sa position

S'il est vrai (exact/possible/probable/certain) que... il ne faut pas oublier pour autant...
Il se peut (est possible) en effet que... mais...
On ne peut pas nier *(deny)* que... il n'en reste pas moins vrai que...
Certes... cependant...
Sans doute... toutefois...
On peut admettre... mais...
Qu'on le veuille ou non,...

À noter

Pour vous assurer la confiance et le respect de vos lecteurs, éléments indispensables à l'obtention de leur adhésion, démontrez:

- votre sérieux. Présentez un essai réfléchi et logique.

- votre honnêteté intellectuelle. Citez vos sources. N'utilisez pas les idées et les phrases d'une autre personne en laissant croire que ce sont les vôtres.

- votre tact. Gardez un ton calme qui évite l'agressivité, le sarcasme, les formules tranchantes, la condescendance, les stéréotypes, les préjugés.

Observation

Lisez l'article «Victimes obligées» de Pierre Tambourin paru dans *Le Monde des débats*.

Pierre Tambourin.
Né en 1943, Pierre Tambourin, ancien élève de l'Ecole polytechnique, a consacré l'essentiel de sa carrière scientifique à l'étude des phénomènes de cancérisation cellulaire. Directeur de recherche à l'Institut national de la santé et de la recherche médicale (INSERM) depuis 1978, il fut président de la Société française d'expérimentation animale de 1980 à 1982. Chargé de mission pour l'expérimentation animale au ministère de la recherche et de l'espace depuis 1992, il est aujourd'hui directeur du département des sciences de la vie du CNRS.

Victimes obligées

«C'est seulement quand je pourrai dire que je peux vacciner à coup sûr après morsure un nombre quelconque de chiens mordus que j'oserai passer à l'homme, et encore ma main tremblera car ce qui est possible sur le chien peut ne pas l'être sur l'homme. Toutefois, je n'aurai plus de scrupules scientifiques.» (Pasteur, 1884)

ntellectuels, médecins, vétérinaires: nombreux sont ceux, membres actifs d'associations d'ailleurs souvent opposées, qui estiment que l'expérimentation animale, quelle qu'elle soit, est intolérable. Elle leur paraît généralement inutile, et morale-
5 ment indéfendable même lorsqu'elle est utile. Elle leur semble le fait de scientifiques dépassés,[1] le moyen d'engendrer des bénéfices éhontés[2] dans l'industrie pharmaceutique ou cosmétologique. Ces gens sont d'autant plus convaincus—certains disent «illuminés»—qu'ils affirment qu'existent des méthodes «alternatives», capables de remplacer totale-
10 ment, dans de multiples pratiques, une expérimentation animale qui serait dès lors caduque[3] et donc inacceptable.

Le grand public, influencé par des images «choc» d'abus manifestes et par des témoignages contradictoires, ne sait plus qui croire dans ce face-à-face troublant entre militants connus, apparemment désin-
15 téressés, donc crédibles, et médecins et chercheurs célèbres préoccupés de relever les grands défis[4] de la santé. Le débat est d'autant plus confus que l'expérimentation animale suscite depuis plus d'un siècle des passions excessives, avec de chaque côté des extrémistes dogmatiques, voire dangereux.*

[1]mal informés, qui ne sont plus au courant   [2]scandaleux, choquants   [3]vieille, démodée   [4]*challenges*

---

*En Grande-Bretagne, certains groupes militants n'ont pas hésité à employer des engins explosifs, blessant grièvement, il y a quelques années, un enfant resté dans une voiture.

20   Parmi les opposants à l'expérimentation animale, il convient de distinguer au moins deux types, dont les comportements appellent des réponses très différentes. Les premiers estiment que, même justifiée scientifiquement ou médicalement, une expérience qui détruit la vie animale est en tout état de cause inacceptable. En clair, pour ces mili-
25 tants, souvent écologistes ou végétariens, partisans de médecines dites «douces», déçus de l'humanité et transférant sur l'animal leur richesse affective, l'expérimentation animale est à rejeter en totalité. Seul l'animal est bon, généreux, fidèle; l'homme, lui, serait fondamentalement mauvais, pervers, intéressé. Vieux débat, s'il en est! En conséquence, si
30 l'homme veut progresser dans sa quête du savoir et dans sa lutte contre la maladie, il se doit d'expérimenter sur lui-même, sur des volontaires ou sur des prisonniers.

    A ces opposants-là, il convient de rappeler trois éléments importants. Tout d'abord, que les progrès dans nos connaissances et les
35 thérapeutiques se traduisent le plus souvent par des applications profitables à l'animal lui-même. On sait aujourd'hui traiter de nombreuses maladies animales grâce aux progrès de la recherche, et les vétérinaires ne se privent pas de les utiliser. Ensuite, que la proposition visant à expérimenter directement sur l'homme est, dans bien des cas, éthique-
40 ment irrecevable:[5] peut-on imaginer, par exemple, tester ainsi les procédures visant à inactiver des préparations susceptibles de[6] contenir le virus du sida? Il faut se souvenir, enfin, que la reconnaissance implicite de droits aux animaux, aux yeux du juriste et du philosophe, est dépourvue de sens.[7]

45   La seconde catégorie d'opposants est beaucoup plus importante. Ceux-là murmurent qu'une expérience dûment justifiée, dont on peut démontrer qu'elle est vraiment nécessaire, serait à la rigueur acceptable. Très vite cependant, leur discours devient un réquisitoire prolongé, et souvent violent, qui reprend les arguments déjà évoqués:
50 abus, incompétence des chercheurs, expérimentations d'arrière-garde et répétitives, intérêts mercantiles, etc. Ainsi militent-ils pour le renforcement des méthodes dites «alternatives», pour l'arrêt à terme de toute forme d'expérimentation animale et pour l'arrêt immédiat de toutes celles destinées à l'enseignement ou motivées par des intérêts
55 purement commerciaux.

Pourquoi? Utilisation des animaux par espèces et par secteurs d'activité en 1990. Ce sont les recherches pour la médecine humaine qui «consomment» le plus d'animaux. *Source: enquête du ministère de la recherche et de l'espace.*

---

[5]inacceptable, inadmissible   [6]susceptibles... qui peuvent   [7]est... n'a pas de sens

Une fois posé, avec force, que toute expérimentation animale inutile, prématurée ou mal conçue est à l'évidence révoltante, peut-on essayer d'y voir plus clair?[8] Est-il concevable d'interdire, immédiatement ou à l'avenir, toute forme d'expérimentation animale? Nous prendrons

60 pour répondre [un exemple] que l'actualité place au premier rang de nos préoccupations.

LES DEUX FRONTS DU SIDA

Le développement d'une thérapeutique efficace contre le virus VIH[9] se heurte[10] actuellement à deux problèmes urgents et particulièrement

65 difficiles à résoudre: la mise au point, d'une part, d'un vaccin destiné à protéger les individus non contaminés d'une éventuelle infection ultérieure; l'élaboration, d'autre part, de méthodes ou de substances chimiques permettant de bloquer ou d'éradiquer la multiplication virale chez les malades ou les porteurs sains infectés par le virus.

70 Sur ces deux fronts, la grande majorité des recherches menées dans le monde font actuellement appel aux techniques *in vitro*[11] et aux approches moléculaires. Pour l'essentiel, elles épargnent[12] donc l'animal. Mais, si demain, comme nous l'espérons tous, ces tests font apparaître une substance antivirale particulièrement intéressante, un procédé de

75 vaccination réellement prometteur, qui osera en toute conscience inoculer ces produits chez des individus malades ou sains sans s'être au préalable[13] assuré de leur efficacité et de leur inocuité?

S'agissant des études toxicologiques, il est une obligation légale et un devoir de s'entourer de toutes les précautions avant d'injecter un

80 produit nouveau à l'homme, même parvenu au stade ultime d'une maladie. Aucune considération ne permet au médecin de franchir les étapes préliminaires qui codifient son utilisation. L'exemple dramatique de la thalidomide, insuffisamment testée chez l'animal, nous rappelle l'épée de Damoclès qui, dans ce domaine, nous menace constamment.

85 Priver aujourd'hui ceux qui luttent contre le sida de toute possibilité d'expérimentation animale se traduirait donc, à coup sûr, par un retard de très nombreuses années, voire par un arrêt pur et simple de la mise au point de thérapeutiques efficaces. Qu'on le veuille ou non, cette décision aboutirait forcément à la perte de nombreuses vies humaines.

90 Qui pourrait faire une telle proposition? Cette forme de chantage[14] à la vie ou à la santé peut sembler à certains inadmissible: elle le serait, peut-être, si la législation ne l'appelait «devoir d'assistance à autrui».

➤ **RG** 9
Le subjonctif

---

[8]d'y... de mieux comprendre la question   [9]*HIV*   [10]se... doit faire face   [11]in... en milieu artificiel, en laboratoire   [12]ne touchent pas, laissent vivre   [13]au... avant   [14]*blackmail*

Fécondation *in vitro,* maladies génétiques, chirurgie thoracique et cardiaque, transplantations: de manière plus générale, tous les grands 95 progrès de la médecine de cette fin de siècle ont nécessité, et nécessitent encore, leurs lots d'expérimentation animale. Dans chacun des secteurs de la biologie, dès que l'on se penche avec calme et objectivité sur ce qui s'y fait, on découvre que, si les approches moléculaires et cellulaires sont indispensables, se priver d'une approche expérimentale chez l'animal handicaperait l'ensemble du domaine. Il ne saurait pour 100 autant être question de nier[15] l'extrême importance des approches dites «alternatives», ni, d'ailleurs, de les opposer aux méthodes *in vivo.*[16]

Aux yeux des chercheurs—qui, ne l'oublions jamais, mettent au point ces méthodes,—cette opposition, pour tout dire, paraît du domaine du surréalisme, de l'absurde ou de la confusion mentale. Placer 105 sur un même plan les méthodes *in vitro,* c'est-à-dire une approche s'appuyant sur un système cellulaire simple, débarrassé de ses contraintes environnementales, et les méthodes *in vivo* qui, au contraire, visent à préserver l'ensemble des systèmes de contrôle, n'a simplement aucun sens. Méthodes *in vivo* et *in vitro* sont par essence complémentaires. 110 Vouloir remplacer les premières par les secondes, c'est un peu comme si l'on voulait analyser le déroulement d'une course automobile en se penchant exclusivement sur la structure des pneumatiques ou le fonctionnement des soupapes.[17]

En conclusion, et au risque de le répéter: tout modèle expérimental, 115 qu'il soit dérivé de systèmes *in vivo* ou *in vitro,* qu'il se situe au niveau moléculaire, cellulaire ou organique, a ses intérêts et ses limites. Les chercheurs le savent, et si l'honnêteté qui prévaut dans la démarche scientifique les oblige à reconnaître le caractère limité de certains résultats, ils n'en concluent jamais pour autant qu'il faut renoncer à telle ou 120 telle forme d'expérimentation.

Pour répondre aux questions qu'ils se posent, leur art consiste seulement à utiliser la meilleure méthode disponible—qui n'est pas forcément parfaite,—à travailler sur le modèle le plus pertinent—qui ne le sera pas forcément cinq ans plus tard,—puis à vérifier le caractère 125 général des conclusions auxquelles ils sont parvenus. Aucun modèle, aucune méthode ne peuvent prétendre à l'universalité. Aucun n'est pour autant à rejeter.

Pierre Tambourin, *Le Monde des débats* (mars 1993)

➤ **RG** 7, 8, 9
La phrase complexe

---

[15]contester   [16]in... dans l'organisme vivant   [17]*valves*

Analyse

A L'introduction et la conclusion

1. Définissez le débat que les deux paragraphes d'introduction mettent en perspective. Quel vocabulaire l'auteur utilise-t-il pour caractériser les deux camps opposés?
2. Quelle est la fonction de la citation donnée en épigraphe?
3. D'après cette introduction, quel point de vue va défendre Pierre Tambourin? Quels détails nous le font comprendre?
4. Quels paragraphes forment la conclusion?
5. Que dit Pierre Tambourin dans sa conclusion? Est-ce qu'il rejette complètement une position au profit de l'autre ou est-ce qu'il réconcilie les opposants et les défenseurs de l'expérimentation animale?

B Le développement

1. Le plan: repérez les trois parties qui forment le développement et donnez à chacune un titre général.
2. Dans la première partie, Pierre Tambourin défend-il ou réfute-t-il la thèse exposée? Quel est l'autre point de vue exposé dans la deuxième partie? Que fait l'auteur dans la troisième partie?
3. Quel type de plan a été choisi: le plan dialectique ou le plan analytique?
4. Par quels arguments est-ce que l'auteur réfute le point de vue des opposants à l'expérimentation animale?
5. Quels arguments Pierre Tambourin utilise-t-il pour défendre son point de vue? Quels exemples emploie-t-il? Fait-il référence à des spécialistes?
6. Comment est-ce que l'auteur réussit à réconcilier les méthodes *in vivo* et *in vitro*? Citez une phrase qui prône cette réconciliation. Trouvez et expliquez l'analogie qui l'illustre.

C Les liaisons

1. L'introduction de l'article nous renseigne sur la controverse qui entoure l'expérimentation animale. Plus loin dans son essai, l'auteur formule très clairement la question qui pose le problème débattu. Retrouvez cette question et remarquez son rôle de transition entre deux parties principales.
2. Choisissez deux autres exemples de liaisons et soulignez les mots qui assurent une transition d'un paragraphe à l'autre.

D Votre critique. Que pensez-vous de l'argumentation de l'auteur? Est-elle agressive? ferme? mesurée? réfléchie? solide? structurée? Trouvez-vous le titre approprié au contenu de l'essai? Pierre Tambourin vous a-t-il convaincu de l'importance de l'expérimentation animale pour la recherche médicale? Comment trouvez-vous la conclusion de l'essai?

Mise en application

A Voici un sujet de devoir adapté d'un article «Pour ou contre la légalisation contrôlée de l'usage de la drogue» (*L'Express*, 1er juillet 1993). Les phrases formant l'introduction (Intro) et la conclusion (Concl.) de l'essai sont indiquées. Par contre, les phrases formant le développement de l'argumentation sont données dans le désordre.

1. Lisez toutes les phrases et identifiez le point de vue défendu par l'auteur.
2. L'auteur a organisé son développement en deux parties principales. Regroupez les phrases qui se rapportent à la même idée. Utilisez vos propres symboles (**; //; ##...) pour identifier ces blocs de sens et inscrivez ces symboles dans le premier blanc.
3. Ensuite, classez les fragments et proposez un plan pour le devoir. Indiquez, dans le deuxième blanc, le classement des parties principales du développement par des chiffres romains (I, II) et la progression des arguments à l'intérieur de chaque partie par des chiffres arabes (1,2...).

«Une erreur stratégique majeure»

Intro Légaliser veut dire autoriser la vente libre de toutes les drogues sans exception. Cela implique également qu'il faudra étendre cette légalisation aux mineurs qui sont les premiers touchés, si on ne veut pas qu'un trafic s'organise entre adultes et adolescents.

a. ⎯⎯ ⎯⎯ Car contrairement à ce que disent les partisans de la légalisation, la lutte contre la toxicomanie n'est pas vouée à l'échec, loin de là.

b. ⎯⎯ ⎯⎯ C'est une substance qui détruit la personnalité et crée une dépendance aliénante.

c. ⎯⎯ ⎯⎯ Le réseau de soins français obtient ainsi l'un des meilleurs résultats d'Europe. Malheureusement, les centres de désintoxication sont encore trop peu nombreux car l'Etat n'y consacre que des sommes dérisoires.

d. ⎯⎯ ⎯⎯ Du point de vue de la santé publique, légaliser la drogue serait une erreur stratégique majeure.

e. ⎯⎯ ⎯⎯ On ne peut pas aider le toxicomane à rétablir cette confiance en lui fournissant en même temps le produit qui le détruit. On n'aboutirait qu'à une dépendance légale.

f. ⎯⎯ ⎯⎯ Par contre, distribuer de l'héroïne aux toxicomanes ne résoudra pas le problème. En effet, la drogue n'est pas un produit de consommation ordinaire.

g. ⎯⎯ ⎯⎯ La vraie demande du toxicomane, c'est d'être entendu, de pouvoir reprendre confiance en lui.

h. ⎯⎯ ⎯⎯Légaliser la drogue ne reviendrait donc qu'à promouvoir l'indifférence.

<u>Concl.</u> Il est essentiel de maintenir l'interdit sur des substances qui sont, par essence, destructrices et de développer les centres de cure.

➤ **RG** 9
Le subjonctif

B Reprenez le sujet d'essai que vous avez commencé à explorer dans l'exercice B de la **Mise en application** de la première étape. Continuez à rechercher des idées pour votre sujet. Puis examinez vos notes et sélectionnez les idées pertinentes. Regroupez-les en catégories et établissez un plan préliminaire pour structurer votre essai argumentatif.

Sujet

Le *Journal Français d'Amérique,* un journal de langue française publié aux Etats-Unis, ouvre régulièrement ses colonnes à ses lecteurs, parmi lesquels se trouve un grand nombre d'étudiants de français. Vous décidez d'envoyer un article pour exprimer votre opinion sur un sujet qui vous tient particulièrement à cœur.

Etapes de la rédaction

Notes préliminaires et premier brouillon

1. Réfléchissez encore une fois au choix de votre sujet.
   a. Est-ce un sujet qui ne fait pas l'unanimité? Quels en sont précisément les aspects controversés?
   b. Pourquoi est-ce que ce sujet vous intéresse?
   c. Quel est exactement le point de vue que vous allez proposer et défendre?
   d. Quelle réaction voulez-vous obtenir de vos lecteurs: qu'ils prennent conscience d'un problème? qu'ils adoptent votre point de vue? qu'ils passent à l'action?

2. Reprenez les éléments que vous avez déjà rassemblés sur le sujet et continuez à rechercher des idées. Documentez-vous à la bibliothèque en lisant et en prenant des notes sur des articles traitant le sujet. N'oubliez pas de noter les références des articles qui vous intéressent pour pouvoir citer vos sources dans votre essai.

3. Examinez vos notes et sélectionnez les idées, les arguments, les exemples qui se rapportent à votre sujet. Regroupez les éléments se rapportant à la même catégorie et déterminez les divisions de votre plan. Vous pourrez effectuer des changements à ce plan préliminaire au fur et à mesure que la rédaction de votre essai progresse.

4. Ecrivez un premier brouillon.

Révision personnelle et deuxième brouillon

1. Relisez votre brouillon en prenant pour guide les stratégies d'écriture de ce chapitre. Posez-vous les questions suivantes et notez dans les marges du brouillon les changements qui vous semblent nécessaires.

   a. L'introduction annonce-t-elle aux lecteurs la question ou le sujet traité et sa problématique? Pique-t-elle la curiosité des lecteurs?

   b. Combien d'arguments est-ce que le développement comporte pour défendre votre point de vue? Vérifiez la pertinence de vos arguments et de vos exemples. Sont-ils bien en rapport avec le sujet traité?

   c. Avez-vous pris en considération les avis opposés? Où exactement dans votre essai?

   d. Avez-vous cité vos sources?

   e. La conclusion offre-t-elle une synthèse ou une solution? Pensez à vos lecteurs: ils retiendront ce que vous soulignez en conclusion.

   f. Sur le plan typographique, votre essai reflète-t-il une division en plusieurs paragraphes? Avez-vous pensé à utiliser des mots de liaison pour enchaîner les différents arguments et les exemples?

2. Eliminez le superflu et pensez à des exemples, des anecdotes ou des citations qui rendront votre essai vivant.

3. Ecrivez un deuxième brouillon en incorporant les changements que vous jugez utiles. Faites les corrections de langue qui sont nécessaires. Servez-vous du **Guide de corrections de langue (Chapitre préliminaire)**.

4. Choisissez un titre qui puisse attirer l'attention du lecteur: un titre informatif qui reflète le sujet de votre essai ou bien un titre accrocheur qui va intriguer ou provoquer votre lecteur.

Corrections réciproques

1. Echangez les photocopies de votre deuxième brouillon avec celles de deux de vos camarades de classe. Chacun(e) d'entre vous réagira aux essais en répondant par écrit (en style télégraphique) aux questions suivantes.

   a. Quel est le point de vue défendu par l'auteur de l'essai? L'essai vous a-t-il convaincu(e)? Si oui, de quoi exactement? Sinon, qu'est-ce qui manque à l'essai?

Avocate plaidant une cause

➤ **RG** 9
Le subjonctif

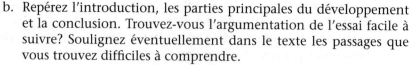

b. Repérez l'introduction, les parties principales du développement et la conclusion. Trouvez-vous l'argumentation de l'essai facile à suivre? Soulignez éventuellement dans le texte les passages que vous trouvez difficiles à comprendre.

c. Comprenez-vous dès l'introduction la question qui va être traitée dans l'essai et le point de vue que l'auteur va exposer?

d. Pensez-vous que l'auteur a suffisamment de preuves—arguments et exemples—pour soutenir son argumentation? Est-ce qu'il/elle devrait ajouter ou au contraire éliminer des idées? Lesquelles?

e. Quel argument trouvez-vous le plus convaincant? le moins convaincant? Pourquoi?

f. Comment est-ce que l'auteur a conclu son essai? Est-ce que cela vous satisfait? Sinon, pouvez-vous proposer une autre façon de conclure?

g. Le titre vous donne-t-il envie de lire l'essai? Est-ce qu'un autre titre, peut-être plus accrocheur, vous vient à l'esprit?

h. Quelles autres suggestions pouvez-vous donner à l'auteur de cet essai?

2. Discutez avec vos camarades de vos réactions respectives aux essais que vous avez lus. Entraidez-vous pour améliorer le contenu, l'organisation ou le style de vos essais.

➤ **RG** 7, 8, 9
La phrase complexe

Rédaction finale

1. Effectuez les changements qu'ont pu vous inspirer les remarques de vos camarades.

2. Relisez votre essai en vérifiant à nouveau l'orthographe et la correction grammaticale. Servez-vous du **Guide de corrections de langue. (Chapitre préliminaire).**

3. Rédigez au net la version finale de votre essai.

Rappel 1: Les verbes

Les voix active, passive et pronominale

La conjugaison des verbes réguliers

Les formes simples

MODE	TEMPS	VERBES EN -er	VERBES EN -ir	VERBES EN -re
Infinitif	*Présent*	parler	finir	descendre
Impératif (tu)	*Présent*	parle!	finis!	descends!
Indicatif	*Présent*	je parle	je finis	je descends
	Futur	je parlerai	je finirai	je descendrai
	Imparfait	je parlais	je finissais	je descendais
	Passé simple	je parlai	je finis	je descendis
Conditionnel	*Présent*	je parlerais	je finirais	je descendrais
Subjonctif	*Présent*	que je parle	que je finisse	que je descende

Les formes composées

Mode	Temps	Verbes en -er	Verbes en -ir	Verbes en -re
Infinitif	*passé*	avoir parlé	avoir fini	être descendu(e)(s)
Indicatif	*Passé composé*	j'ai parlé	j'ai fini	je suis descendu(e)
	Passé antérieur	j'eus parlé	j'eus fini	je fus descendu(e)
	Plus-que-parfait	j'avais parlé	j'avais fini	j'étais descendu(e)
	Futur antérieur	j'aurai parlé	j'aurai fini	je serai descendu(e)
Conditionnel	*passé*	j'aurais parlé	j'aurais fini	je serais descendu(e)
Subjonctif	*passé*	que j'aie parlé	que j'aie fini	que je sois descendu(e)

Les voix active et passive

La voix active indique que l'action est accomplie par le sujet du verbe.

Alice a pris ces notes.

La voix passive indique que le sujet du verbe n'exécute pas l'action, mais plutôt qu'il la subit. L'action est faite par un complément d'agent.

Ces notes ont été prises par Alice.

Formation

Voix active: verbe à l'actif   complément
                     sujet   (indicatif présent) d'objet direct

Le Gulf Stream   tempère   les eaux de la Manche.

Voix passive: Les eaux de la Manche sont tempérées par le Gulf Stream.

              sujet   verbe au passif   complément
                             (indicatif   d'agent introduit
                             présent)   par **par**

Pour mettre une phrase au passif:

1. Le complément d'objet direct devient le sujet du verbe.
2. Le verbe est mis au passif: auxiliaire **être** (au temps approprié) + participe passé. Le participe passé s'accorde avec le sujet.

3. L'ancien sujet devient le complément d'agent.

Le complément d'agent est généralement introduit par la préposition **par.** Il est introduit par **de** quand le verbe exprime un état, une situation statique, plutôt qu'une action.

Les fêtes folkloriques sont activement soutenues **par** les jeunes. (action)
Les sommets alpins sont couverts **de** neige. (état)

Attention: Le complément d'agent n'est pas toujours exprimé.

La séparation des pouvoirs   a été garantie.

     sujet   verbe au   (complément d'agent
                      passif   non exprimé)

Lisez les textes dont sont tirées   les fiches.

               verbe au   sujet   (complément d'agent
               passif   non exprimé)

	VERBE ACTIF	**VERBE PASSIF**
Au Présent	ils séparent	ils sont séparés (par)
Au Passé composé	il a emmené	il a été emmené (par)
Au Futur	je remplacerai	je serai remplacé(e) (par)
Au Plus-que-parfait	elle avait pris	elle avait été prise (par)

Eviter le passif

Le passif est beaucoup moins employé en français qu'en anglais. Quand vous voulez traduire un passif, pensez à la possibilité d'employer les tournures suivantes en français.

1. Si l'agent est exprimé, employez la voix active.

Des femmes dans le Finistère   *The traditional Breton headdress is*
   portent encore la coiffe   *still worn by some women in*
   bretonne.   *Finistère.*

2. Si l'agent n'est pas exprimé, il existe deux possibilités.

▪ Si l'agent non exprimé se rapporte à une personne indéterminée, utilisez la voix active avec le sujet **on:**

On parle français au Québec.   *French is spoken in Québec.*
On m'a invité à la soirée.   *I was invited to the party.*

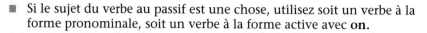

■ Si le sujet du verbe au passif est une chose, utilisez soit un verbe à la forme pronominale, soit un verbe à la forme active avec **on**.

Des vignobles réputés se
   trouvent en Bourgogne.
On trouve des vignobles réputés
   en Bourgogne.

*Famous vineyards are located in
   Burgundy.*

Remarque

Alerte aux traductions littérales! L'anglais utilise un «faux passif» qu'il vous faut transformer en «vrai passif» pour obtenir une traduction correcte en français.

Pascale was given a watch (Pascale is not given by or to anyone). = *A watch was given to Pascale.* = On a donné une montre à Pascale.

La forme pronominale

Les verbes pronominaux sont d'un emploi très fréquent en français. Le sujet du verbe pronominal agit directement ou indirectement sur lui-même.

Je me réveille à sept heures.
Ils se sont acheté une voiture.

Formation

Le verbe pronominal est construit avec un pronom réfléchi: **me, te, se, nous, vous, se.**

SE SOUVENIR		
je	**me**	souviens
tu	**te**	souviens
il/elle/on	**se**	souvient
nous	**nous**	souvenons
vous	**vous**	souvenez
ils/elles	**se**	souviennent

1. Le pronom réfléchi renvoie au sujet: il est soit objet direct, soit objet indirect.

   Je me lave. (**me** est l'objet direct)
   Je me lave les cheveux. (**me** est l'objet indirect; **les cheveux** est l'objet direct)

2. Le verbe pronominal est toujours conjugué avec l'auxiliaire **être** aux temps composés. (Consultez le **Rappel 6** pour les accords des participes passés.)

   Elle s'est levée tôt ce matin.
   Nous nous étions déjà baignés quand il a commencé à pleuvoir.

Usage

1. Presque tous les verbes transitifs (c'est-à-dire qui se construisent avec un complément d'objet direct) peuvent devenir pronominaux en employant un pronom réfléchi. Notez que certains verbes changent de sens en devenant pronominaux. En voici quelques exemples.

attendre *to wait*	s'attendre *to expect*
douter *to doubt*	se douter *to suspect*
ennuyer *to annoy*	s'ennuyer *to be bored*
faire *to do*	se faire à *to get used to*
mettre *to put*	se mettre à *to begin*
plaindre *to pity*	se plaindre de *to complain*
servir *to serve*	se servir de *to use*
tromper *to deceive*	se tromper de *to make a mistake*
trouver *to find*	se trouver *to be located*

2. Lorsque le sujet est au pluriel (deux ou plusieurs personnes), le verbe pronominal peut avoir un sens réfléchi ou un sens réciproque.

   ■ Le verbe a un sens réfléchi lorsque le sujet agit sur lui-même.

Elles se sont acheté des cadeaux.	*They (each) bought presents for themselves.*

   ■ Le verbe a un sens réciproque lorsque les sujets agissent les uns sur les autres.

Elles se sont acheté des cadeaux.	*They bought presents for each other (one another).*

   Pour clarifier ou souligner l'idée de réciprocité, on peut ajouter les adverbes **mutuellement** ou **réciproquement**, ou les locutions **l'un l'autre, l'un à l'autre, les uns les autres, les uns avec les autres**, etc.

   Paul et moi, nous nous aidons l'un l'autre. (aider quelqu'un)
   Elles se sont acheté des cadeaux les unes aux autres. (acheter quelque chose à quelqu'un)
   Ils se sont blottis les uns contre les autres. (se blottir contre quelqu'un)

Remarque

Rappelez-vous que la forme pronominale est fréquente en français. Beaucoup de phrases au passif en anglais sont exprimées à la forme pronominale en français.

This wine is served chilled.	Ce vin se boit frais.
This word is not used any more.	Ce mot ne s'emploie plus.
This isn't done!	Ça ne se fait pas!

Rappel 2: L'infinitif

Formation

L'infinitif présent est la forme du verbe qui se trouve dans le dictionnaire. Cette forme ne se conjugue pas.

L'infinitif passé est formé avec l'auxiliaire **être** ou **avoir** à l'infinitif et le participe passé du verbe.

aimer *to love*	avoir aimé *to have loved*
lire *to read*	avoir lu *to have read*
partir *to leave*	être parti(e)(s) *to have left*
se rappeler *to remember*	s'être rappelé(e)(s) *to have remembered*

Remarques

1. Le pronom réfléchi **se** d'un verbe pronominal change à l'infinitif avec la personne de son sujet.

    Vous allez **vous** plaire à Nice. (se plaire)
    Après **nous** être levés, nous nous sommes dépêchés de sortir. (se lever)

2. Pour mettre un infinitif à la forme négative, on place **ne pas** devant l'infinitif et devant les pronoms objets.

J'espère **ne pas** les rencontrer.	*I hope not to meet them.*
Elles regrettent de **ne pas** l'avoir lu avant l'examen.	*They are sorry not to have read it before the exam.*

Usage

1. L'infinitif s'emploie comme objet d'un verbe; c'est le cas le plus fréquent. La difficulté pour les anglophones est de savoir s'il faut employer une préposition pour introduire l'infinitif.

    Il y a trois constructions possibles.

    a. Pas de préposition: c'est le cas le plus fréquent.

    Je me rappelle vaguement avoir parlé à cette personne.
    Je suis descendu manger un sandwich.

    b. Certains verbes exigent la préposition **à** devant l'infinitif.

    Nous commençons **à** nous ennuyer ici.
    Pourquoi hésitez-vous **à** lui téléphoner?

    c. D'autres verbes exigent la préposition **de** devant l'infinitif.

    Je vous remercie **d'**être venu.
    Vous vous réjouissez **d'**aller au Québec!

Il faut simplement apprendre quels verbes sont suivis d'une préposition devant l'infinitif. Si vous avez un doute, consultez un manuel de grammaire ou un dictionnaire.

2. L'infinitif s'emploie dans les mêmes fonctions qu'un nom. Remarquez que l'infinitif est souvent traduit en anglais par un participe présent (un verbe en *-ing*).

> **Voyager** en Italie coûte cher de nos jours. (sujet de la phrase)
> Je n'ai qu'une passion, **lire.** (en apposition)
> Il est parti sans **parler.** (complément circonstanciel, après une préposition)
> Je n'ai pas le temps de **lire.** (complément de nom)

3. L'infinitif remplace un impératif. L'infinitif est souvent employé dans des recettes de cuisine, des panneaux, etc.

> **Faire cuire** le bœuf au four.   *Cook the beef in the oven.*
> Ne pas **se pencher** au dehors.   *Do not lean out.*

4. L'infinitif peut remplacer une proposition subordonnée. C'est surtout le cas avec les verbes de perception: **écouter, paraître, regarder, sembler,** etc.

> J'ai vu les enfants qui   *I saw the children playing.*
>   jouaient. →
> J'ai vu les enfants **jouer.**
> On entend les oiseaux qui   *You hear birds singing.*
>   chantent. →
> On entend **chanter** les oiseaux.

Usages particuliers

Nom + à + *infinitif*

L'infinitif indique la fonction du nom.

> une machine à écrire
> un homme à tout faire
> une salle à manger
> une chambre à coucher

Nom + de + *infinitif*

Quand le nom exprime un sentiment, l'infinitif est généralement précédé par **de.**

> la joie **de** vivre
> la difficulté **d'**y séjourner
> le plaisir **de** vous annoncer

Etre + *adjectif* + à *ou* de + *infinitif*

On utilise **à** avec des adjectifs comme **facile, difficile, dur, prêt,** etc.

La grammaire est **facile à** apprendre.
Ce tableau est **difficile à** comprendre.
«Les raisons de la plus grande longévité des femmes sont **difficiles à** cerner avec précision.»

On utilise **de** avec des adjectifs de sentiments comme **triste, déçu, désolé, furieux, heureux, satisfait, enchanté, surpris**, etc.

Je suis **désolé de** vous avoir manqué.
Elle est **déçue de** vous avoir manqué.

On utilise aussi **de** dans les constructions impersonnelles **Il est/était** + *adjectif* ou **C'est/Ce sera** + *adjectif*.

Il est difficile **de** comprendre ce tableau.
Ce n'est jamais poli **de** parler la bouche pleine.
Il était dangereux **de** se pencher à la fenêtre.

Rappel 3: Les participes présent et passé

Les participes peuvent être considérés tantôt comme formes verbales, tantôt comme adjectifs.

Le participe présent

Formation

Le participe présent est caractérisé par la terminaison **-ant**. Pour le former, prenez le présent à la forme **nous** et remplacez **-ons** par **-ant**.

nous finiss~~ons~~ → finissant
nous dev~~ons~~ → devant

Il n'existe que trois formes irrégulières: **étant, ayant** et **sachant** qui correspondent aux verbes **être, avoir** et **savoir**.

Usage

Le participe présent exprime une action qui s'accomplit en même temps que l'action exprimée par le verbe principal.

1. Comme forme verbale, le participe présent est invariable. On reconnaît que le participe est à la forme verbale

   ■ quand il est employé avec la préposition **en** ou avec l'expression **tout en.**

Elle a découvert le tissu polaire
en cherchant un anorak.
Tout en étant malade, il est venu
à la réunion. (**tout en** souligne
ici une opposition; c'est
l'équivalent de «Bien que très
malade, il est venu à la réunion»)

*She discovered fleece fabric **while
looking for** a ski jacket.
Although very ill, he came to the
meeting.*

■ quand, employé seul, il indique comment, quand, ou pourquoi une action a lieu (aura lieu ou a eu lieu). Il est souvent alors mis en apposition
(détaché par une virgule [,]).

Ne sachant pas quoi choisir,
elle demande conseil à la
vendeuse.

«**Gagnant** en légèreté et en
diversité, la fibre polaire a
gagné du terrain dans les
penderies.»

***Not knowing** what to choose, she
asks the salesperson for advice.*

***Gaining** in lightness and variety,
polar fleece has gained ground in
our closets.*

2. Employé comme adjectif, le participe présent s'accorde avec le nom ou le
pronom qu'il qualifie.

La fibre polaire est **surprenante**. (adjectif qualifiant **fibre**, féminin
singulier)
De **moutonnante**, celle-ci peut devenir **boulochante**. (adjectifs
qualifiant **celle-ci**, féminin singulier)
Ses mains étaient toutes **collantes** de confiture. (adjectif qualifiant
mains, féminin pluriel)
C'est un blouson ou quelque chose d'**approchant**. (adjectif qualifiant
quelque chose de, invariable)

3. Avec l'usage, certains participes présents sont devenus des noms. Vérifiez-
les dans le dictionnaire. Par exemple, **les montants** de la fenêtre, avoir **un
penchant** à la gourmandise, **le gonflant** de ce tissu.

Le participe composé

Formation

Le participe composé est formé avec l'auxiliaire **ayant** ou **étant** et le participe
passé du verbe qu'on veut utiliser. (Notez que le participe passé s'accorde dans
les cas habituels.)

Usage

C'est une variante du participe présent: le participe composé exprime une action qui précède celle du verbe principal.

Ayant choisi un pull-over en
laine polaire, elle se dirige vers
la caisse. (= Après avoir choisi
un pull...)

***Having chosen** a fleece pullover,
she walks toward the cashier.*

S'**étant renseignée** auprès de la vendeuse, elle a choisi un pull-over en laine. (= Après s'être renseignée...)	*After having consulted the salesperson, she chose a wool sweater.*

Difficultés de traduction

En français, le participe présent (**-ant**) peut uniquement suivre la préposition **en.** Les compléments de manière, de moyen, de cause ou de temps introduits en anglais par *by, while, on,* etc. s'expriment généralement par **en** + *participe présent.*

*The researchers created this new fiber **by doing** numerous trials.*	Les chercheurs ont créé cette nouvelle fibre **en faisant** de nombreux essais.
*They studied the market **while testing** their first trial products on selected customers.*	Ils ont étudié le marché **en testant** leurs premiers essais auprès de certains consommateurs.

Attention, toutefois, à la préposition *while.* Elle indique parfois une opposition.

*They studied the market **while doing** basic research.*	**Tout en faisant** de la recherche fondamentale, ils ont étudié le marché. (en même temps qu'ils faisaient de la recherche fondamentale)

La tournure anglaise *when + present participle* se traduit par **quand** + *verbe conjugué.*

***When buying** clothes, she looks at the quality of the fabric.*	**Quand elle achète** des vêtements, elle fait attention à la qualité du tissu.

La tournure anglaise *without + noun or pronoun + present participle* se traduit par une proposition au subjonctif.

*They invented this fiber **without anyone knowing** about it.*	Ils ont conçu cette fibre **sans que personne n'en sache** rien.

Le participe passé

Le participe passé peut lui aussi être employé comme forme verbale ou comme adjectif.

Formation et usage

1. Le participe passé est la forme du verbe (en **-é, -i, -u, -is, -t**) qui sert à former, avec l'auxiliaire **être** ou **avoir**, tous les temps composés de la voix active et de la forme pronominale.

Je suis **parti(e)**.
Vous avez **dû** attendre.
Tu t'étais **enfui(e)**.
Colette est **née** en 1873 et elle est **morte** en 1954.
L'aurait-on **cru** s'il s'était **souvenu** de ce qu'il avait **entendu**?

A la voix passive, le participe passé est nécessaire aux temps simples et aux temps composés. Référez-vous au **Rappel 1**.

Ils sont **surpris** par cela.
Ils seront **encouragés**.
Elles ont été **surprises**.
Elles avaient été **encouragées**.

Employé avec l'auxiliaire **être** ou **avoir** (au passé composé, par exemple), le participe passé suit des règles d'accord très particulières. Référez-vous au **Rappel 6**.

2. Le participe passé peut aussi s'employer seul en apposition à un nom ou à un pronom qu'il qualifie. Dans ce cas, il s'accorde tout simplement en genre et en nombre avec ce nom.

Née dans un laboratoire, la fibre polaire tient aussi chaud que la laine.
Les nouvelles fibres, **conçues** dans des laboratoires, sont étonnantes.

3. Le participe passé peut aussi s'employer comme adjectif. Il suit généralement le nom et indique plutôt un état ou une qualité.

La qualité principale de la fibre polaire est d'être **disciplinée**.
Ce sont des enfants bien **élevés** mais **épuisés** et **affamés**.

4. Enfin, certains participes sont devenus des noms. Vérifiez-les dans le dictionnaire.

Le plissé de cette jupe tient bien.

Remarques

1. Quand on indique une action finie avec un participe passé, l'équivalent en anglais est la forme passive *having been + past participle*. On peut aussi traduire l'antériorité par une conjonction *(after, once)*.

La fibre **inventée**, il fallait la commercialiser.	*The fiber **having been developed**, it became necessary to market it.*
La fibre **commercialisée**, de nombreux imitateurs ont essayé de la copier.	***Once** the fiber **was marketed**, many imitators tried to copy it.*

2. Dans certaines expressions idiomatiques en anglais, le participe passé se traduit en français par un infinitif.

*to have something **done:** He had his mail **sent** and got his hair **cut.***

*to see something **done:** I never saw (or heard) this play **performed.***

faire faire (ou **se faire faire**) quelque chose: Il **a fait envoyer** son courrier et **s'est fait couper** les cheveux.
voir faire quelque chose: Je n'ai jamais **vu** (ou **entendu**) **jouer** cette pièce.

Rappel 4: L'adjectif qualificatif

L'adjectif qualificatif exprime une qualité du nom auquel il se rapporte. Il est donné dans le dictionnaire à la forme masculine, suivie de la terminaison au féminin.

L'accord des adjectifs

L'adjectif est variable, s'accordant en genre (masculin ou féminin) et en nombre (singulier ou pluriel) avec le nom qu'il qualifie.

> «Le docteur Rieux... Taille **moyenne.** Les épaules **fortes.** Visage presque **rectangulaire.** Les yeux **sombres** et **droits,** mais les mâchoires **saillantes.**»

1. Quand un adjectif qualifie plusieurs noms, l'adjectif est au pluriel. Si les noms sont du même genre, l'adjectif prend ce genre.

   > Il s'exprime avec une facilité et une assurance **étonnantes** pour son âge.

   Mais si les noms sont de genres différents, l'adjectif se met au masculin et se place, le plus souvent, à côté du nom masculin.

   > Elle a choisi une écharpe et un chapeau **blancs.**

2. Quand l'adjectif suit un complément du nom (*nom + préposition + nom*), l'accord de l'adjectif se fait avec le nom ou avec son complément selon le sens de la phrase.

   > C'est une femme de talent **méritante.** (C'est la femme qui est méritante.)
   > C'est un homme de talents **variés.** (Ce sont les talents qui sont variés.)

3. De même, avec un nom collectif suivi d'un complément au pluriel, l'accord de l'adjectif se fait avec le collectif ou avec son complément selon le sens.

   > Un nombre de femmes de plus en plus **important** réclament cette loi. (C'est le nombre qui est important.)
   > Un groupe d'étudiants **fâchés** s'est plaint au professeur. (Ce sont les étudiants qui sont fâchés.)

4. Certains adjectifs sont invariables (toujours au masculin singulier).

   ■ Les adjectifs utilisés comme adverbes sont invariables.

      Ses cheveux sentent **bon.**
      Ses vêtements coûtent **cher.**
      Elles parlent **fort.**

   ■ Les adjectifs de couleurs sont variables sauf s'ils sont composés (comme **bleu clair, rouge foncé, vert pomme**) ou s'ils correspondent à un nom comme **turquoise, orange, lilas, citron, marron.**

      On remarquait cette femme excentrique arborant une veste **citron**, une robe **vert foncé** et des chaussures **rouges.**

La place des adjectifs

Les adjectifs peuvent soit précéder soit suivre le nom. A l'écrit, la place de l'adjectif varie selon l'effet d'intensité recherché par l'auteur.

   Le magazine *L'Express* «a derrière lui une **longue, tumultueuse** et **brillante** histoire.» (Les adjectifs **tumultueuse** et **brillante**, placés d'habitude après le nom, prennent plus de force quand ils sont devant le nom.)

Bien qu'il n'y ait pas de règles absolues concernant la place des adjectifs, il existe néanmoins des principes généraux.

1. La plupart des adjectifs suivent le nom.

      une famille **bourgeoise**
      une femme **instruite**
      un air **inquiétant**

2. Certains adjectifs qualificatifs précèdent habituellement le nom.
   a. les adjectifs ordinaux: **premier, deuxième, troisième**
   b. les adjectifs qui caractérisent un nom propre: l'**ambitieuse** et **puissante** Agrippine
   c. certains adjectifs courts et très courants tels que: **autre, beau, bon, grand, gros, jeune, joli, long, mauvais, meilleur, moindre, nouveau, petit, pire** et **vieux**

      un **petit** menton
      une **nouvelle** cravate

   Mais si un de ces adjectifs est modifié par un adverbe de plus de deux syllabes (comme **extrêmement, infiniment, merveilleusement**) ou s'il est suivi d'un complément, il est placé après le nom.

      un **tout petit** jardin   mais   un jardin **extrêmement petit**
      une **jolie petite** fille   mais   une petite fille **jolie comme un cœur**

3. Quand plusieurs adjectifs qualifient le même nom, en général chaque adjectif se met à sa place habituelle.

> une **jeune** architecte **consciencieuse**
> un **vieil** homme **alerte**

Quand les adjectifs ont la même place, ils sont souvent reliés par la conjonction **et**.

> un petit homme **jovial et exubérant**
> une **belle et grande** maison

Mais si un des adjectifs forme habituellement une unité avec le nom (notamment **jeune**, **vieux** et **petit** devant le nom), on n'utilise pas **et** entre les deux adjectifs.

> un **gentil petit** garçon

4. Un certain nombre d'adjectifs changent de sens selon leur place. Souvent, le sens est plutôt figuré quand l'adjectif précède le nom. Parmi ces adjectifs, on trouve

un ancien professeur	*a former teacher*
une maison ancienne	*an old house*
un brave homme	*a good man*
un homme brave	*a brave man*
une chère amie	*a dear friend*
une chemise chère	*an expensive shirt*
le même jour	*the same day*
le jour même	*this very day*
un pauvre garçon	*a poor boy (pitiful)*
un garçon pauvre	*a poor boy (not rich)*
une seule femme	*only one woman*
une femme seule	*a woman alone*
son propre appartement	*his/her own apartment*
un appartement propre	*a clean apartment*

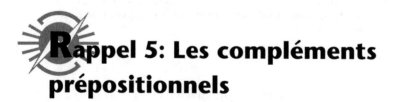

Rappel 5: Les compléments prépositionnels

Il n'y a pas, à proprement parler, de catégorie grammaticale qui s'appelle les «compléments prépositionnels». Mais, pour caractériser un nom, un adjectif ou un verbe, on emploie souvent des compléments qui commencent par une préposition. Ces compléments vous permettront d'enrichir vos descriptions.

Les compléments du nom

Le nom peut être accompagné d'autres mots (autre nom, infinitif, pronom, adverbe) qui précisent ou complètent l'idée qu'il exprime. Pour relier ces compléments au nom, il faut une préposition. On emploie le plus souvent **de**.

SENS GENERAL	EXEMPLES
la possession('s en anglais)	le château de Montaigne les quatre coins de la salle le seul café de l'île
l'auteur	le récit de Camus les tableaux de Chagall
la provenance, l'origine	le train de Paris l'heure de la faim les gens d'ici un bruit d'ailes le roulis des bicyclettes
le genre	un officier de marine un parterre de roses une femme d'esprit un poème d'amour
la matière	une maison de briques (*ou* en briques) un blouson de cuir (*ou* en cuir) un balustre de pierre
une caractéristique particulière exprimée par un infinitif	l'heure de manger la décision de préserver la tour avoir envie de visiter avoir peur de se faire remarquer

Mais on emploie aussi **à**.

SENS GENERAL	EXEMPLES
dans des expressions figées (qui forment habituellement une unité)	une tasse à café une cuiller à soupe / à café un bateau à voiles / à moteur
(indique une forme)	un pull à col roulé une robe à manches courtes des souliers à talons
(indique un usage)	du papier à lettres une salle à manger une machine à laver, un fer à repasser
(indique une action à faire)	une affaire à suivre une dette à payer une lettre à envoyer

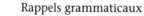

SENS GENERAL	EXEMPLES
pour indiquer une saveur particulière	une tarte aux fraises / à l'orange du poulet au vin blanc une sauce au citron
pour indiquer une caractéristique particulière	une maison au toit rouge et aux volets verts la romancière aux mille et une maisons imaginaires une fille aux cheveux bouclés

On emploie aussi **en, sans, envers, à l'égard de** et **avec**.

SENS GENERAL	EXEMPLES
en pour désigner la matière	une table en bois / en verre / en métal une bague en argent / en or une licence en droit / en lettres
ou pour désigner un état	un arbre en fleurs une maison en bon état un homme en colère un cœur en peine
sans pour une qualité absente	une voie sans issue un soldat sans armes un détail sans intérêt
envers *(toward)* **à l'égard de** **avec**	son attitude envers les chèvres son attitude à l'égard des chèvres un appartement avec vue sur la mer

Remarque

Vous pouvez vérifier les expressions idiomatiques, dans un dictionnaire, en vous référant au nom principal → **papier** pour **papier à lettres**.

Les compléments de l'adjectif et du participe (présent ou passé)

De la même manière que le nom, un adjectif ou un participe peuvent être rendus plus précis en ajoutant un complément.

La préposition **de** est aussi la plus fréquente et indique souvent la cause ou l'origine.

Sens general	**Exemples**
cause, origine	fou de joie rouge de colère une maison ornée de roses le poisson pêché de la nuit un jardin planté de vivaces heureux / ravi / désolé ... de son succès fatigué de sa marche / d'une longue journée impatient de travailler / de partir mort de soif / de fatigue / de peur satisfait / inquiet ... de la situation

On emploie aussi **à** pour lier un complément à des adjectifs, comme **fidèle à** (son maître), **pareil à, semblable à** (une rose), **prêt à, propre à, approprié à, attaché à, arrimé à** (la colline), etc.

En suit des adjectifs comme **riche/pauvre** (en céréales, en personnel qualifié), **fort/bon/moyen/faible** (en maths, en philosophie), etc.

Pour suit des adjectifs comme **bon** (pour telle chose), **inquiet** (pour quelqu'un), etc.

Par introduit souvent un complément d'agent: une maison conçue **par** un architecte, décorée **par** les propriétaires.

Les compléments circonstanciels

Ce sont des mots ou des groupes de mots qui indiquent dans quelles conditions ou dans quelles circonstances l'action désignée par le verbe s'accomplit.

> Il se dirige **vers la maison à petits pas, en regardant droit devant lui.**
> **Le dimanche matin, comme tous les dimanches d'été**, elle entend le roulis des bicyclettes en quête de croissants chauds.

Le plus souvent, ils correspondent aux questions:

Où? d'où? vers où? par quel endroit?	*(complément circonstanciel de lieu)*
pourquoi? pour quelle raison?	*(complément circonstanciel de cause)*
dans quel but? pour quel résultat?	*(complément circonstanciel de but)*
quand? pendant combien de temps?	*(complément circonstanciel de temps)*
comment? avec quoi? avec qui?	*(complément circonstanciel de manière)*

Ces compléments sont introduits par les prépositions que vous avez l'habitude d'employer.

Remarques

1. Pour indiquer la manière dont on fait quelque chose, on emploie un complément prépositionnel quand il n'existe pas d'adverbe correspondant.

> Il m'a parlé rapidement et **d'un ton hostile.**
> Il m'a parlé brièvement et **avec hostilité.**
> Il m'a regardé **d'une façon très timide, en ayant l'air de s'excuser.**

2. Notez qu'on utilise **de** si le complément est modifié par un article indéfini, **avec** si le complément est employé seul.

> Elle marche **d'un pas assuré.**   Elle marche **avec assurance.**

Certains compléments de manière sont introduits par la préposition **à** correspondant à l'anglais *in:*

> à voix basse

Rappel 6: Les temps du passé

Les temps du passé du mode indicatif sont le passé composé, l'imparfait, le plus-que-parfait, le passé simple et le passé antérieur.

Formation: L' imparfait, le passé composé et le plus-que-parfait

L'imparfait

> «Les machines étaient magnifiques, les flammes faisaient briller leurs chromes par éclats...»

Pour former l'imparfait, prenez le radical du verbe au présent à la forme **nous**, et ajoutez les terminaisons de l'imparfait.

finir
nous finissøns (présent) → finiss + ais, ais, ait
                                    ions, iez, aient

croire
nous croyøns (présent) → croy + ais, ais, ait
                                  ions, iez, aient

finir

je finissais	nous finissions
tu finissais	vous finissiez
il/elle/on finissait	ils/elles finissaient

La formation de l'imparfait est régulière pour tous les verbes réguliers et irréguliers. La seule exception est **être**: j'**étais**, tu **étais**, il/elle/on **était**, nous **étions**, vous **étiez**, ils/elles **étaient**.

Les verbes dont le radical se termine par un -i doublent ce -i: **nous étudiions, vous riiez.**

Le passé composé

«Je suis sortie et j'ai vu un spectacle incroyable...»
«Les motos se sont arrêtées à dix mètres de notre campement.»

Pour former le passé composé, utilisez **avoir** ou **être** (conjugué) + le participe passé.

VOIR	
j' ai vu	nous avons vu
tu as vu	vous avez vu
il/elle/on a vu	ils/elles ont vu

SORTIR	
je suis sorti(e)	nous sommes sorti(e)s
tu es sorti(e)	vous êtes sorti(e)(s)
il est sorti	ils sont sortis
elle est sortie	elles sont sorties
on est sorti(e)(s)	

S'ARRÊTER	
je me suis arrêté(e)	nous nous sommes arrêté(e)s
tu t'es arrêté(e)	vous vous êtes arrêté(e)(s)
il s'est arrêté	ils se sont arrêtés
elle s'est arrêtée	elles se sont arrêtées
on s'est arrêté(e)(s)	

Choix de l'auxiliaire

La plupart des verbes se conjuguent avec l'auxiliaire **avoir**, même le verbe **être** (**j'ai été, tu as été**...). Mais certains verbes se conjuguent avec **être**.

1. tous les verbes pronominaux
2. les verbes suivants, qui sont tous intransitifs (employés sans complément d'objet direct)

aller	entrer	parvenir	revenir
arriver	monter	passer	sortir
décéder	mourir	rentrer	survenir
devenir	naître	rester	tomber
descendre	partir	retourner	venir

Exception: Les verbes **descendre, monter, sortir, rentrer** et **passer** sont quelquefois transitifs; dans ce cas ils se conjuguent avec **avoir**.

> J'ai descendu la valise; il a monté le nouveau fauteuil.
> Nous avons passé deux jours à déménager.

Le plus-que-parfait

> «La nuit était tombée, nous avions dîné.»   *Night had come; we had already eaten supper.*

Pour former le plus-que-parfait, employez **avoir** ou **être** conjugué à l'imparfait + le participe passé.

DÎNER	
j' avais dîné	nous avions dîné
tu avais dîné	vous aviez dîné
il/elle/on avait dîné	ils/elles avaient dîné

TOMBER	
j' étais tombé(e)	nous étions tombé(e)s
tu étais tombé(e)	vous étiez tombé(e)s
il était tombé	ils étaient tombés
elle était tombée	elles étaient tombées
on était tombé(e)(s)	

Les accords

Avoir: Quand le verbe est conjugué avec **avoir** au passé composé et au plus-que-parfait, le participe passé est invariable.

Exception: Le participe passé s'accorde en genre et en nombre avec le complément d'objet direct quand il précède le verbe.

> J'ai laissé les adolescents autour du feu.
> «Je les ai laissés autour du feu.»

Etre: Pour les verbes conjugués avec **être**, le participe passé s'accorde en genre et en nombre avec le sujet.

Il est resté à la maison mais elles sont sorties.
Nous nous sommes promené(e)s sur le boulevard.

Exceptions: S'il s'agit d'un verbe pronominal avec un complément d'objet direct ou indirect, les règles d'accord changent.

1. Si le complément d'objet direct suit le verbe, le participe passé est invariable (il reste au masculin singulier).

    Elle s'est lavé les cheveux.
    Nous nous sommes brossé les dents.

2. Si le complément d'objet direct précède le verbe, le participe passé s'accorde avec ce complément.

    Elle s'est lavé les cheveux. →
    Elle se les est lavés. (Le complément d'objet direct, **les cheveux,** est masculin pluriel.)

3. Pour quelques verbes tels que **se dire, se parler, se promettre, se téléphoner,** etc., le participe passé est invariable, parce que le pronom **se** est objet indirect (promettre **à** quelqu'un).

    Elles se sont dit bonjour. (pas d'accord)
    Nous nous sommes souvent parlé au téléphone. (pas d'accord)

Usage: Quel temps choisir?

Pour savoir quel temps du passé utiliser en français, vous ne pouvez pas traduire directement de l'anglais.

EXEMPLE 1: Il nous racontait une histoire.

peut se traduire

*He **used to (would) tell** us stories (often).*

ou

*He **was telling** us a story (when something else happened).*

EXEMPLE 2: Elles ont téléphoné.

a plusieurs traductions possibles:

They telephoned.

They did telephone.

They have telephoned.

Le meilleur moyen de savoir quel temps choisir est d'observer les normes suivies par les Français et de les imiter.

Faites attention surtout à l'emploi du passé dans les récits. En général, dans un récit,

▪ les verbes *au passé composé* répondent à la question **Qu'est-ce qui est arrivé?** et font avancer l'histoire.

▪ Les verbes *à l'imparfait* répondent à la question **Quels étaient le décor, les circonstances, les personnes impliquées, etc.?** C'est le temps de la description de la scène.

L'imparfait

L'imparfait exprime une action ou un état qui ne sont pas finis. On se remet dans le passé pour voir l'action en cours.

On utilise l'imparfait pour:

1. décrire le décor, la scène, les personnages, le temps qu'il fait, etc., dans un récit. L'imparfait s'emploie aussi pour décrire les états d'esprit; c'est souvent le cas des verbes comme **aimer, être, penser, croire, songer, savoir, désirer, préférer, espérer, regretter, vouloir, pouvoir.**

    «Au cours d'un été nous campions... C'**était** l'été où Charlotte **était** amoureuse d'Alain. Nous **étions** neuf en tout... J'**avais** sommeil.»

2. indiquer une ou plusieurs actions répétées au passé (actions habituelles)

    «Ils ont raconté... que chaque vendredi soir ils **partaient** sur leurs engins... En général, le soir, ils **essayaient** de trouver des campeurs avec un feu allumé... Mais c'**était** difficile. Ils **étaient** généralement mal **reçus.**»

3. décrire une action en cours au moment où une autre action a eu lieu. (Voir **Le passé composé** ci-dessous, no. 4.)

4. dans les constructions **aller** + *infinitif* (futur proche) et **venir de** + *infinitif* (passé récent). Au passé, elles sont toujours à l'imparfait.

J'**allais** vous téléphoner mais j'ai oublié votre numéro de téléphone.	*I was going to call you but I forgot your telephone number.*
Quand tu es arrivé, je **venais** juste **de** finir mon travail.	*When you arrived, I had just finished my work.*

Le passé composé

Le passé composé exprime une action finie, ou une action dont on peut préciser soit le début soit la fin.

On emploie le passé composé pour indiquer:

1. une action terminée à un moment précis du passé

«Je les **ai laissés** autour du feu et je **suis allée** dans la tente.»	*I left them around the fire and went into the tent.*

2. une série d'actions qui font avancer le récit

> «Pas de réponse. Ils **sont venus** près du feu. ...Puis les enfants **ont commencé** à s'asseoir. Les trois motocyclistes aussi. Grégoire **a pris** son banjo, Alain sa guitare. Ils **se sont mis** à gratter. Charlotte **a fredonné**....»

> *No answer. They came toward the fire. Then the kids started to sit down. The three bikers too. Grégoire picked up his banjo, Alain his guitar. They started to play. Charlotte hummed . . .*

3. un état commencé dans le passé qui n'est pas encore terminé

> J'**ai** déjà **travaillé** trois semaines à ce projet.
> «Adèle, mon ours **a disparu**.»

> *I have already worked on this project for three weeks.*
> *Adèle, my bear has disappeared.*

4. une action qui interrompt une autre action en cours (à l'imparfait)

> «Pendant que je me préparais à me coucher, j'**ai entendu** une pétarade formidable.»

> *While I was getting ready to go to bed, I heard a horrible backfire of engines.*

5. un changement d'état mental au passé. C'est surtout le cas avec les verbes suivants, qui ont un sens spécial au passé composé

> croire: elle **a cru** → elle a compris (à un moment précis)
> pouvoir: il **a pu** → il a réussi à (résultat)
> savoir: nous **avons su** → nous avons découvert (nous avons appris tout d'un coup)
> vouloir: ils **ont voulu** → ils ont essayé de; ils n'**ont** pas **voulu** → ils ont refusé de

Le plus-que-parfait

On emploie le plus-que-parfait pour:

1. indiquer une action (ou un état) antérieure à une autre action du passé. Contrairement à l'anglais, le français exprime fidèlement la distinction entre ces deux moments passés.

> Nous **avions** déjà **mangé** quand les motocyclistes sont arrivés.
> «Je voyais la scène... Les enfants sentant le danger... s'**étaient levés**. Ils restaient immobiles. Jean-Pierre **avait fait** un pas vers eux.»

> *We had already eaten when the bikers arrived.*
> *I was watching the scene ... The children, sensing danger, had stood up. They were still. Jean-Pierre had taken one step in their direction.*

2. exprimer un regret:

> Ah! si j'**avais su** ce qui arriverait...

> *Ah! If only I had known what would happen . . .*

3. exprimer une condition ou une hypothèse qui n'ont pas existé. Dans ce cas, le verbe de la proposition principale est au conditionnel passé.

Si les motocyclistes **étaient arrivés** avant la nuit, personne n'aurait eu peur.

If the bikers had arrived before night fall, nobody would have been scared.

Remarque

Il existe un autre temps du passé, le passé surcomposé, qui sert à exprimer le fait qu'une action a été finie avant qu'une autre commence dans le passé. Le passé surcomposé se trouve surtout dans les propositions subordonnées introduites par **quand, lorsque, aussitôt que, après que, dès que.** Il est formé avec l'auxiliaire **avoir** ou **être** au passé composé et le participe passé du verbe que vous employez.

Dès que tu **as été partie**, j'ai fermé la porte à clé.
Quand ils **ont eu mangé** des oranges, ils ont raconté leur vie.

As soon as you (had) left, I locked the door.
When they had eaten oranges, they told their life story.

Les verbes pronominaux ont un passé surcomposé particulier: **Quand *je me suis eu lavé(e)*, j'ai déjeuné.** *(When I had washed, I had breakfast.)*

Le passé simple et le passé antérieur

Usage

Le passé simple et le passé antérieur sont des temps dits «littéraires». Les écrivains les emploient dans les textes littéraires, de préférence au passé composé et au plus-que-parfait qui s'emploient presque exclusivement à l'oral, dans les rapports écrits et dans la correspondance.

Le passé simple décrit une action complète, finie, qui a eu lieu dans le passé (il correspond de façon précise en anglais au *preterit* ou *simple past*). Le passé antérieur sert à exprimer une action antérieure à une action décrite au passé simple. Il vous importe surtout de reconnaître les formes pour les comprendre.

«Ma victime **fut** un enfant et mon arme la colère... Je **décidai** d'obtenir quelque chose de lui... je le **pris** à parti avec douceur d'abord.»
Lorsqu'il **eut compris** la situation, il **se dirigea** vers la porte.

My victim was a child and my weapon anger . . . I decided to get results from him . . . I took him to task gently at first.

As soon as he (had) understood the situation, he walked toward the door.

Formation

Pour reconnaître un verbe conjugué au passé simple, identifiez les terminaisons caractéristiques et retrouvez le radical du verbe.

1. Verbes en **-er**
   Radical: participe passé moins **-é**
   > **chant~~é~~, all~~é~~**
   Terminaisons: **-ai** (je chantai)
   > **-as** (tu allas)
   > **-a** (il parla)
   > **-âmes** (nous mangeâmes)
   > **-âtes** (vous dansâtes)
   > **-èrent** (ils appelèrent)

2. Verbes en **-ir** (y compris **partir, sortir**, et **dire, mettre, prendre**)
   Radical: participe passé moins **-i, -is** ou **-it**
   > **fin~~i~~, part~~i~~, d~~it~~, m~~is~~, pr~~is~~**
   Et verbes en **-re** (y compris **voir**)
   Radical: participe passé moins **-u**
   > **attend~~u~~, perd~~u~~, rend~~u~~, v~~u~~**
   Terminaisons: **-is** (je finis)
   > **-is** (tu attendis)
   > **-it** (il dit)
   > **-îmes** (nous vîmes)
   > **-îtes** (vous rendîtes)
   > **-irent** (ils perdirent)

3. Verbes irréguliers (y compris **avoir**)
   Radical: participe passé en-**u** moins-**u**
   > **cour~~u~~, b~~u~~, cr~~u~~, d~~û~~, e~~u~~, s~~u~~, conn~~u~~, l~~u~~**
   Terminaisons: **-us** (je sus)
   > **-us** (tu eus)
   > **-ut** (il but)
   > **-ûmes** (nous crûmes)
   > **-ûtes** (vous eûtes)
   > **-urent** (ils coururent)

Remarques

1. Le verbe **être** fait exception: **je fus, tu fus, il fut, nous fûmes, vous fûtes, ils furent.**
2. Consultez les **Tables de conjugaisons** dans un bon dictionnaire français pour les formes d'autres verbes irréguliers tels que **faire (je fis), écrire (j'écrivis), tenir** et **venir (je tins, je vins)**, etc.
3. Le passé simple est un temps simple. Pour les verbes comme **finir** et **dire**, les trois premières personnes du singulier sont les mêmes que celles du présent.
4. Notez l'accent circonflexe sur la voyelle **â, î** ou **û** aux formes **nous** et **vous**.
5. Le passé antérieur est un temps composé. Il est formé de l'auxiliaire (**avoir** ou **être**) conjugué au passé simple et du participe passé du verbe que vous employez.

Ils **eurent** vite **compris.**	*They (had) quickly understood.*
Dès que la reine **fut arrivée**, il se fit un silence.	*As soon as the queen (had) arrived, all became silent.*

Rappel 7: La phrase complexe 1
Les propositions relatives

On distingue la phrase simple, la phrase composée et la phrase complexe en français.

1. La phrase simple est composée d'un sujet et d'un verbe et, souvent, d'un ou de plusieurs compléments.

L'ironie de l'auteur	condamne	sans équivoque
sujet	verbe	complément circonstanciel de manière

l'excès de la passion de Diphile.

complément d'objet

2. La phrase composée consiste en phrases simples reliées entre elles par une virgule ou une conjonction de coordination: **mais, ou, et, donc, or, ni, car.**

    Jeannot n'étudia plus, se regarda au miroir **et** méprisa tout le monde.

3. La phrase complexe comporte plusieurs verbes conjugués, réunis en une seule phrase par un ou plusieurs mots de subordination. Elle est composée d'une proposition principale (*main clause*) et d'une ou de plusieurs propositions subordonnées (*subordinate clauses*), introduites par un pronom relatif (**qui, que, dont,** etc.) ou par une conjonction de subordination (**que, quand, si, parce que,** etc.).

pronom relatif
↓

La Bruyère se moque des gens	**qui** ont des manies.
proposition principale	proposition subordonnée

conjonction de subordination
↓

Diphile rêve	**qu'**il devient oiseau.
prop. princ.	prop. subordonnée

Les propositions relatives

Les propositions relatives commencent par un pronom relatif. Ce pronom relie deux propositions en évitant la répétition d'un nom autrement nécessaire.

Colin était le fils d'**un brave homme. Le brave homme** cultivait la terre.

↓ ↓

Colin était le fils d'**un brave homme**	**qui** cultivait la terre.
proposition principale	proposition relative

Pour bien choisir le pronom relatif qui convient, il faut identifier

1. *l'antécédent,* c'est-à-dire le(s) mot(s) que le pronom relatif remplace dans la proposition principale: une personne, une chose, ou parfois toute la proposition principale.
2. *la fonction* du nom que le pronom relatif va remplacer dans la proposition subordonnée: sujet, complément d'objet direct, complément d'une préposition.

FONCTION	PERSONNE	CHOSE
Sujet	**qui** Lisez le texte **qui** est extrait de *L'Express.*	
Complément d'objet direct	**que (qu´)** Le garçon **que** j'ai rencontré vient de Montréal.	
*Complément de la préposition **de***	**dont** J'ai entendu le chanteur **dont** tu m'as parlé. (On parle **de** quelqu'un.)	
*Complément d'une préposition (autre que **de**)*	*prép.* + **qui** La femme **pour qui** il travaille est avocate.	*prép.* + **lequel/laquelle-lesquels/lesquelles** La société **pour laquelle** tu travailles est allemande. Le cours **auquel** j'assiste est passionnant. (contraction: **à** + **lequel**)
Complément de lieu *ou de temps*		**où** Le quartier **où** j'habite est très agréable. J'étais inquiet le jour **où** je suis allé à l'université pour la première fois.

Ce qui, ce que, ce dont, ce + *préposition* + quoi

Les pronoms **ce qui** (sujet), **ce que** (complément d'objet), **ce dont** (complément de la préposition **de**), **ce** + *préposition* + **quoi** (complément d'une préposition) s'emploient quand l'antécédent n'est pas un mot unique, mais plutôt une idée vague ou une proposition entière.

1. Ils correspondent au pronom anglais *what* dans le type de phrases suivantes (idée vague).

> *She does not know . . .*   { *what you want*
> Elle ne sait pas . . .   { ce que tu veux

> { *what is at stake*
> { ce qui est en jeu

> { *what they are protesting against*
> { ce contre quoi ils protestent

2. Ils correspondent au pronom anglais *which* et remplacent une idée exprimée dans la proposition principale (proposition entière).

> *He missed the lecture, . . .*   { *which bothers him a lot*
> Il a manqué la conférence, . . . { ce qui l'ennuie beaucoup

> { *which I expected*
> { ce à quoi je m'attendais

Remarques

1. En anglais, le même mot *(which, what)* peut être utilisé avec diverses fonctions grammaticales. En français, pour bien choisir le pronom relatif, il faut *identifier sa fonction* dans la proposition relative: sujet du verbe, objet du verbe, objet d'une préposition.

*He does not understand **what** you said.*	Il ne comprend pas **ce que** tu as dit. (objet du verbe: on dit quelque chose)
*He does not understand **what** you need.*	Il ne comprend pas **ce dont** tu as besoin. (objet d'une préposition: on a besoin **de** quelque chose)

2. En anglais, le pronom *that* est souvent omis. En français, le pronom relatif est toujours exprimé.

The essay (that) you wrote on Marguerite Duras is excellent.	L'essai **que** vous avez écrit sur Marguerite Duras est excellent.

La place de la proposition relative

En règle générale, on évite de séparer la proposition relative de son antécédent. La proposition relative peut donc suivre immédiatement la proposition principale ou s'insérer à l'intérieur de la principale. (Les subordonnées sont soulignées dans les phrases suivantes.)

antécédent
↓

La Bruyère fait le portrait d'*un homme* qui est devenu esclave de sa passion.

antécédent
↓
Diphile, qui est devenu esclave de sa passion, gaspille sa vie en occupations dérisoires.

Parfois, la proposition relative se met au début de la phrase.

Ce qu'il fait est déraisonnable.

Rappel 8: La phrase complexe 2

Les subordonnées interrogatives, complétives et circonstancielles

Les subordonnées interrogatives

Les propositions subordonnées interrogatives sont une sorte de discours indirect. Elles sont introduites par des verbes dont le sens implique une interrogation: **demander, se demander, (ne pas) savoir, (ne pas) dire, (ne pas) comprendre, ignorer.** Elles commencent par un adverbe interrogatif (**si** [*whether*], **quand, pourquoi, comment,** etc.), par un pronom interrogatif (**qui, ce que, où, à qui, pour qui, pour quoi,** etc.) ou par un adjectif interrogatif et un nom (**quel jour, par quel train,** etc.).

Je ne sais pas **si** Pauline arrive aujourd'hui, ni **par quel train.**
Freud se demandait **ce que** les femmes pensaient.

Remarques

1. Dans les subordonnées interrogatives, les indices de la question directe (**est-ce que,** l'inversion du sujet et du verbe) sont omis.

   Je me demande **si** c'est vrai. (Interrogation directe: Je me demande: «Est-ce que c'est vrai?»; Je me demande: «Est-ce vrai?»)

2. Notez bien que: **qu'est-ce que** devient **ce que**
   qu'est-ce qui devient **ce qui**

   Je me demande **ce qui** est vrai. (Interrogation directe: Je me demande: «Qu'est-ce qui est vrai?»)

Les subordonnées complétives

Une complétive est une proposition subordonnée qui commence par la conjonction **que** (*that*).

1. Les complétives suivent souvent un verbe de parole, de sentiment ou de pensée, ou un verbe impersonnel.

> On sait **que le cinéaste caressait ce projet depuis longtemps.**
> (complétive, objet du verbe **sait**)

> Le lecteur a l'impression **que Frenchy est fasciné par les Américains.**
> (complétive, objet de la locution verbale **a l'impression**)

> Il faut **qu'Annah m'explique la religion du dieu Amon.**
> (complétive, objet du verbe impersonnel **il faut**)

2. Les complétives peuvent aussi être employées comme sujet du verbe principal.

> **Que je comprenne la situation** devient maintenant nécessaire.
> (complétive, sujet du verbe **devient**)

Le verbe des propositions complétives employées comme sujet se conjugue au subjonctif (**que je comprenne, que tu viennes,** etc.) Référez-vous au **Rappel 9.**

3. Les complétives peuvent aussi être employées comme attribut.

> Le problème est **que le film traite d'un sujet biblique.**
> (complétive, attribut du sujet **Le problème**)

4. Enfin, les complétives peuvent être compléments d'un nom ou d'un adjectif.

> La nouvelle **que le film était interdit** a surpris tout le monde.
> (complétive, complément du nom **nouvelle**)

> Le critique n'est pas sûr **qu'il s'agisse d'une autobiographie romancée.**
> (complétive, complément de l'adjectif **sûr**)

Remarque

En français, la conjonction **que** doit toujours être présente!

Les subordonnées circonstancielles

On appelle subordonnée circonstancielle une proposition qui indique les *circonstances* qui caractérisent le verbe de la proposition principale: le temps, la cause, la conséquence, la manière, le but, etc. Les circonstancielles commencent par une conjonction ou une locution qui contient très souvent **que**: **lorsque, parce que, de sorte que,** etc.

Mon frère se cachait ...
(proposition principale)

lorsque	**parce qu'**	**si bien que**
quand	**étant donné qu'**	**de sorte que**
chaque fois que	**vu qu'**	**de manière que**
↓	↓	↓
le docteur venait	il avait peur.	personne ne savait
à la maison.		où il était.
(subordonnée	(subordonnée	(subordonnée
circonstancielle	circonstancielle	circonstancielle
de temps)	de cause)	de conséquence)

Remarque

Pour bien former les subordonnées circonstancielles, vérifiez le mode qui doit suivre la conjonction que vous employez: indicatif ou subjonctif. Attention, une seule conjonction exige le conditionnel: **au cas où** (*in case*). Notez aussi la **Remarque** à la page 259.

Les conjonctions

<table>
<tr><td colspan="3" align="center">LES CONJONCTIONS PRINCIPALES</td></tr>
<tr><td>Pour exprimer un rapport de</td><td>+ Verbe à l'indicatif</td><td>+ Verbe au subjonctif</td></tr>
<tr><td>Temps</td><td>lorsque, pendant que, tandis que, depuis que, au moment où, après que, dès que (+ futur), tant que (as long as)</td><td>avant que, en attendant que, jusqu'à ce que</td></tr>
<tr><td></td><td>Le roman se terminait alors que le héros venait de monter dans une Ford.</td><td>The novel ended just as the hero had climbed into a Ford.</td></tr>
<tr><td></td><td>Depuis que vous êtes arrivés, il ne fait que pleuvoir.</td><td>Since you arrived, it has not stopped raining.</td></tr>
<tr><td></td><td>Il a fait beau jusqu'à ce que vous arriviez.</td><td>The weather was nice until you arrived.</td></tr>
<tr><td>Cause</td><td>parce que, puisque, comme, vu que, étant donné que</td><td></td></tr>
<tr><td></td><td>Comme nous avions faim, nous sommes allés manger quelque chose.</td><td>As (since) we were hungry, we went to eat something.</td></tr>
</table>

(continued)

LES CONJONCTIONS PRINCIPALES

Pour exprimer un rapport de	*+ Verbe à l'indicatif*	*+ Verbe au subjonctif*
Conséquence	de sorte que, si bien que, de manière que, si (*adj.*) que, si peu... que, tellement/si... que, tant que (*so much that*)	trop... pour que, assez... pour que, sans que
	Il avait **tellement** peur **qu'**il se cachait.	He was **so** afraid **that** he used to hide.
	Il fait **trop** mauvais **pour que** Paul fasse du ski.	The weather is **too** severe **for** Paul to ski.
But		pour que, afin que, de crainte que, de peur que
	Il ne contredit pas ses amis **de crainte qu'**ils le rejettent.	He does not contradict his friends **for fear that** they will reject him.
Comparaison	comme, comme si, de même que, ainsi que, d'autant mieux que, d'autant moins (*adj.*) que, autant/plus/moins de... que	
	De la même façon que le héros n'arrive pas à oublier Elizabeth, le lecteur n'oubliera pas les personnages de ce roman.	***Just as*** the hero cannot forget Elizabeth, the reader will not forget this novel's characters.
	La fibre polaire se décline en **autant de** versions **qu'**il existe de couches de vêtements.	Polar fleece can be changed into ***as many*** forms ***as*** there are layers of clothing.
Condition	si (+ *présent, imparfait* ou *plus-que-parfait*), au cas où (+ *conditionnel*)	pourvu que (*provided that*), à moins que (*unless*), en admettant que
	Il ira au ranch **pourvu qu'**il soit invité.	He will go to the ranch **provided that** he is invited.

(continued)

LES CONJONCTIONS PRINCIPALES		
Pour exprimer un rapport de	*+ Verbe à l'indicatif*	*+ Verbe au subjonctif*
Opposition	tandis que, alors que	bien que, quoique, sans que (*without*), non que (*not that*), si (*adj./adv.*) que, tout (*adj.*) que
	Si courageux **qu**'il soit, il n'aime pas la bagarre.	***However*** *courageous he might be, he does not like fights.*

Remarque

Dans certains cas précis, quand le sujet de la principale est le même que celui de la subordonnée, on utilise une préposition + *infinitif*.

Je téléphonerai **avant que tu partes.**
[= Je téléphonerai, puis tu partiras.]

Je téléphonerai **avant de partir.**
[= Je téléphonerai, puis je partirai.]

	CONJONCTIONS UTILISEES AVEC DEUX SUJETS DIFFERENTS	**PREPOSITIONS UTILISEES AVEC UN SEUL SUJET**
Temps	avant que après que (+*futur*)	avant de après (+ *infinitif passé*)
	en attendant que au moment où	en attendant de au moment de
Conséquence	de façon que de manière que	de façon à de manière à
But	afin que de peur que de crainte que	afin de de peur de de crainte de
Condition	à moins que à (la) condition que pourvu que	à moins de à (la) condition de —

(continued)

CONJONCTIONS UTILISEES AVEC DEUX SUJETS DIFFERENTS	PREPOSITIONS UTILISEES AVEC UN SEUL SUJET
Opposition	
sans que	sans
loin que (*far from it that*)	loin de
bien que	—
quoique	—

Il est parti **sans que** je l'aie vu.
Il partira **à condition que** tu
l'accompagnes.
Elle vit au Mexique **afin que** sa
fille apprenne l'espagnol.

Il est parti **sans** me voir.
Il partira **à condition d'**être
invité.
Elle vit au Mexique **afin
d'**apprendre l'espagnol.

Rappel 9: Le subjonctif

Le choix du mode (indicatif ou subjonctif) de la proposition subordonnée pose souvent des problèmes pour les anglophones. Le mode de la proposition subordonnée est déterminé par le verbe de la proposition principale.

1. On emploie l'indicatif lorsque le verbe de la principale exprime une réalité, une certitude, une déclaration.

   EXEMPLE: On m'a dit que Jacques **est arrivé** à 15h23. (**Dire**, verbe de déclaration, détermine l'indicatif dans la subordonnée.)

2. On emploie le subjonctif lorsque le verbe de la principale exprime une attitude subjective comme un sentiment, un souhait, un regret, une opinion, une nécessité, une possibilité, un doute.

   EXEMPLE: Je suis heureuse que Jacques **soit arrivé** à 15h23. (**Etre heureuse**, locution exprimant un sentiment, détermine le subjonctif dans la subordonnée.)

Formation: Le présent et le passé du subjonctif

Le subjonctif est généralement introduit par la conjonction **que**. Seulement deux temps, le présent et le passé du subjonctif, sont encore employés. L'imparfait et le plus-que-parfait du subjonctif ne subsistent que dans les œuvres littéraires.

Le présent du subjonctif

La terminaison -**ent** de la troisième personne du pluriel du présent de l'indicatif est remplacée par **e, es, e, ions, iez, ent.**

PARLER	**FINIR**	**REPONDRE**
que je parle	que je finisse	que je réponde
que tu parles	que tu finisses	que tu répondes
qu'il/elle/on parle	qu'il/elle/on finisse	qu'il/elle/on réponde
que nous parlions	que nous finissions	que nous répondions
que vous parliez	que vous finissiez	que vous répondiez
qu'ils/elles parlent	qu'ils/elles finissent	qu'ils/elles répondent

Les verbes **avoir** et **être** sont irréguliers au présent du subjonctif.

AVOIR	**ETRE**
que j' aie	que je sois
que tu aies	que tu sois
qu'il/elle/on ait	qu'il/elle/on soit
que nous ayons	que nous soyons
que vous ayez	que vous soyez
qu'ils/elles aient	qu'ils soient

Les verbes **aller** et **vouloir** ont un radical (*stem*) irrégulier. Notez les changements à la forme **nous** et **vous**.

ALLER	**VOULOIR**
que j' **aille**	que je **veuille**
que tu **ailles**	que tu **veuilles**
qu'il/elle/on **aille**	qu'il/elle/on **veuille**
que nous allions	que nous voulions
que vous alliez	que vous vouliez
qu'ils/elles **aillent**	qu'ils/elles **veuillent**

Les cinq verbes suivants ont un seul radical irrégulier au présent du subjonctif.

faire: que je **fasse**   pouvoir: que je **puisse**
falloir: qu'il **faille**   savoir: que je **sache**
pleuvoir: qu'il **pleuve**

Le passé du subjonctif

Le passé du subjonctif est formé avec l'auxiliaire **avoir** ou **être** conjugué au subjonctif suivi du participe passé. N'oubliez pas d'accorder le participe passé dans les cas nécessaires.

que tu aies compris   qu'elle soit revenue   que nous nous
                                                     soyons dépêchés

Usage

Pour décider quel temps du subjonctif employer, il faut déterminer le rapport chronologique entre l'action du verbe principal et l'action du verbe subordonné.

VERBE PRINCIPAL	VERBE SUBORDONNE AU SUBJONCTIF	
à l'indicatif (passé, présent, futur) ou au conditionnel (présent, passé)	Action **simultanée** ou **postérieure** à l'action principale → présent du subjonctif	Action **antérieure** à l'action principale → passé du subjonctif

Nous doutons que ce candidat puisse être élu. (action simultanée ou
    postérieure)
J'aimerais que tu apprennes le français. (action simultanée ou
    postérieure)
Je regrette que vous ne soyez pas venue. (action antérieure)

Formation: Les temps littéraires du subjonctif

Bien que l'imparfait et le plus-que-parfait du subjonctif ne soient pratiquement plus employés, il est nécessaire de savoir les reconnaître dans les textes littéraires. Dans la langue moderne, l'imparfait du subjonctif est généralement remplacé par le présent, et le plus-que-parfait par le passé.

L'imparfait du subjonctif

PARLER	FINIR	REPONDRE
que je parlasse que tu parlasses	que je finisse que tu finisses	que je répondisse que tu répondisses

qu'il/elle/on parlât	qu'il/elle/on finît	qu'il/elle/on répondît
que nous parlassions	que nous finissions	que nous répondissions
que vous parlassiez	que vous finissiez	que vous répondissiez
qu'ils/elles parlassent	qu'ils/elles finissent	qu'ils/elles répondissent

AVOIR	ETRE
que j' eusse	que je fusse
que tu eusses	que tu fusses
qu'il/elle/on eût	qu'il/elle/on fût
que nous eussions	que nous fussions
que vous eussiez	que vous fussiez
qu'ils/elles eussent	qu'ils/elles fussent

Le plus-que-parfait du subjonctif

Le plus-que-parfait du subjonctif est formé avec l'auxiliaire **avoir** ou **être** conjugué à l'imparfait du subjonctif et suivi du participe passé.

> que tu eusses parlé
> que vous eussiez répondu
> qu'elle fût revenue
> que nous nous fussions dépêchés

L'emploi obligatoire du subjonctif

Prenez l'habitude de faire attention aux signes avant-coureurs du subjonctif, c'est-à-dire aux mots et expressions qui exigent l'emploi du subjonctif dans la subordonnée. Voici les plus fréquents.

1. Les expressions impersonnelles de nécessité, de doute, de possibilité, de condition, de jugement telles que:

il faut que	il est possible que	il est nécessaire que
il est regrettable que	il est étonnant que	il est temps que

   Il est important que Bernard **aille** à la montagne pour sa santé.

2. Les verbes exprimant la volonté, le désir, le doute, l'obligation, la possibilité, le regret, la peur, un jugement, un sentiment, la condition, la concession tels que: **vouloir, désirer, douter, ne pas croire (ne pas penser), permettre, exiger, recommander, être désolé (heureux, étonné, triste, surpris), craindre.**

   Je ne crois pas qu'elle **écrive** le chinois, mais elle le parle!
   Elle est heureuse que tu **sois arrivé** en avance.

   ■ Attention aux expressions suivantes, qui sont suivies de l'indicatif dans une affirmation, mais du subjonctif dans une question ou avec une négation.

VERBES	**AFFIRMATION +** **INDICATIF**	**QUESTION OU NEGATION +** **SUBJONCTIF**
penser, croire, trouver être sûr, certain	Je pense qu'elle viendra.	Je ne pense pas qu'elle puisse venir.
espérer	Ils espèrent qu'il comprendra.	Etes-vous sûrs qu'il comprenne?
il me semble	Il me semble qu'ils **ont** assez d'argent pour ce voyage.	Te semble-t-il qu'ils **aient** assez d'argent pour ce voyage? Il ne me semble pas qu'ils **aient** assez d'argent pour ce voyage.

3. Certaines conjonctions indiquant le but, le temps, la concession, la restric-
    tion, la condition, telles que:

à condition que	bien que	pourvu que
afin que	de peur que	quoique
à moins que	jusqu'à ce que	sans que
avant que	pour que	

    Nous avons pu entrer dans la maison **sans que** notre père nous
    entende.

■ Rappelez-vous que plusieurs de ces conjonctions deviennent des prépo-
    sitions suivies de l'infinitif quand le sujet de la principale est le même
    que celui de la subordonnée. (**Quoique, pourvu que** et **bien que** n'ont
    pas de préposition correspondante.) Consultez la fin du **Rappel 8.**

    J'ai écrit la lettre **pour que** tu puisses comprendre les circonstances.
    J'ai lu la lettre **pour** comprendre les circonstances. (J'ai lu la lettre, j'ai
    compris: même sujet dans les deux propositions.)

■ Le verbe au subjonctif est précédé d'un **ne** explétif après les conjonc-
    tions et les verbes suivants.

à moins que	de crainte que	craindre
avant que	de peur que	avoir peur

    Ce **ne** n'a pas de valeur négative; il n'est pas traduit en anglais.

A moins qu'il **ne** pleuve, elle partira ce soir.	*Unless it rains, she'll leave tonight.*

4. Certaines expressions idiomatiques emploient le subjonctif.

Vive la France!	Vivent les vacances!
Soit!	Qu'on le veuille ou non!
Quel que soit le résultat, je protesterai!	*Whatever the results, I'll protest.*

Gisèle Loriot-Raymer is Assistant Professor of French at Northern Kentucky University, where she teaches language, literature, and culture courses. She holds a *licence d'enseignement* from the Université François Rabelais of Tours, an M.A. from Appalachian State University, and a Ph.D. in French from the University of Cincinnati. She has published articles on Vigny and Marie de France, and she has coauthored *Bravo!: Cahier d'exercices et manuel de laboratoire,* a second-year college French workbook and lab manual. She is an active member of several language associations, among them the American Association of Teachers of French for which she served as Assistant Editor for the *National Bulletin* over several years. She is currently President of the AATF Kentucky Chapter.

Michèle Vialet is Associate Professor of French at the University of Cincinnati. In addition to French composition and linguistics, she teaches French seventeenth-century literature, Francophone culture, and critical theory. She holds a *maîtrise de lettres* from the Université Lyon-II, a *maîtrise de linguistique* from the Université de Besançon, and a Ph.D. in French from the University of Pennsylvania. Coauthor of *Bravo! Communication et Grammaire,* she has also written articles on literature and is the author of *Triomphe de l'iconoclaste: «Le Roman bourgeois» et les lois de cohérence romanesque* (1989).

Judith A. Muyskens is Professor of French at the University of Cincinnati, where she teaches courses in methodology and French language, supervises teaching assistants, and is head of department. She received her doctoral degree from Ohio State University in Foreign Language Education, with a minor in twentieth-century French literature. She has contributed to various professional publications, including Modern Language Journal, Foreign Language Annals, and the ACTFL Foreign Language Education Series. She is also coauthor of several other McGraw-Hill French textbooks, including *Rendez-vous: An Invitation to French.*

(continued from page iv)

116 (left) ©Jodi Buren/Woodfin Camp; *116 (right)* © Stuart Cohen/Comstock; *121* © *Madame Figaro*/Guillaume de Laubier; *125* ©Jean-Luc Barde/Scope; *130* © Hugh Rogers/Monkmeyer Press; *137* © Roger-Viollet, Paris; *143* © Photofest; *148* © Jonathan Rawle/Stock, Boston; *156* © Olivier Rebbot/Stock, Boston; *160* © Roger-Viollet, Paris; *163* © Roger-Viollet, Paris; *173* © Roger-Viollet, Paris; *182* © Peter Menzel; *198* © James Andanson/Sygma; *199* © Grant LeDuc/Stock, Boston; *203* © Greg Meadors/Stock, Boston; *210* Michelangelo Buonarroti, *The Erithrean Sibyl,* detail from the Sistine Chapel, Vatican Palace, photo © Alinari/Art Resource; *225* © J. J. Gonzales/The Image Works.

Grateful acknowledgment is made for use of the following realia:
Page 6 Lee Cooper; *9* Le Robert; *27 (left) Annuaire du Québec 1964-1965; 27 (right)* Recensements du Canada et Bureau de la statistique du Québec; *61 Francoscopie*